KB260318

교회와 섹슈얼리티

국립중앙도서관 출판예정도서목록(CIP)

교회와 섹슈얼리티 : 한국교회에서 성 담론의 생산과 소비에
대한 성 인지적 연구 / 지은이: 임희숙. — 서울 : 동연, 2
017
    p. ;   cm

2012년 정부(교육과학기술부)의 재원으로 한국연구재단의 지
원을 받아 수행된 연구임(NRF-2012S1A6A4020241)
ISBN 978-89-6447-362-7 93200 : ₩16000

한국 교회[韓國敎會]
섹슈얼리티[sexuality]
성담론[性談論]

235.827-KDC6
261.8344-DDC23   CIP2017009779

교회와 섹슈얼리티
— 한국교회에서 성 담론의 생산과 소비에 대한 성 인지적 연구

2017년 4월 15일 초판 인쇄
2017년 4월 21일 초판 발행

지은이 임희숙
펴낸이 김영호
펴낸곳 도서출판 동연
등 록 제1-1383호(1992. 6. 12)
주 소 서울시 마포구 망원2동 472-11 2층
전 화 (02)335-2630
전 송 (02)335-2640
이메일 h-4321@daum.net

ISBN 978-89-6447-362-7 93200

이 저서는 2012년 정부(교육과학기술부)의 재원으로 한국연구재단의 지원을 받
아 수행된 연구임. (NRF-2012S1A6A4020241)

한국교회에서 성 담론의 생산과 소비에 대한 성 인지적 연구

교회와 섹슈얼리티

임희숙 지음

동연

　한국교회를 사랑하는 나에게 생겨나는 몇 가지 질문들이 있다. 첫째 질문은 '근본주의'에 대한 것인데 그 궁금증에 대한 학문적 결실이 2010년 출간된『기독교 근본주의와 교육』이다. 이 책이 2011년 대한민국 학술원의 우수학술도서로 선정되어서 학자로서 보람과 기쁨을 얻었다. 둘째 질문은 '섹슈얼리티'에 대한 것이다. 내가 보기에 종교와 성의 관련성은 내적으로는 상호 밀접한 연관을 가지면서도 외적으로는 상호 분리된 양극성으로 나타난다. 이런 현상의 배경에는 거룩과 세속(世俗)의 차이를 엄격하게 구별하고 세속성의 대표격인 인간의 성을 통제하려는 제도종교가 있다. 하지만 종교를 통한 섹슈얼리티의 통제가 이 시대에 얼마나 가능한지, 가능하다면 어떤 기제로 작동하는지, 섹슈얼리티에 대한 종교의 새로운 역할은 무엇인지가 궁금해졌다. 이 질문과 관련하여 지난 3년 동안 다양한 이론들과 교회 공동체의 소리를 성찰하고 그 결과를 책으로 출판하게 되었다.

　다소 긴 책명『교회와 섹슈얼리티: 한국교회에서 성 담론의 생산과 소비에 대한 성 인지적 연구』는 한국연구재단의 저술지원사업에 신청한 제목을 그대로 따른 것이다. 나는 전작『기독교 근본주의와 교육』(2010, 동연, 2011년 대한민국학술원 우수학술도서 선정)의 머리말에서 다음에는 보다 친절한 글쓰기를 쓰겠다고 했는데 이번 책이 그런 나의 마음을 얼마만큼 반영했는지 자못 조심스럽다. 교회에 대한 애정 어린 호기심에서 시작된 또 하나의 학문적 결실이 독자들에게 생각과 질문을 갖게 하고 저자와 독자가 상호 발전하는 디딤돌이 되기를 소망한다.

한 권의 책을 만들기까지 도움을 주신 여러분들을 기억하며 감사를 드린다. 책의 제3부에 해당하는 심층면담에 참여하신 익명의 교인들, 학문의 여정에서 만난 많은 학자들, 여성주의의 깨달음을 갖도록 자극과 감동을 나누었던 여성들, 연구와 출판의 지원을 제공한 한국연구재단, 출판의 수고와 마무리를 담당한 도서출판 동연 그리고 사랑하는 가족 남편 강원돈과 아들 강환국에게 고마운 마음을 전한다.

2017년 3월 양재동 서재에서

임희숙

차례

서 론

1. 연구의 목적

본 저술은 한국교회의 성 담론을 성 인지적 관점에서 분석하여 섹슈얼리티(sexuality) 형성 과정에 기독교가 끼치는 영향에 대한 이해를 심화함으로써 기독교 성 담론의 활성화를 촉진하고 기독교가 건전한 성 문화를 정립하는 데 순기능적 역할을 수행할 수 있도록 지식 기반을 제공하는 것을 그 목적으로 한다.

본 저술의 연구 대상이 되는 섹슈얼리티는 서구 학계에서도 그렇지만, 우리나라 학계에서도 본격적으로 논의되기 시작한 지 얼마 되지 않았다. 서구 사회에서 성 담론은 기독교의 영향으로 오랫동안 금기시되었다가 16세기에 생물학적 성을 의미하는 섹스 개념이 사용되기 시작되었고, 19세기 후반에 이르러서야 성과학이 발전되었으며, 20세기 중반에 사회문화적 성을 의미하는 젠더 개념이 제시되어 섹스와 젠더를 통합한 섹슈얼리티 개념이 정립되었다. 섹슈얼리티는 생식 기능의 한계를 넘어 성적 욕망, 성 정체성과 가치관, 성적 위계구조 등을 포함하는 복합적인 개념이며, 개인과 사회의 정체성의 핵심을 이루고 있다. 이러한 섹슈얼리티를 이해하기 위해서는 인문사회과학뿐만 아니라 생물학, 의학, 심지어 뇌과학에 이르기까지 여러 학문들을 가로 지르는 통섭적이고 전문적인 지식이 필요하다. 성 담론은 섹슈얼리티를 이해하고자 하는 시도이며, 그에 대한 논의이다. 성 담론이 활성화되어 섹슈얼리티에 대한 이해가 심화된다면, 오늘의 사회를 지배하는 성적 억압과 폭력, 가부장제 문화를 극복하고 관계와 소통에 바탕을 둔 새로운 문화를 창조하는 데 크게 이바지할 것이다.

그렇다면 한국교회의 섹슈얼리티 이해와 성 담론을 연구하는 까닭은 무엇인가? 나는 종교가 성에 대한 금기와 재가 등을 통해 섹슈얼리티 형성에 결정적인 영향을 끼친다는 점을 가장 중요한 논거로 보았다. 서양 역사와 문화에서 기독교가 성에 대한 금욕주의적 억압과 가부장제의 종교적 정당화를 통해 성 담론의 틀을 규정한 것이 대표적인 사례이다. 근대에 들어와 계몽주의와 과학이 기독교에 대한 비판적 태도를 불러일으키고 시민혁명을 통해 세속화가 급진전하면서 기독교가 공공영역에 미치는 영향력이 약화되었지만, 기독교인들은 여전히 교회내의 사회화 과정을 통해 기독교적 가치관을 내면화하여 육체에 대한 영혼의 우위, 성적 욕망의 죄악시, 여성에 대한 남성의 지배 등을 당연시하였는데, 이것도 기독교가 근대 사회에서 성 담론의 형성에 큰 영향력을 행사해 왔음을 보여주는 증거이다. 미셸 푸코의 관점에서 본다면, 기독교는 근대 이후 오늘에 이르기까지 개인의 일상과 몸을 보이지 않게 지배하는 "미시권력"을 형성하는 데 기여하였다고 할 수 있다.

특히 제도 교회의 조직을 갖추고 있는 기독교의 경우에는 권위와 담론의 상관관계를 체계적으로 분석할 필요가 있다. 제도 교회에서 구원의 진리를 선포하고 가르치는 종교 지도자들의 섹슈얼리티 이해는 교회의 섹슈얼리티 담론을 형성하는 데 주도적 역할을 담당한다. 섹슈얼리티에 대한 종교 지도자들의 가르침은 섹슈얼리티에 대한 신도들의 이해와 태도를 형성하는 데 긍정적이거나 부정적인 영향을 미친다. 종교 지도자들의 성 담론에 접하는 신도들은 이를 수용하거나 거부하거나 실용적으로 절충함으로써 섹슈얼리티에 대해 그들 나름의 의식과 태도를 형성한다. 그것은 신도들이 종교 지도자들의 성 담론을 소비한 결과로 볼 수 있다. 따라서 기독교가 성 담론의 형성에 어떤 영향을 미치는가를 파악하기 위해서는 교회에서 성 담론이 어떻게 생산되고 소비되는가를 분석할 필요가 있다. 이러한 분석은 교회의 성 담론이 가질 수 있는 억압적 성격을 극복하고 해방적 잠재력을 개발할 수 있는 안목과 방법을 찾을 수 있도록 도움을 줄 것이며, 기독교가 성 담론을 활성화하고 건전한 성 문화를 발전시키는 데 기여할 수 있을 것이다.

오늘 우리 사회와 학계에 이러한 연구가 필요한 까닭은 무엇인가?

(1) 앞에서도 언급한 바와 같이, 성 담론의 형성에 종교의 영향이 지대하다는 것을 인정한다면, 다종교 사회인 한국 사회에서 매우 큰 비중을 차지하는 기독교의 섹슈얼리티 이해와 성 담론을 분석하는 것은 그 자체만으로도 필요할 것이다. 이제까지 널리 알려져 있지

않았던 기독교의 성 담론에 대한 포괄적이고 체계적인 지식이 마련
된다면, 우리 사회에서 성 담론을 활성화하는 데 기여할 것이다.

(2) 본 연구는 한국교회의 성 담론을 활성화하는 데 기여한다는
점에서도 의미가 있다. 한국교회에서 섹슈얼리티에 대한 논의는 여
전히 활발하지 않다. 그 까닭은 한국교회에 섹슈얼리티를 억압하는
전통적인 신학 유형이 자리를 잡아서 이에 대한 개방적이고 다양한
접근을 가로막고 있기 때문인 것 같다. 섹슈얼리티를 터부시하는 교
회의 태도는 섹슈얼리티를 둘러싼 상황과 인식의 변화에 제대로 대
응할 수 없게 만들었다. 섹슈얼리티가 자기 정체성과 삶의 의미를
성찰하는 프레임으로 강조되고 있는 오늘의 세계에서는 교회의 성
담론을 촉진하는 연구가 필요하다. 성폭력과 성범죄의 증가가 심각
한 사회 문제로 나타나고 있는 오늘의 한국 사회에서 기독교는 성
가치관과 성 윤리를 확립하여 우리 사회의 성 문화를 건전하게 형성
하는 데 이바지하여야 할 터인데, 이를 위해서도 한국교회의 성 담
론과 섹슈얼리티 이해를 분석하고자 하는 본 연구는 절실하게 필요
하다고 할 것이다.

(3) 본 연구는 한국 기독교에서 이제까지 이루어진 섹슈얼리티 연
구를 혁신한다는 점에서 그 의의를 찾을 수 있다. 이제까지 섹슈얼
리티 연구를 주도했던 한국의 페미니스트 신학자들은 주로 성의 역
사, 성에 대한 성서적 해석, 여성주의적 성 담론 등을 다루었는데(김
애영, 2010; 이경숙, 2005; 최영실, 2004; 강남순, 2002 등), 그들의 연구
는 큰 틀에서 보아 여전히 문헌을 중심으로 한 연구라고 볼 수 있다.

이와 같은 문헌연구는 구체적인 맥락을 잃은 채 원론적이고 당위적인 주장을 펼치는 한계를 갖는다. 더구나 서구 문헌을 중심으로 이루어지는 연구들은 서구적 맥락에서 섹슈얼리티를 이해하고 있을 뿐, 우리의 사회문화적 맥락에서 성 담론을 발전시키지 못 한다. 따라서 본 연구가 지향하는 바와 같이 사회문화적 맥락을 중시하고 심층면담에 근거한 성 인지적 담론분석은 기존 연구들의 한계를 극복하고 성 담론을 혁신하는 데 이바지할 것이다.

2. 연구의 내용과 방법

이런 점들을 감안하면서 나는 앞에서 제시한 연구의 목적을 달성하기 위하여, 연구 과제를 다음과 같이 설정하였다.

(1) 섹슈얼리티에 대한 기존의 이론을 검토하면서 기독교적 성 담론 연구의 새로운 지평을 설정하고,

(2) 한국교회에서 성 담론이 어떻게 생산되는가를 종교 지도자들의 설교, 교육자료, 컬럼을 성 인지적 관점에서 분석하고,

(3) 한국교회에서 성 담론이 소비되는 과정과 그 결과를 교인들에 대한 심층면담에 근거해서 성 인지적 관점에서 규명하고,

(4) 이러한 분석 결과에 근거하여 한국교회의 성 담론에 대한 포괄적이고 입체적인 이론적 설명을 시도하고,

(5) 끝으로 한국교회에서 건강한 성 담론과 건전한 성 문화를 형성하는 구체적 방안을 제시하는 것이다.

앞에서 말한 연구 목적에 따라 설정된 연구 과제를 수행하기 위한 연구 내용과 방법을 조금 더 자세하게 밝힌다면 다음과 같다.

우선, 섹슈얼리티에 대한 기존의 이론을 비판적으로 검토하면서 기독교의 섹슈얼리티 이해를 분석하는 새로운 방법을 모색하였다. 섹슈얼리티에 대한 기존의 연구는 크게 보아 본질론과 구성론으로 대별되는데, 나는 본질론의 한계를 지적하고, 구성론을 비판적으로 수용하면서 기독교가 섹슈얼리티를 구성하는 데 어떤 역할을 하는가를 살필 수 있는 방법을 제시하였다. 그것은 성 인지적 담론분석과 종교사회학적 분석을 결합하는 종합적 분석 방법이다.

둘째, 한국교회에서 성 담론이 어떻게 생산되는가를 분석하였다. 교회의 성 담론은 예배와 설교, 성서연구, 다양한 소그룹 활동 등의 종교사회화 과정을 통하여 형성된다. 종교사회화 과정은 이를 조직하고 통제하는 교회 지도부의 규율 아래 있기 때문에 종교사회화 과정의 통제구조를 분석하는 것은 매우 중요하다. 종교사회화 과정에 투입되는 종교 지도자들의 성 담론과 섹슈얼리티 이해를 분석하는 것도 중요한데, 이를 위해서는 담론 생산자인 종교 지도자들의 설교, 교육자료, 컬럼을 신앙 유형과 성별을 고려하여 분석할 필요가 있다. 그 다음, 교회의 성 담론이 종교사회화 과정에서 어떤 담론 전략에 따라 구성되는가를 분석하였다. 종교 지도자는 교회에서 섹슈얼리티가 갖는 민간성을 충분히 인지하고 있기에 이를 통제하여 교회의 분열을 예방하고 결속을 강화하고자 할 것이다. 나는 이러한 전략에 따라 형성되는 교회의 성 담론을 몸과 성을 터부시하면서 섹슈얼리티에 대한 수치심, 불안, 죄의식을 불러일으키는 금욕주의 유형, 성속의 갈등 속에서 성적 관행을 현실주의적으로 용인하는 실용주의 유형, 전통적인 성 도덕에 종교적 권위를 부여함으로써 성의 정치학을 강화하는 도덕주의 유형으로 분석하였다.

셋째, 한국교회에서 성 담론이 소비되는 과정과 그 결과를 분석하였다. 교회에서 종교 지도자들이 생산하는 성 담론은 교인들에 의해 소비된다. 성 담론의 생산과 소비는 종교사회화 과정의 통제구조 안에서 이루어지지만, 종교 지도자의 성 담론이 교인들에 의해 그대로 수용되지는 않는다. 성 담론의 소비자인 교인들은 교회 안에 묶여 있지 않고 다양한 대중매체와 인터넷을 통해 세태의 영향을 받고 있다. 그들은 교회의 성 담론과 세속사회의 성 담론의 차이를 일상적으로 경험하면서 교회의 성 담론을 나름대로 소비한다. 또한 소비자들은 그들의 고유한 욕망과 성적 자율성을 어떻게 관리하고 섹슈얼리티의 은밀성과 은폐성을 얼마만큼 향유할 것인가를 가늠하면서 교회의 성 담론을 소비할 것이다. 나는 성 담론의 소비 유형을 교회의 지배적인 성 가치관과 성 윤리를 내면화하고 맹종하는 수용형, 교회의 엄격한 요구를 의식하면서도 성적 관행을 현실주의적으로 용인하는 절충형, 교회의 성 담론에 반발하고 심지어 교회를 이탈하기도 하는 저항형으로 나누어 유형별로 분석하고 설명하였다.

넷째, 교회에서 이루어지는 성 담론의 생산과 소비에 대한 선행 분석에 근거해서 교회의 성 담론을 체계적으로 설명하였다. 성 담론의 생산과 소비에 대한 심층면담의 결과를 분석하고 성 담론의 생산과 소비의 부분적 어긋남과 부분적 일치가 나타나는 이유를 규명하는 데 주안점을 두었다. 이를 위해 미셀 푸코의 담론 분석, 주디스 버틀러의 젠더 정체성 해체와 전복 이론, 자크 라캉의 성차 이론, 앤소니 기든스와 울리히 벡의 성 사회학, 엘리자베스 피오렌자의 페미니스트 해석학을 활용하였다. 나는 신앙 유형, 성별, 연령별 차이가 성 담론 형성과 어떤 상관성을 갖는가에 주목하면서 성 인지적 관점에서 담론 분석과 사회학적 맥락 분석을 결합하는 종합적인 방법론을 갖고서 성 담론의 생산과 소비를 체계적으로 설명하였다.

다섯째, 한국 개신교회에서 성 담론을 어떻게 형성할 것인가를 제안하면서 저술의 결론을 마무리하였다.

본 연구가 한국교회에서 성 담론의 생산과 소비를 분석하기 위하여 선택한 방법은 크게 보아 세 가지이다.

(1) 교회에서 성 담론의 생산과 소비가 이루어지는 종교사회화 과정을 분석하기 위하여 성 인지적 담론분석과 종교사회학적 분석을 결합하는 종합적인 방법을 활용하였다.
(2) 종교 지도자들의 성 담론이 가시적 형태로 나타나는 설교, 교재, 컬럼 등을 분석하기 위하여 문헌분석 방법을 활용하였다.
(3) 성 인지적 담론분석의 자료를 획득하기 위하여 심층면담 방법을 활용하였다. 심층면담은 종교 지도자들의 성 담론을 제시하면서 그 반응을 분석하는 방식으로 진행하였고, 성 담론의 출처나 관련된 인명을 면담에서 밝히지 않았다. 이러한 방법을 선택

한 이유는 한국교회의 종교 지도자들과 교인들이 성과 관련해
서 자신의 생각과 느낌을 표현하는 일을 어색하게 여기거나 회
피하고 억압하는 경향을 고려하였기 때문이다. 담론의 소비자
인 교인들은 신앙 유형, 연령, 성별을 고려하여 선정하고, 이들
에 대한 심층면담에서는 성 담론의 생산과 소비가 상응관계를
이루거나 어긋나는 맥락을 규명하는 데 초점을 맞추어 성 담론
의 소비 행태와 그 결과를 분석하였다.

제1부

섹슈얼리티에 대한 이해

섹슈얼리티에 대한 기존의 이론을 비판적으로 검토하면서 기독교의 섹슈얼리티 이해를 분석하는 새로운 방법을 모색하고자 한다. 섹슈얼리티에 대한 기존의 연구는 크게 보아 본질론과 구성론으로 대별되는데, 나는 본질론의 한계를 지적하고, 구성론을 비판적으로 수용하면서 기독교가 섹슈얼리티를 구성하는 데 어떤 역할을 하는가를 살필 수 있는 방법에 주목할 것이다.

1. 섹슈얼리티 개념의 구성

섹슈얼리티의 개념은 역사적인 성 담론의 전개에 따라 의미가 변화하였다. 페미니즘 연구의 결과로 성은 섹스, 젠더, 섹슈얼리티로 크게 구분되고 섹슈얼리티는 성 감정과 욕구, 성 정체성, 생식 행위, 성 지위 등을 포함한 복합개념으로 정의할 수 있다. 이 세 개념은 각각 분리되기보다 상호 연결되고 중첩화되는 의미를 지닌다. 성별화된 섹슈얼리티(gendered sexuality)와 성애화된 젠더(sexualized gender)

라는 개념의 세분화가 젠더와 섹슈얼리티의 다면적 상관관계를 나타내듯이 성 개념의 명확한 구별은 용이하지가 않다. 이는 성 개념의 구성이 역사적 시공간과 특정 맥락의 차이를 반영하고 구성된 개념의 의미와 적용에는 다양한 변화가 가능하다는 점을 시사한다고 볼 수 있다.

섹슈얼리티에 대한 본격적인 페미니스트 논의는 서구의 정치경제적 변동과 반전통적 문화운동이 활발하게 전개되었던 1960년대 후반부터 시작되었다. 이른바 68혁명이 서구를 뒤흔들었던 그 당시의 '성 혁명'은 경구용 피임약의 출현과 낙태 허용 등을 기반으로 생식과 분리된 성적 욕망과 쾌락, 성적 자유에 대한 새로운 인식의 변화를 가져왔고 기존의 성 규범과 강제에서 해방되는 길을 제공하였다. 이 역사적 변화가 여성들에게 끼친 긍정적 영향은 여성을 성적 주체로 인정하고 여성에게도 성적 쾌락을 누릴 권리가 있음을 공론화한 것이었다(Hooks, 2000, 86-87). 반면에 성 해방은 통제력을 상실한 과잉성애화와 실험적 성의 소비에 따른 성 정체성의 혼란이라는 부정적 결과를 가져 왔다. 또한 해방과 자유를 내세운 성 혁명에서 여성들이 경험한 성차별적 소외 상황은 여성의 성적 자기결정권의 정치적 의미와 여성의 관점에서 섹슈얼리티를 재인식할 필요를 절실하게 느끼게 하였다(케이트 밀레트, 1970; 슐라미스 화이어스톤, 1970).

이러한 역사적 상황과 요구에 따라 페미니스트 성 담론은 생물학적 결정론과 본질주의를 기반으로 한 기존의 성 개념이 성불평등 이데올로기임을 밝혀내고 사회문화적 성별 개념(젠더)을 대안으로 제안하였다. 젠더 개념은 생물학적 성차(섹스)를 성차별의 근거로 정당화하는 사회문화적 기제를 비판하고 이 사회문화적 환경을 재구성하기 위해 고안되었다. 남성과 다른 여성의 기질, 태도, 역할은 생물학적 원인보다 가부장제 사회화의 결과라는 점을 강조한다. 이처럼 섹스와 젠더의 이원론이 형성되면서 급진주의 페미니즘은 여성 억압의 근원으로 섹슈얼리티를 주목하였다. 섹슈얼리티가 남녀 사이에 비정치적인 사적 관계를 형성하고 여성의 종속을 당연시하기 때문이다. 이와 같은 성찰은 섹슈얼리티의 권력관계와 성 담론의 정치경제적 맥락을 인식하는 실마리를 제공하였고 나아가 가부장적 이성애주의가 담지한 여성 억압과 폭력에 대한 담론을 발전시켰다. 새로운 성 담론은 1970년대 확산된 포르노산업과 성폭력의 증가로 섹슈얼리티의 안전을 확보하려는 사회적 문제로 대두하면서 점차 확산되었다. 그 후 성 담론은 백인 서구 이성애 중산층 중심의 한계를 넘어 다양한 문화권과 교차·확대하였고 섹슈얼리티 연구도 성별 차원을 넘어 인종, 계급, 민족, 연령 등의 주제와 연결하며 발전하였다(Gerhard, 2001; 이나영, 2006).

앞에서 살펴본 대로 섹슈얼리티 개념은 역사적 상황에서 제기된 성 인지적 필요에 대응하면서 만들어진 산물이다. 생물학적 성 개념에서 본질적으로 규정된 성적 욕망과 성 규범도 사회문화적 관점에서 변화 가능한 개념으로 분류되었고, 섹스와 젠더의 이원화 구조에 개입하는 권력, 욕망, 성애의 복합적 문제는 섹슈얼리티 개념의 구성을 요구하였다. 시대 변화와 맥락적 의미에 주목하는 섹슈얼리티 개념의 재구성은 여전히 진행중이다.

2. 섹슈얼리티 신학

일반적으로 종교는 섹슈얼리티와 관련된 도덕적 규범과 교리를 규정한다는 점에서 기독교도 예외는 아니다. 서구 기독교 전통이 형성해 온 성 담론은 성경의 내용과 해석을 기반으로 신앙 공동체의 성 윤리와 특정 교리를 형성하였다. 금욕주의가 지배적이었던 기독교 성 담론은 남성중심적 신학과 성직 제도를 통해 공고화되고 성이 죄의 속성을 지닌 세속적 주제라는 이유로 교회에서 공론화되는 것은 오랫동안 금기시되었다. 그런 점에서 섹슈얼리티는 종교적 보수성이 가장 오래 유지되는 영역이고 종교적 전통에 도전하는 가장 급진적인 주제다.

1) 기독교 페미니스트 성 담론의 출현

20세기 중반 서구에서 일어난 '성 혁명'으로 촉발된 섹슈얼리티 연구의 영향은 신학에도 반영되었고 특히 여성신학에 새로운 인식의 전환점을 제공했다. 1970년대 섹슈얼리티 연구에서 제기된 여성의 성적 자기결정권과 이성애주의 비판, 성적 쾌락의 주제는 1990년대 전후 전통적 신학을 재구성하는 페미니스트 성 담론에도 반영되었고, 카터 헤이워드, 메리 헌트, 버지니아 몰랭컷, 엘리자베스 베텐하우젠 등을 중심으로 레즈비언 페미니스트 신학을 형성하였다(Heyward, 1989; Hunt, 1991; Mollenkott, 1992; Bettenhausen, 1995). 이는 섹슈얼리티에 작용하는 가부장제 권력을 비판하고 성 정의를 실현하는 여성 연대의 정치적 차원을 강조한 점에서 급진주의 페미니즘과 동일하지만, 하나님의 에로스적 측면을 재해석하고 기독교 전통의 '성의 정치학'을 분석하여 신학화한 점이 새로운 공헌으로 평가된다. 이런 담론의 형성 과정에서 제임스 넬슨은 '섹슈얼리티 신학'과 '섹슈얼 신학'의 구별을 주장했는데, 그가 지지하는 '섹슈얼 신학'은 다음과 같은 주안점에서 기독교 섹슈얼리티 개념의 변화를 보여준다.

- 섹슈얼리티에 대한 담론의 주체는 성서, 교회, 전통이 아니라 성적 경험의 담지자인 사람들(우리)이 되어야 한다.
- 자신의 섹슈얼리티로부터 소외되는 것을 죄로 이해해야 한다.
- 기독교 구원은 성적인 것을 포함해야 한다.
- 성 윤리는 행위중심에서 관계중심으로 변화해야 한다.
- 교회는 성적 공동체(a sexual community)로 인식해야 한다.
- 섹슈얼리티는 사적일 뿐 아니라 공적인 것으로 이해해야 한다 (Nelson, 1992).

전통적 신학의 성 담론이 육체혐오적 금욕주의에 기반을 두고 있다는 점에서 페미니스트 섹슈얼리티 신학이 성 경험이 일어나는 몸에 주목하고 긍정적인 몸 신학을 전개한 것은 자연스러운 흐름이다. 앞에서 언급한 넬슨의 섹슈얼 신학에서 영향을 받은 몸 신학의 담론은 몸의 개념을 재해석하였다. 몸 신학에서 몸은 하나님의 계시를 경험하고 소통하며 그 계시를 삶 속에서 체현하는 장이다. 이는 하나님의 계시가 그리스도라는 인간으로 육화되어 세상 속에서 사람들을 만나고 인간의 역사에 동참하신다는 성육신 사건과 볼 수도 없고 만질 수도 없는 하나님을 우리의 몸과 물질로 만나서 하나가 되는 성만찬에서 잘 드러난다. 그런 의미에서 샐리 맥페그(Sallie McFague, 1993), 리타 브록(Rita Brock, 1993) 등의 포스트모던 페미니스트 신학자들은 죄 많은 피조물과 전능한 창조주 사이의 분리를 비판하였다. 몸 신학은 생태여성신학적 관점에서 인간, 자연, 피조물의 유기체적 생명망을 강조한다.

1990년대 초부터 세계교회협의회(World Council of Churches, 이하 WCC)는 여성에 대한 폭력을 주제로 성 담론을 공론화하기 시작하였다. WCC는 연대감과 상호 배려를 이루는 공동체에서 일어나는 여성폭력(성폭력)을 여성과 남성 간의 불평등한 권력관계의 표현이고 여성의 권리와 존엄성에 대한 침해로 인식하였다. 또한 이에 대한 교회의 오랜 침묵을 깨뜨리고 신학적, 목회적 대응책을 마련해야 할 필요성을 강조했다. 이를 기점으로 다양한 교회 문서들이 작성, 발표되었는데 1993년 WCC 직원 규정집에는 "모든 형태의 성폭력은 용인되거나 용서되지 않고 범행자들은 자신의 행위에 대해 책임을 지게 될 것이며, 그런 일이 행해질 경우 적절한 징계 절차에 회부될 것이다"(그나나다슨, 1994)라고 명시되었다. 규정집은 성폭력을 범죄로 규정하고 이에 대한 단호한 처벌을 밝히고 있다. 규정집의 내용들은, 서구 사회에서조차 성폭력에 대한 공론화가 미온적이었고 북미와 유럽의 여성들이 성희롱에 대해 말하기 시작했던 당시의 상황에 비추어 볼 때, 급진적인 성격을 띠고 있었다. WCC는 교회의 정의가 개인적 도덕성만이 아니라 사회적 책임감도 포함해야 한다는 기본정신에서 출발하여 교회가 성폭력에 대한 교회의 침묵과 태만으로 예언자적 소명을 방기하지 않아야 한다는 것을 일깨웠다. WCC는 이와 관련된 교회 정책을 이끌어내고, 훈련 교재, 워크샵 매뉴얼, 활동 지침 등을 마련하였다.

WCC가 성폭력 극복을 교회의 과제로 본격화하기 이전에도 이 주제와 관련해서 선구적인 활동을 한 교회들이 있었다. 1986년 캐나다 성공회의 보고서는 배우자 학대에 대응하는 교회의 역할에 대해 다음과 같이 말하고 있다.

많은 그리스도인 남편들이 아내를 신체적으로 학대하는 경우 교회가 어느 정도까지 이들을 용인하고 심지어 지지하기조차 하는지 의식하지 못하고 있다. 정작 교회는 그러한 '길들이기'를 아내의 영혼을 바로잡기 위한 남편 본연의 의무라고 정의하였다. 그리스도인들이 이 특정한 형태의 학대에 직면하는 고통을 감내해야 하는 둘째 이유는 신학적 정당화가 다른 문화적 합리화의 주장들을 강화하는 데에 봉사해 왔기 때문이다. 가령 '남자의 집은 그의 성채'라고 하였으며, 그리하여 아내 구타는 사소한 일로 여겨지고 눈에 띄지 않는 일이 되어 버린 것이다(그나나다슨, 1994, 76).

카나다 연합교회의 소책자는 성폭력에 대하여 교회가 우선적으로 필요한 폭력의 종식, 피해자의 안전, 약자를 위한 정의보다 가정의 신성함, 화해, 결혼의 회복 등에 관심을 두고 있음을 비판하였다. 미국 장로교회의 정책 문서는 성적 비행을 성직과 고용과 직업 관계를 침해하고 부당한 권력을 남용하는 것으로 경계하였다. 감리교회 연합 세계교역자 이사회는 교역자 대상의 교육 자료에서 신체 폭력, 강간, 가정 학대, 성희롱, 성매매, 도색 잡지, 경제적 착취, 과부들 문제, 이혼, 마약과 알콜의 오용, 억압과 감금 등을 성폭력의 범주로 보고 그 대처 방안을 제시하였다. 호주의 일치교회는 교회 내 성폭력에 관한 책자, 『침묵을 깨라, 그러면 진리가 너희를 자유롭게 하리라』를 발간하였다. 1992년 아프리카 짐바브웨에서 열린 WCC 제6차 총회에서 행한 케냐 여성신학자 냠부라 뇨로게의 설교는 성폭력의 신학적 함의를 다음과 같이 선포하여 교회 지도자들의 관심을 불러일으켰다.

> 폭력은 권력과 돈에 대한 탐욕, 타인들을 지배하고 통제하려는 욕구에 촉진된다… 전쟁 속에서 자연에 반하여 저질러지는 폭력을 확인하는 것은 쉬운 일이다. … 그러나 내가 바라는 것은 우리들이 바로 우리의 침실에서 시작되는 폭력과 전쟁에, 우리의 가정에서 여성들과 어린이들이 경험하는 가정 폭력에 도전하는 일이다…(십대 임신의 중절은) 하나님의 창조에 대한 폭력이고… 강간은 진지하게 받아들여지지 않는 또 다른 폭력이다(그나나다슨, 1994, 79).

이상에서 살펴본 해외 여성신학과 세계교회의 성 담론은 한국 여성신학의 성 담론을 형성하는 데 정보와 지식 기반을 제공하고 국제적 교류와 연대를 통해 지속적인 영향을 끼쳤다.

2) 한국 여성신학의 성 담론

한국 신학계는 1970년대 중반부터 서구 여성신학의 번역을 통해 여성신학을 소개하였고 섹슈얼리티에 대한 연구는 2000년대 초반부터 본격화되었다. 한국 여성신학의 초창기는 성차별에 대한 교회 여성의 의식화와 사회/민족 문제에 참여하는 여성운동의 신학화가 주요 과제였기에 섹슈얼리티에 대한 여성신학적 관심은 서구 관련문헌을 소개하는 수준에 불과했다.

1990년대부터 몸 담론이 학제간 연구로 대두하면서 몸과 성에 대한 여성신학적 담론도 분야별로 시작되었다. 2001년 한국여성신학회는 10명의 여성신학자들의 글을 묶어『성과 여성신학』을 발간하였다. 이 책에서 성의 개념은 저자마다 다르게 사용하거나 분명하게 정의하지 않았기에 모호하기는 하지만, 이 보고서의 제1장에서 언급한 바 있는 섹슈얼리티 개념의 일부를 수용하여 기독교사상사, 포스트모던 페미니스트 신학, 성서신학, 목회상담, 교회론, 생태여성신학, 사이버 문화, 포르노와 성문화에 대한 고찰 등을 통하여 성 담론을 전개하였다. 이 가운데 2편은 경험적 자료를 분석한 글이고(한국염, 167-196; 박성자, 131-166), 나머지 7편은 기존의 연구 성과들을 소개하고 성찰하는 글들이다.

그밖에 섹슈얼리티 주제에 관련된 논문들도 경험적인 연구라기보다는 문헌연구의 성격을 띠고 있다. 이것은 섹슈얼리티에 대한 담론이 한국 신학계나 교회에서 여전히 터부시되고 있어서 이에 관한 실태조사나 심층면담을 수행하기가 쉽지 않다는 것을 의미한다.

한국 여성신학자들의 성 담론은 전통적인 본질론을 비판하고 성 담론의 역사적 맥락과 사회문화적 맥락을 비판적으로 고찰하는 구성론적 경향을 보이고 있다. 전통적인 성 담론은 몸과 성에 대한 혐오, 여성 비하, 성 담론의 금기, 섹슈얼리티의 탈영성화로 집약된다. 이러한 전통적인 관점은 그리스 철학의 영향을 반영한 기독교의 영육이원론과 육체부정의 교회 전통에 그 뿌리를 두고 있다(로즈

메리 류터, 1980; 손승희, 2001; 피오렌자, 1993). 전통적인 기독교는 영육의 통전적 이해를 지닌 히브리 사상보다 영육의 분리와 그 위계질서를 강조한 헬라사상을 기반으로 영혼과 육체, 정신과 물질, 문명과 자연, 남성과 여성 등의 위계적 이원론을 강조하였다. 이에 따라 낮은 가치를 부여받은 육체와 몸, 자연과 여성, 여성의 몸이 담지한 섹슈얼리티는 영혼과 정신, 문명과 남성의 통제를 받아야 한다는 신학은 교회 전통(교리와 교회 제도)으로 공고화되었다. 목사와 장로의 여성 안수의 금지, 성폭력을 비롯한 섹슈얼리티 담론의 금기, 교회 내 성평등 활동의 억압 등은 기독교 영육이원론에 근거한 교회의 대표적 산물들로 오늘까지 교회의 지배적 관행을 형성하고 있다.

이와 같은 전통적 성 담론에 대해 문제를 제기한 여성신학자들은 기독교의 뿌리 깊은 영육이원론을 극복하기 위하여 성차별적인 표면구조를 갖고 있는 성서 텍스트를 재해석하고(이경숙, 2005; 트리블, 1996; 최영실, 2004), 교회사에 나타난 원죄설과 여성혐오 사상을 비판적으로 성찰하고(김애영, 2010; 강남순, 2002), 교회 전통을 분석하고 비판하였다(임희숙, 2010). 이런 연구들은 성 인지적 관점에서 전통적인 성 담론의 본질론을 비판하고 성 담론 형성의 역사적 배경과 사회문화적 조건을 분석하는 구성론을 지지하는 입장이다.

3) 보론: 여성신학자들의 구성론적 성 담론의 핵심 내용

한국 여성신학자들의 구성론적 연구 결과들을 간략하게 정리하면 다음과 같다.

구약성서의 창세기 1~3장은 남자와 여자의 창조, 성의 출현, 성적 관계, 인간의 죄와 벌을 다룬다는 점에서 이에 대한 해석은 성 담론에서 중요하다. 창세기의 하나님은 우연이나 실수 혹은 악한 의도로 몸을 입은 인간과 그가 사는 세계를 창조한 열등하거나 악한 신이 아니다. 하나님에게 육의 세계를 창조하는 일은 그의 구원사의 시작이었고, 그가 창조한 세계와 인간은 보시기에 참 좋았던 아름다운 존재였다. 히브리 전통은 인간이 체험하는 보편적 경험으로서의 삶의 고단함과 고통을 인간이 지닌 '몸'의 탓으로 돌리지 않는다.

창세기 2장의 J기사는 하나님이 흙(adama)으로 직접 빚은 몸을 처음부터 사람(adam)이라고 명명하고, 사람을 하나님이 흙으로 빚은 몸에 생기를 불어넣어 생명을 얻은 존재로 묘사한다. 하나님이 불어넣으신 것은 이원론적 인간관이 말하는 영혼이 아니라 생명을 뜻하는 '숨'이며, 그 숨이 흙으로 빚어진 인간을 '산 존재'가 되게 한다. 구약학자 폰 라트는 창세기 1장의 주석에서 인간 창조의 기초가 되는 하나님의 형상 역시 인격이나 도덕성과 같은 추상적이고 영적인 가치로 축소될 수 없다고 강조하면서, 인간의 몸이야말로 하나님의 형상을 닮은 것임을 강조하였다. 인간은 몸을 입음으로써 비로소 최고의 '인간다움'을 완전하게 얻게 되며, 비록 타락하여 최초의 온전한 인간다움을 상실하게 되지만, 하나님의 선한 의지로 인해 그의 구원사에 참여한다는 것이다(폰 라트, 1981).

이처럼 몸을 긍정하는 히브리 창조신앙은 인간의 성에 대해서도 긍정적인 입장을 보여주고 있다. 창세기 1장과 2장은 성과 생식 능력을 인간 존재의 기초로 여긴다. 인간의 성은 하나님이 인간을 남자와 여자로 따로 창조하신 순간부터 인간 존재의 특징을 보이기 때문에, "성이 타락에 앞서서 존재한다"라는 것이다. 인간의 성은 인간 실존의 다른 모든 측면과 같이 죄의 도구로 사용될 수 있는 가능성을 가지고 있을지라도 죄의 결과물이나 죄 자체로 이해되어서는 안 된다. 그렌즈는 인간의 생식능력이야말로 하나님의 은총의 도구로 쓰여 하나님의 독생자를 세상에 들어오게 한다고 강조한다(그렌즈, 2003).

몸에 대한 부정적 텍스트로 여겨지는 로마서 7-8장에서 바울은 죄의 상태에 매인 인간을 "육정에 매인 존재", "죄 아래 팔린 몸"이라고 부르고 "육신으로는 죄의 법에 복종하고 있다", "육신에 매인 사람은 하나님을 기쁘시게 할 수 없다"라고 말한다. 또한 바울은 고린도전서 7장에서 미혼자에게 "곧 닥칠 재난 때문에, 현재 상태로 살아가는 것이 낫다"라고 권고하며, 결혼이 세상일에 마음을 쓰게 하여 주님만을 온전히 섬기게 하는 데에 방해물이 될 수 있는 것처럼 서술하고 있다. 몸과 결혼 관계에 대한 바울의 이러한 가르침들은 실제로 알렉산드리아의 오리겐이나 클레멘트, 제롬과 어거스틴과 같은 교부신학자들에 의해 독신주의를 결혼 생활보다 우월하게 여기고 성교를 죄로 생각하게 만드는 성서적 근거로 작용하였다. 그러나 바울은 비록 죄의 법에 육신이 매어있더라도, 예수 그리스도 안에 다시 태어난 성도의 몸은 다시 "주님을 위하여 있는 것"(고전 6:13)이며 나아가 그리스도의 몸과 한 몸이 되는 지체라고 단호하게 선포하고 있다. 또한 유배되어 있는 육체와 물질세계로부터 이탈하는 영혼의 구원을 주장하는 영지주의에 맞서 바울이 기독교의 구원은 몸의 부활(고전 15장 35절 이하)에 있음을 특별히 강조하였다. 히브리 전통의 창조신앙과 바울의 헬레니즘 기독교 신앙은 하나님에 의해 창조된 몸의 본래적 선함을 강조할 뿐만 아니라, 하나님의 구원사역에 참여할 궁극적 주체로서의 인간 존재를 "몸을 입은 인간"에게서 찾고 있으며, 몸을 입은 인간이 태생적으로 갖고 있는 성적 욕망(생식과 쾌락의 욕망)이 부부간에 맺게 되는 성적 관계 안에서 표현되는 것은 죄가 아니라는 통일된 관점을 갖고 있다.

그럼에도 불구하고 교회사에서 독신주의와 금욕주의는 기독교인들의 삶에 우선적인 가치로 강조되고 받아들여졌다. 이는 몸을 입은 인간에게 발생하는 모든 종류의 욕망을 피조물로서의 본질이 아니라 타락의 결과물로 이해하고 이런 인식이 교회의 지배적 사상으로 뿌리내린 데서 비롯하였다. 몸의 다양한 욕망들 가운데 특히 성욕을 타락의 결과물이자 죄로 이해하게 만든 데 커다란 영향을 끼친 사람은 힙포의 어거스틴이다. 그는 창세기의 타락 이야기와 로마서에 나타난 바울의 죄론을 연결시켜서 기독교 신학의 독특한 원죄사상을 성립하고 악의 근원에 대한 기독교의 입장을 신학적으로 완성시켰다. 어거스틴은 『하나님의 도성』에서 죄의 원인이 되는 정욕은 다양하지만, 그 가운데 가장 악한 것은 성적인 욕망(concupiscence)이라고 주장했다. 어거스틴은 성적인 욕망이란 타락 이전에 아담과 하와가 가능성으로 가지고 있었던 생식 능력을 실현시키는 힘이 아니라, 아담 이후 타락한 인간의 성행위를 의지적이고 충동적인 욕망에 의해 이루어지는 것으로 보고, 쾌락뿐만 아니라 출산을 목적으로 하는 성관계까지 근본적으로 부끄럽고 수치스러운 것으로 여겼다. 이는 부부간의 성관계를 현실적인 관점에서 자녀 생산뿐만 아니라 육체적 만족을 위한 목적까지 확대하여 허용하는 바울의 견해와 다른 점이다. 그는 『하나님의 도성』 제14권에서 성교의 수치스러움을 서술하고 인간의 성관계를 죄가 전달되는 매개체로 인식했다.

본래 기독교의 금욕주의는 2-3세기 로마의 기독교 박해에 대항하여 시작된 순교신앙에서 발생한 것인데, 314년 콘스탄티누스의 기독교 공인으로 변화될 계기가 있었음에도 불구하고, 어거스틴의 원죄론에 의해 신학적 정당성을 얻은 이래로 중세교회의 수도원주의와 금욕주의, 성직자 독신주의로 연결, 확대되었다. 어거스틴의 원죄론은 인간 본성과 악의 기원에 대한 뛰어난 성찰을 담고 있지만, 쾌락뿐만 아니라 출산을 위한 성행위, 성행위보다 앞선 성욕까지 죄악시함으로써 서구 기독교 문화권에서 성에 대해 생각하고 말하며 표현하는 모든 것을 심각하게 터부시하는 경향을 만들어내었다. 또한 육체를 부정하고 섹슈얼리티를 혐오하는 교부신학의 전통은 성적 욕망과 감각적 즐거움, 성 행위를 죄악시하고 정신의 고양에 방해되는 몸의 고행을 강조하고 성적 유혹의 담지자인 여성을 혐오하는 '탈육체적 성차별적 영성'의 신학을 형성하였다. 이러한 배경 위에 기독교인이 성도로서 살아야 하는 거룩한 삶의 원칙들은 '정결'이나 '순결'을 강조하는 도덕적 규범으로 점차 축소되고 말았다.

문제는, 이러한 도덕적 규범이 한 공동체의 문화와 권력관계에 의해 생산되거나 적어도 그것들에 현저하게 영향을 받아 형성된 상대적 규범임에도 불구하고, 하나님의 명령이나 보편적 양심의 명령으로 왜곡됨으로써 도덕 행위자들로 하여금 사회의 성 도덕이 부여한 규범의 타당성에 대해 비판적으로 고찰할 여지를 남겨주지 않은 채 무조건적으로 따라야 하는 절대적 의무로 둔갑하였다는 데 있다. 특히 가부장적 사회라는 특수한 문화 속에서 형성된 성 도덕은 남성들보다 여성들에게 강요되었는데, 이는 여성을 '최초로 타락한 인간' 혹은 '남성을 타락시킨 인간'으로 규정하고 성차별적 위계질서에 따라 남성, 아버지, 왕, 성직자의 지시와 통제를 받는 것을 정당화해 온 서구 가부장적 신학과 교회 전통으로 뒷받침되었다.

인간의 성적 욕망은 살고자 하는 생(生)의 욕망과 밀접한 강력한 힘을 갖고 있기에 이것을 통제하는 일은 상당한 억압과 전략을 필요로 한다. 사회문화적 규범인 도덕이 행위자가 아무런 저항 없이 순순히 따를 수 있는 순한 명령체계가 되지 못하고, 행위자의 저항을 가능하게 하는 비판적 사고 능력을 정지시키거나, 혹은 그것이 불가능하다면 성적 욕망 자체를 죄악시하는 종교적 이데올로기를 강화하는 방식으로 발전하는 이유다. 하지만 역사적으로 보면 강력한 성도덕도 원래의 목적과 달리 모든 인간의 성적 욕망을 완전히 무화시키지 못하고 역으로 많은 성직자들의 성적 문란을 초래시켰다. 이런 현상은 16세기 종교개혁자들이 교회의 개혁을 일으키는 계기를 제공하였다.

종교개혁자들은 하나님의 형상으로 창조된 인간이 결혼을 통해 자신의 배우자뿐만 아니라 하나님과도 연합하여 자기존재를 완성한다고 보았다. 따라서 결혼은 남녀의 계약일 뿐만 아니라 하나님과의 계약을 의미하는 거룩한 관계다. 거룩한 관계인 결혼이 금욕주의나 성차별에 의해 왜곡되어서는 안 된다. 종교개혁자 캘빈은 바울과 같이 결혼한 부부는 자녀의 출산뿐만 아니라, 배우자가 욕정에 휘말려 실수나 범죄에 빠지지 않을 수 있도록 부부간의 성관계를 방기하지 말라고 가르쳤다. 여기에서 중요한 것은 캘빈이 부부간의 성 관계를 단순히 출산과 성적 쾌락에 국한하지 않고 '한 몸과 한 인격'이 되는 아름답고 거룩한 연합으로 강조한 점이다. 성은 죄가 아니라 하나님이 창조하신 인간의 축복받은 실존이기에, 억압이 아니라 올바른 성 관계를 통해 아름답게 구현되어야 한다. 종교개혁자들의 신학은 결혼의 신성함을 근거로 성직자의 독신제도를 반대하였지만 성의 도덕적 측면만 강조한 가부장적 가정을 옹호한다는 점에서 한계를 갖는다.

현대 사회의 세속적 성 해방과 향락문화, 그리고 일부 종교 지도자들의 성적 탈선에 직면하여 교회는 전통적 성 도덕을 강화함으로써 통제 능력을 회복하고 교회 구성원들을 결속시키려는 움직임을 보이고 있다. 하지만 교회의 성 도덕이 강력하게 작용했던 중세에도 성직자들의 성적 문란을 통제하지 못했던 역사적 사실을 상기해 본다면, 전통적인 성 도덕의 부활은 오늘 확산되는 문란한 성문화와 성범죄의 억제에 얼마만큼 효과를 거둘 수 있을까 의문시되고 오히려 성폭력과 성범죄를 음성적으로 확산시키는 억압적 기제로 작용될 우려가 있다. 이에 교회와 신학은 "선한 몸"과 "창조의 질서로서의 성"을 지닌 통전적 존재로서의 성서적 인간관을 회복하고 뿌리깊은 영육이원론적 인간관을 비판적으로 극복하여야 할 것이다. 특히 한국교회는 가부장제의 혈통을 중시하는 유교의 사회문화적 산물인 여성의 정조관념을 기독교 영육이원적 금욕주의와 결합하여 '금욕적이고 성차별적인 성 도덕'을 형성하고 종교사회화해 온 점을 비판적으로 성찰해야 한다. 사람의 몸, 여성의 몸을 하나님을 영화롭게 하는 "성령의 전"(고전 6:19-20)으로 보지 못하고 다만 자녀 생산과 양육을 위한 도구로 여기거나 남성의 정욕을 해소하는 대상물로 여기는 성 인식과 행동은 극복되어야 한다.

이상에서 살펴본 대로 영육이원론과 육체부정의 전통적 성 담론

을 비판적으로 분석한 여성신학 연구는 영육분리와 그와 관련된 영
육의 위계적 가치체계를 영육합일과 영육의 통합적 가치체계로 인
식을 전환하는 근거와 계기를 제공하였다. 하지만 이런 비판적 담론
은 서구 사상과 서구 교회사를 주요 배경으로 하고, 당위론적 성 담
론이 한국교회의 다수를 차지하는 근본주의적 풍토에서 어떻게 적
용되고 어떤 대응을 얻을지에 대한 논의가 배제되었다는 한계를 갖
는다.

3. 한국 종교문화와 성 문화에서 나타나는 섹슈얼리티의 문제

한국 개신교의 성 담론은 기독교 역사에서 나타나는 전통적인 성
담론과 비판적으로 대결하면서 발전되는 것만이 아니고, 오히려 한
국 종교문화와 성 문화에 깃든 섹슈얼리티 이해를 의식하면서 그것
과 비판적으로 대화하면서 전개되고 있다고 볼 수 있다. 따라서 한
국 개신교의 성 담론을 제대로 이해하기 위해서는 그 배경을 이루는
한국의 종교문화와 성 문화에서 섹슈얼리티가 어떻게 이해되고 인
지되고 있는가를 살펴볼 필요가 있다.

1) 한국의 다종교 상황에서 나타나는 성 담론의 특성

다종교 사회인 한국에서 성 담론은 여러 종교들이 알게 모르게 서
로 영향을 주고받으며 형성되는 것으로 여겨진다. 각각의 종교는 섹

슈얼리티에 대한 규범과 계율을 정하고 그것에 따르는 신앙 정진과 수행을 강조하기 마련이다. 한국 사회에 뿌리를 내리고 있는 종교들은 성 담론에서 공통점과 차이점을 보이지만, 종교들 사이에서 성 담론이 교류되면서 혼합의 양상을 보인다. 왜냐하면 모든 종교들은 출산과 혈통 계승, 여성 섹슈얼리티의 통제, 공동체의 성 질서 유지 등에 대해 규범을 정해야 하고, 그 규범의 정당성을 종교들 사이에서, 시민 공동체로부터 인정받아야 하기 때문이다.

한국 사회에 자리를 잡은 고등 종교들은 대체로 금욕주의적 전통을 이어 왔다고 볼 수 있다. 욕망의 덫으로부터 해방을 추구하는 불교는 말할 것도 없고, 유교 역시 인간의 욕망을 이성과 질서의 이름으로 통제하려는 경향을 보인다. 이미 앞에서 살펴본 바와 같이, 기독교 역시 금욕주의 전통이 강하다. 본래 금욕은 종교에서 구원을 성취하기 위한 수단으로 간주되고, 그 특징은 종교적 동기가 부여된 행동, 종교윤리와 규범의 급진적 성취에 있다. 금욕주의는 세상적 행위에 거리를 두고 세속의 갈등에서 도피하려는 신비주의와는 구별된다. 금욕주의는 구원의 목표를 이루기 위하여 욕망을 통제하고 지배하는 방식과 관련된다(Parsons, 1963). 대체로 금욕주의는 금욕의 목적에 따라 "이 세상적 금욕주의"(inner-worldly asceticism)와 "저 세상적 금욕주의"(other-worldly asceticism)로 분류된다. 전자는 인간 행동을 적극적으로 통제하여 현세에서 구원을 경험하려는 경향을 보이며, 역사적으로는 청교도주의를 포함한 개신교, 유대교, 이슬람교가 이에 속한다. 반면에 후자는 금욕의 목적을 세상적 동기의 통제보다 종교적 헌신에 두고 세속적 욕망의 극복을 넘어 육체에 대한 승리를 위한 도덕적 의무 수행을 강조한다. 이런 경향을 보이는 대표적인 종교는 불교일 것이다(Weber, 1963).

한국 사회에서 성 윤리와 성적 관행을 형성하는 데 지대한 영향을 끼친 것은 유교이다. 가족주의가 강한 한국에서 종교문화의 성 통제는 가족제도를 강화하는 방식으로 집중되는 특성을 보인다. 조선 시대에는 부계혈통의 순수성과 문중 세력을 유지하려는 통제 기제로 여성의 순결을 강조하고 재가를 금지하였다. 국가적으로는 풍기문란을 단속하여 사회질서를 세운다는 명목으로 성 윤리를 강조하였고, 이를 어길 경우 가문의 명예를 더럽힐 뿐만 아니라 자식의 출세를 가로막는다는 이유를 내세워 여성의 성을 통제하였다. 이에 반해 남성에게는 축첩과 향락의 자유를 허용함으로써 전통적 가족은 이중적 성 윤리를 일반화하였다.

선교 초기 개신교는 여성의 인권을 보호하고 권익을 주장하는 차원에서 조혼과 축첩을 반대하고 일부일처제를 창조질서에 합당한 것으로 강조하였다. 그러나 개신교가 유교적 순결 이데올로기를 극복할 수 있는 성 윤리를 제공했다고 볼 수 없다. 전통적으로 기독교는 육체와 성에 대해 금욕적이고 부정적인 관점을 견지하였고 이로 인하여 성 담론 자체를 오랫동안 터부시하였기 때문이다.

가족은 혈연중심의 오랜 전통을 지닌 사회제도라는 점에서 가족에 대한 새로운 의식과 태도를 형성하고 실천하는 일은 강력한 사회적 에토스를 창출할 수 있는 이념과 설득의 기제가 있어야 한다. 이런 일을 할 수 있는 것은 오직 종교뿐인데, 가족변화가 급격히 진행되고 있는 우리 시대에 이러한 역할을 수행하는 종교는 아직 눈에 뜨이지 않고 있다. 이런 점에서 한국 개신교의 성 담론이 앞으로 새로운 가족 개념과 가족관계를 구현하는 사회문화적 에토스를 형성하는 데 이바지할 필요가 있다.

2) 한국 성문화에서 나타나는 섹슈얼리티 이해의 특성

오늘의 한국 성문화에서 크게 문제가 되고 있는 것은 성 상품화, 가족 내 성 문제, 성폭력의 증가 등이다.

여성의 성 상품화는 가부장제 역사의 오랜 산물이지만 자본주의 사회에서 성은 교환가치를 지닌 자원으로 향락의 주요 소비재가 되었다. 소비자본주의 사회에서 몸의 섹시함은 성적 쾌락의 자유와 연결되어 경쟁적인 성 상품화를 촉진하고, 특히 여성의 경우 전통적으로 억압되었던 성적 매력이 자아 표현의 수단으로 인정되고 자본 획득의 방법으로 개발하도록 요구되었다. 이처럼 개성과 주체적 선택을 강조하는 소비문화는 필연적으로 여성의 성 정체성과 자아 정체성의 변화를 초래하는데, 전통적 가부장제 사회에서 여성은 비주체적 존재로 성 정체성을 형성하고 '타자화된 자아'로 자아 정체성을 형성했기 때문이다. 하지만 페미니즘 연구 결과는 자본주의적 소비 전략이 여성의 전통적 성 정체성을 해체하는 방식이 아니라 가부장적 억압이 내면화된 기존의 성 정체성을 여성들의 주체적 선택인 양 포장, 기획하여 여성들이 이를 자발적으로 수용하게 만드는 방식으로 이루어진다고 비판한다. 이런 점에서 여성의식이 높아지고 여성의 경제력이 증가하는 추세에도 다양한 이미지로 변형된 성 상품화 전략은 억압보다 자극의 방식으로 통제하는 '몸 만들기'의 소비 유행을 만들어내고 여성들의 자발적 동조를 유도하여 '자기 억압적 성 정체성'을 형성한다(이영자, 2000). 이처럼 몸의 소외와 억압의 내면화를 초래하는 '몸의 정치학'은 1960~70년대 주목되었던 '성의 정치학'의 변형으로 성 대상화를 확대시킨다. 오늘 한국 사회의 성형 붐이나 외모 투자의 열풍이 확산되는 것은 같은 맥락으로 분석된다.

현대 사회에서 증가하는 가족 문제는 성 문화를 형성하는 주요 요인으로 주목되어야 한다. 가정은 가족 구성원들이 성에 대한 주관적 의미 체계를 형성하고 파트너와 성을 공유하는 의미를 구성하는 데 중요한 역할을 하기 때문이다. 사람들은 유년기부터 가정의 가족규범과 사회적 상호작용을 통하여 성 인식과 성 가치관을 형성하고 성 관계와 성 태도를 배운다. 이와 같은 가정 내 성 학습이 명시적으로 체계화되어 전개되지 않는다고 해도 그 암묵적이고 잠재적인 영향력은 결코 간과할 수 없는 의미를 지닌다. 그 밖에도 성은 부부 사이에 친밀감을 형성하고 상호 신뢰를 도모하여 결혼생활을 안정되게 유지하는 요인이 된다. 성생활을 나누는 부부는 애정과 열정, 소통과 상호의존, 정서적 지지와 자존감의 고양, 보살핌과 배려 등을 경험하면서 결혼의 만족감을 얻는다. 이는 전통적으로 출산의 목적을 강조하던 부부 성생활의 의미와 가치가 크게 확장된 것으로 볼 수 있다. 성생활이 가정에서 차지하는 중요성이 증가하는 만큼 주목되는 것은 성 가치관에 대한 가족 구성원들의 일치와 다름이다. 성에 대해 서로 다른 기대나 가치관을 가질 경우 부부, 부모와 자식, 자녀들 사이에서 갈등과 반목이 생겨나고 가족 문제로 확대될 가능성이 높다. 특히 성 의식이 변화하고 성 관계에 대한 입장이 성별, 세대별 차이가 뚜렷해지는 추세에서 성에 대한 상호이해와 소통은 가족의 안정을 위해서 중요하다. 성 정체성, 성적 자기결정권, 가족의 외도, 성매매는 사회구조적인 차원과도 연관된 사안이기 때문에 이에 대한 가족 구성원들의 논의와 대안을 모색하는 일이 요구된다(임희숙, 2010).

한국 사회의 성 문화에서 주목되는 현상은 성폭력의 증가이다. 여성가족부 실태조사에 따르면, 한국 여성폭력 발생률은 2010년 전국적 통계로 가정폭력이 53.8%, 신체적 성폭력이 19.6%에 해당한다. 문제는 범죄 발생율, 신고율, 기소율, 처분결과, 가해자의 특성, 피해자와의 관계에 관한 성범죄 통계가 부재하다는 것이다. 또한 가정폭력의 범죄 심각성이 은폐되거나 처벌이 미흡하다. 이는 2011년 한국의 아내 구타 건수는 선진국의 5배에 이른다는 상황(SBS 보도)에서 심각한 사회문제로 볼 수 있다. 그럼에도 성범죄 예방 및 홍보사업의 정부 예산과 성범죄자 재범방지교육 예산은 갈수록 감액하는 추세에 있다. 성폭력 발생의 원인은 단순하지 않다는 점에서 국가 공권력의 통제만으로 문제를 해결하기 어렵다. 최근 아동성폭력과 친족성폭력이 증가하는 추세에 친고죄(피해자가 직접 고소할 경우에만 가해자를 처벌하는 죄)를 폐지하는 변화가 있었지만, 성폭력은 사후 처리보다 예방 작업이 중요하다. 성폭력 예방과 치유를 위한 통합적 인권교육을 의무화하는 것도 대안으로 제기되고 있는데, 이는 여성의 사회적, 가정적 폭력을 예방하고 근절하는 성교육을 의학, 법학, 심리학, 사회학, 종교학의 지식과 경험을 아우르는 통합적 인권교육으로 개발한 것이다. 통합 성교육은 평생교육의 일환으로 공공기관과 시민사회의 학습을 의무화하고 관행적 성 인식의 변화와 대안적 성문화의 형성을 모색하는 데 도움을 준다. 사회학자 앤토니 기든스는 현대 사회에서 성폭력이 증가하는 원인을 여성의 성에 대한 남성의 통제가 약화되면서 남성 섹슈얼리티의 강박이 증가하는 것으로 설명하였다(기든스, 1996).

한국의 성문화에서 나타나는 성 상품화, 가족문제, 성폭력 등과 같이 심각한 문제들을 극복하기 위해서는 성과 몸을 존중하고 여성과 남성을 성과 몸의 주체로서 서로 인정하는 성문화를 형성하는 것이 중요한데, 개신교의 성 담론은 이러한 새로운 성문화를 형성하는 데 이바지하여야 할 것이다.

4. 소결

제1부에서는 섹슈얼리티에 대한 기존의 이론을 비판적으로 검토하면서 기독교의 섹슈얼리티 이해를 분석하는 새로운 방법을 모색하였다. 섹슈얼리티에 대한 기존의 연구는 크게 보아 본질론과 구성론으로 대별되는데, 나는 본질론의 한계를 지적하고, 구성론을 비판적으로 수용하면서 기독교가 섹슈얼리티를 구성하는 데 어떤 역할을 하는가를 살필 수 있는 방법을 제시하였다. 그것은 성 인지적 담론분석과 종교사회학적 분석을 결합하는 종합적 분석 방법이다.

1) 섹슈얼리티 개념은 역사적 상황에서 제기된 성 인지적 필요에 대응하면서 만들어진 산물이다. 생물학적 성 개념에서 본질적으로 규정된 성적 욕망과 성 규범도 사회문화적 관점에서 변화 가능한 개념으로 분류되었고, 섹스와 젠더의 이원화 구조에 개입하는 권력, 욕망, 성애의 복합적 문제는 섹슈얼리티 개념의 구성을 요구하였다. 시대 변화와 맥락적 의미에 주목하는 섹슈얼리티 개념의 재구성은

여전히 진행 중이다.

2) 서구 기독교 전통이 형성해 온 성 담론은 성경의 내용과 해석을 기반으로 신앙 공동체의 성 윤리와 특정 교리를 형성하였다. 금욕주의적 성 담론은 남성중심적 신학과 성직 제도를 통해 공고화되고 성이 죄의 속성을 지닌 세속적 주제라는 이유로 교회에서 공론화되는 것은 오랫동안 금기시되었다. 그런 점에서 섹슈얼리티는 종교적 보수성이 가장 오래 유지되는 영역이고 종교적 전통에 도전하는 가장 급진적인 주제다.

3) 기독교 페미니스트 성 담론은 20세기 중반 서구에서 일어난 '성혁명'으로 촉발된 섹슈얼리티 연구의 영향으로 시작되었다. 그 결과, 여성의 성적 자기결정권과 이성애주의 비판, 성적 쾌락의 주제가 1990년대 전후 전통적 신학을 재구성하는 페미니스트 성 담론에 반영되었고, 레즈비언 페미니스트 신학도 형성하였다. 섹슈얼리티에 작용하는 가부장제 권력을 비판하고 성 정의를 실현하는 여성 연대의 정치적 차원을 강조한 기독교 페미니스트 성 담론은 하나님의 에로스적 측면을 재해석하고 기독교 전통의 '성의 정치학'을 분석하여 신학화한 점이 새로운 공헌으로 평가된다. 또한 '섹슈얼 신학'은 기독교 섹슈얼리티 개념의 변화를 시도하고 몸 신학은 인간, 자연, 피조물의 유기체적 생명망을 강조했다. 세계교회협의회(World Council of Churches)도 1990년대 초부터 여성에 대한 폭력을 공론화하여 기독교 페미니스트 성 담론의 형성에 기여하였다.

4) 한국 여성신학은 해외 여성신학과 세계교회의 성 담론의 영향과 국제적 교류를 통해 2000년대 초반부터 몸과 성에 대한 여성신학적 담론을 시작하였다. 한국 여성신학자들의 성 담론은 전통적인 본질론을 비판하고 성 담론의 역사적 맥락과 사회문화적 맥락을 비판적으로 고찰하는 구성론적 경향을 보이고 있다.

5) 한국 개신교의 성 담론을 제대로 이해하기 위해서는 그 배경을 이루는 한국의 종교문화와 성 문화에서 섹슈얼리티가 어떻게 이해되고 인지되고 있는가를 살펴 볼 필요가 있다.

먼저, 다종교 사회인 한국에서 성 담론은 여러 종교들이 알게 모르게 서로 영향을 주고받으며 형성되는 것으로 여겨진다. 각각의 종교는 섹슈얼리티에 대한 규범과 계율을 정하고 그것에 따르는 신앙 정진과 수행을 강조하기 마련이다. 한국 사회에 뿌리를 내리고 있는 종교들은 성 담론에서 공통점과 차이점을 보이지만, 종교들 사이에서 성 담론이 교류되면서 혼합의 양상을 보인다.

그 다음, 오늘 한국의 성문화에서 크게 문제가 되고 있는 것은 성 상품화, 가족 내 성 문제, 성폭력의 증가 등이다. 한국의 성문화에서 나타나는 성 상품화, 가족문제, 성폭력 등과 같이 심각한 문제들을 극복하기 위해서는 성과 몸을 존중하고 여성과 남성을 성과 몸의 주체로서 서로 인정하는 성문화를 형성하는 것이 중요한데, 개신교의 성 담론은 이러한 새로운 성문화를 형성하는 데 이바지하여야 할 것이다.

한국 개신교 교회에서 성 담론의 생산

　제2부에서 나는 한국교회에서 성 담론이 어떻게 생산되는가를 분석하고자 한다. 교회에서 성 담론은 예배와 설교, 성서연구, 다양한 소그룹 활동 등 종교적 사회화 과정을 통하여 형성된다. 종교적 사회화는 "사람들이 종교적 확신과 관점을 배우면서 종교적으로 되어가는 과정"(이원규, 2006, 261)이며, 이 과정을 통하여 종교적 가치와 규범이 학습되고 내면화된다. 이 과정을 조금 더 분석적으로 살펴본다면, 종교적 사회화 과정은 종교적 가치와 규범을 담은 재화가 생산되고 소비되어 그 효과가 종교를 신봉하는 사람들의 가치관 형성과 태도 변화에 미치는 과정이라고 볼 수 있다. 그런데 교회에서 종교적 재화를 생산하는 사람들은 주로 목회자들이고, 종교적 재화를 소비하는 사람들은 주로 교인들이다. 목회자들이 생산하는 종교적 재화가 교인들에 의해 순조롭게 소비되어 목회자들이 기대하는 소비 효과가 나타날 수도 있고, 그렇지 않을 수도 있다. 교인들이 목회자들에 의해 제공되는 종교적 재화를 거부하고 종교적 재화의 생산자인 목회자들의 권위를 인정하지 않는 경우도 종종 발생한다. 이것은 종교적 재화의 생산과 소비를 둘러싸고 목회자들과 교인들 사이

에 치열한 인정투쟁이 전개된다는 뜻이다. 그렇다면 이러한 인정투쟁이 벌어지는 장에서 한편으로 목회자들이 종교적 재화를 어떻게 생산하는가를 분석하고, 또 다른 한편으로 교인들이 종교적 재화를 어떻게 소비하는가를 분석하는 것은 종교적 사회화 과정과 그 결과를 파악하는 데 매우 중요하다.

이런 점을 염두에 두면서 나는 제2부에서 먼저 종교적 사회화 과정을 종교사회학적 관점에서 이론적으로 조금 더 상세하게 설명하고, 그 다음 종교적 재화의 생산 과정에 초점을 맞추어 교회에서 성 담론이 어떻게 생산되는가를 분석하고자 한다.

1. 교회에서 이루어지는 종교적 사회화 과정

교회에서 이루어지는 종교적 사회화 과정은 그 동안 다각적으로 연구되어 왔는데, 나는 미국의 피터 버거(Peter L. Berger), 독일의 프란츠 크사피어 카우프만(Franz-Xapier Kaufmann), 라틴아메리카의 오토 마두로(Otto Maduro)가 이 분야에서 중요한 공헌을 하였다고 본다.

아래서는 먼저 종교적 사회화 과정에 대한 피터 버거의 지식사회학적 설명을 살피기로 한다.

1) 피터 버거의 종교적 사회화 이론

종교적 재화의 생산과 소비에 초점을 맞추어 종교적 사회화 과정

을 분석하는 데 최초의 이론적 공헌을 한 학자는 미국의 지식사회학
자요 종교사회학자인 피터 L. 버거(Peter L. Berger)이다. 1967년에
출간하여 큰 반향을 불러일으킨 『종교와 사회의 변증법』(독어판)에
서 그는 세속화의 영향으로 종교가 공적인 영역에서 사적인 영역으
로 퇴각함으로써 종교적 세계관의 객관성과 현실성을 더 이상 주장
할 수 없게 되었다는 데 주목하였다. 세속화의 조건들 아래서 종교
적 진리의 정당성은 개개인의 주관적인 동의에 의존하게 되었다는
것이다(P. L. Berger, 1973, 158). 인간은 개인으로서 종교적 전통들
을 공급재화로 간주하고 이를 받아들여 내면화할 것인가의 여부를
스스로 결정하게 되었다는 것이다. 개인의 입장에서 볼 때, 종교적
공급재화들은 다원적이고, 따라서 공급자들은 개인의 수요를 둘러
싸고 치열하게 경쟁하는 시장상황이 나타난다. "그 결과, 과거에 지
배적인 위치에 있었던 종교들은 오늘날 '판매'되지 않으면 안 되게
되었고, 그것도 종교를 '구입'할 필요가 없는 고객들에게 '판매'되지
않을 수 없게 되었다. 다원적 상황은 일차적으로 시장상황이다. 종
교기구들은 '광고기관들'이고 종교는 '소비재'가 되었다. 시장경제의
논리는 이렇게 해서 종교행위의 폭넓은 영역들을 지배한다"(Berger,
1973, 132). 시장상황에서는 종교 전통들 사이의 경쟁이 치열하게
나타나고, 그 어떤 종교도 진리를 독점하고 있다고 주장할 수 없다.
종교의 진리 주장은 오히려 상대화되고, 각 종교는 심지어 종교적
진리의 내용을 소비자의 역동적인 욕구에 맞출 필요가 있다. 종교적
세계관에서 객관적인 것은 퇴각하고 주관적인 것이 전면에 등장한
다. 인간의 사적인 영역에 자리를 잡은 종교는 개인의 실존이나 심
리학에 집중한다. 종교적 교훈의 설득력은 더 이상 종교의 손아귀에

있지 않고, 다원주의적 사회에서 스스로 확신의 근거를 찾고자 하는 개인의 주관적 의식에 떠넘겨진다(Berger, 1973, 145). 확신은 개인의 자유로운 선택의 산물이며, 각 사람이 자신의 주관적인 설득구조에 근거하여 마음에 품어야 할 그 무엇이다.

이러한 상황에서 종교기구들이 선택할 수 있는 방안은 이념형적으로 볼 때 두 가지이다. 하나는 적응이고, 또 다른 하나는 저항이다. 적응은 종교기구들이 설득구조의 주관화에 스스로를 맞추는 일이다. 버거는 실존적 해석학을 정교하게 개발한 루돌프 불트만(R. Bultmann), 종교적 상징을 연구한 폴 틸리히(P. Tillich), 종교적 실존의 의미를 천착한 존 로빈슨(J. Robinson), 세속화 신학을 발전시킨 하비 콕스(H. Cox) 등을 예로 들면서 종교가 우주론과 역사로부터 개인의식으로 자리를 옮겼다고 주장한다(Berger, 1973, 156ff.). 이에 반해 저항은 새로운 설득구조에 순응하는 것을 한사코 거부하고 옛 것이 가장 좋고 옛 것을 무효화하는 일이 전혀 일어난 적이 없다는 식으로 종교가 과거에 누렸던 객관성을 가능한 한 고수하고자 하는 태도이다. 버거는 칼 바르트(K. Barth)와 신정통주의 신학을 종교적 저항의 예로 들었다(Berger, 1973, 146).

1979년에 출판된 『이단 강박』(독어판)이라는 책에서 버거는 현대 사회가 개인에게 가져다주는 자유와 불안의 동시성과 양면성에 주목하여 개인이 종교적 진리를 수용하는 방식을 조금 다른 각도에서 설명하였다. 의식의 주관성에서 확신의 근거를 찾는 것은 분명히 진리의 객관성이라는 이름으로 개개인에게 강제되었던 외적인 권위로부터의 해방이다. 그것은 "운명으로부터 선택으로 옮겨가는 일"이요, "이단"을 추구하라는 절대명법이다. 그러나 이와 같은 옮겨감과 이단강박은 동시에 "불안, 소외, 혹은 심지어 공황에 가까운 공포"(Berger, 1980, 36)를 가져다주기 때문에, 현대인은 "질서와 의미와 연대가 살아있는 온전한 세계에 대한 향수"를 마음에 품고 "현대적인 전체주의"를 열정적으로 지지하게 된다. 버거는 자유와 불안을 동시에 가져다주는 현대 세계의 양면적 특성 때문에 현대에 대한 강력한 반작용으로서 전통주의가 회귀한다는 점을 부각시키고 있다(Berger, 1980, 81f.). 버거는 1992년에 출판한 『의미에 대한 향수』(독어판)라는 책에서 이 점을 더욱 더 날카롭게 드러내고 있는데, 진리와 의미를 추구하면서 현대인은 무한한 관용이냐 광신주의냐, 허무주의 내지 극단적 상대주의로의 도피냐 정통으로의 도피냐 하는 극단적으로 대립하는 두 경향을 보이고 있다는 것이다. 근본주의가 "이 세상"에 대해 타협 없이 저항하는 종교적 태도로서 크게 부각되는 것도 현대 세계가 갖는 양가성에서 그 이유의 일단을 찾을 수 있다는 것이다(Berger, 1994, 21f.).

버거는 종교의 개인화 경향을 출발점으로 삼아 현대 종교의 상황을 "시장상황"으로 설명하고 개인의 종교 수용이 보이고 있는 양면적인 현상을 서술하고 있는데, 버거의 설명은 많은 점에서 설득력이 있다. 그러나 버거는 종교기구들이 공급하는 종교적 재화를 개개인이 자유롭게 취사선택하여 소비하는 과정에 초점을 맞추어 종교적 사회화 과정을 분석하였을 뿐이지, 종교기구가 그 나름의 전략에 따라 종교적 사회화 과정을 통제하는 측면에는 크게 주목하지 않았다. 이 점을 주목한 학자는 피터 버거와 함께 종교에 대한 지식사회학적 분석 작업을 수행하였던 토마스 루크만(Thomas Luckmann)이다. 그는 종교성과 교회성이 서로 밀접한 관계가 있음을 지적하면서 "교회 성"은 "종교의 기본형태들의 사회적 특질이 나타나는 특수한 경우"라고 주장한 바 있다(Peter L. Berger/T. Luckmann, 1980, 52). 기독교의 경우, 종교성은 교회를 매개로 해서 그 구체적인 특성을 드러낸다는 뜻이다.

2) 프란츠-크사피어 카우프만의 종교적 사회화 이론

프란츠-크사피어 카우프만은 종교성과 교회성의 관계에 대한 루크만의 관점을 보완하면서 '교회성'을 새롭게 규정한다. 그에 따르면, 교회성은 종교제도와 아무런 상관없이 실존에 대한 한 이해로서 등장하는 주관적 종교성으로 간주될 수 없다. 오히려 교회성은 제도 교회를 매개로 해서 나타나는 종교성인데, 이 종교성은 제도로서의 교회가 개인들 바깥에서 종교적 사회화의 조건들을 부여하는 과정을 통하여 형성되는 산물이다(F-X. Kaufmann, 1969, 214). 바로 이것이 카우프만이 전개하는 교회사회학의 출발점이다.

이러한 전제 아래서 그는 교회성을 "교회 제도의 현존을 통하여 통일성 있게 추진되는 무수한 사회화 과정들의 산물"로 규정하고, 이러한 사회화 과정들에서 "일상 언어를 매개로 한 의미 이해"와 "예배 참여"가 가장 중요한 역할을 한다고 본다(F-X. Kaufmann, 1969, 213). 카우프만이 말하는 일상 언어는 교회 회중들 사이에서 일상적으로 사용되는 언어를 가리킨다. 막스 베버는 일찍이 이를 가리켜 "회중 언어" 혹은 "교회 언어"라고 부른 바 있다. 이 언어를 매개로 해서 이루어지는 설교, 성서 공부, 교회교육, 소그룹 활동 등은 교회에서 이루어지는 종교적 사회화 과정의 틀을 결정한다. 예배는 신과 인간 사이에서 이루어지는 구원의 드라마를 되풀이해서 재연하기에 예배에 참여하는 사람들은 이 구원의 드라마 안에서 인간의 삶이 갖는 의미와 책임 있는 삶의 수행을 숙고할 수 있는 기회를 얻는다.

교회 제도를 매개로 한 사회화 과정이라는 개념은 교회에서 구원의 수단을 장악한 목회자가 교인들의 종교적 설득구조에 결정적인 영향을 미칠 수 있는 여러 가지 조건들을 설정할 수 있음을 전제한다. 교권을 장악한 목회자들은 교단 총회 차원에서 교회정책, 신학 정책, 선교정책, 교육정책 등을 결정할 수 있고, 개교회 차원에서는 교인들의 충성을 이끌어내고자 하는 교회 지도부의 관심에 맞추어 설교와 교회교육의 방향과 내용을 규정한다.

한국 기독교처럼 개교회 중심의 성장이 교회의 제도적 존립과 선교의 기본 노선으로 설정되어 있는 경우에는, 개교회중심의 제도적인 틀에서 이루어지는 종교적 사회화 과정에 주목할 필요가 있다. 특히 설교와 교회교육, 성서 공부 등을 통하여 굳어진 교회의 언어가 교인들의 가치관 형성과 의식 형성에 미치는 영향을 분석하지 않고서는 교회 안에서 형성되는 담론의 특성을 파악하기 어려울 것이다.

3) 오토 마두로의 종교적 사회화 이론

오토 마두로는 피터 버거와 프란츠-크사피어 카우프만의 이론을 수용하면서도 갈등이론적 관점에서 종교적 사회화 과정을 분석하고자 한다. 특히 카우프만이 제도 교회에서 이루어지는 종교적 사회화를 교회 지도부의 조건부여 과정에서 비롯되는 산물로 이해한 데서 한 걸음 더 나아가 마두로는 교회 지도부가 어떤 이해관계에 바탕을 두고 어떤 헤게모니 전략을 구사하며 종교적 사회화 과정을 조직하는가를 분석하고자 한다.

마두로에 따르면, 제도 교회는 어떤 진공상태에 있는 것이 아니라 역사적으로 구체적인 현실관계들 속에서 현존하며 제도적 존립과 성장에 일차적인 이해관계를 갖고 있다. 제도 교회는 매우 안정된 위계구조를 보이고 있고, 그 안에서 성서 해석, 교리해석, 예배, 교육, 교회감독, 선교, 봉사, 재무관리, 교회시설 관리 등 다양한 기능과 활동이 분화되어 있다. 이러한 기능들과 활동들 가운데 구원의 수단에 관련되는 것은 목회자들에게 독점되어 있고, 구원의 수단을 독점한 목회자들은 제도 교회 안에서 헤게모니를 장악한다. 이런 점에서 보면, 제도 교회는 목회자들과 교인들로 나뉘어 있고, 목회자들을 중심으로 제도 교회의 지도부가 구성된다. 교회 지도부는 교회 안에서 권위를 인정받고 헤게모니를 공고히 하는 데 일차적인 이해관계를 갖고 있다. 그리고 이러한 권위와 헤게모니는 교회 지도부가 제도 교회의 안정과 성장에 기여할 때에만 부여된다(오토 마두로, 1988).

마두로는 제도 교회 안에서 헤게모니를 장악하고 있는 목회자들은 현실 세계에서 헤게모니를 장악한 지배세력과 동맹을 맺는 경향이 있다고 본다. 교회 지도부가 교단 차원에서나 지교회 차원에서 지배세력과 갈등을 빚게 되면 교회 성장은 고사하고 제도적 존립마저 보장받을 수 없다는 것을 잘 알고 있다. 지배세력과 우호적인 관계를 유지하는 것은 교회 지도부에게는 사활이 걸린 일이다. 세속적인 헤게모니 세력은 교회의 대다수를 차지하고 있는 교인들이 그들의 지배에 순응하기를 기대한다. 그들은 교회의 헤게모니 세력에 다양한 특권과 물질적 이익을 제공함으로써 그들이 지배질서를 안정시키고 지배세력의 입지를 공고히 하는 데 이바지하도록 만들려고 한다. 교회 지도부는 이러한 세속적 헤게모니 세력의 요구에 암묵적으로 동의한다. 교회 지도부는 성서 해석, 교리해석, 예배, 교육 등 다양한 사회화 과정에 헤게모니 전략 코드를 깔아놓고 그 과정을 체계적으로 조직하여 교인들이 지배 질서의 정당성을 받아들이고 지배질서에 순응하도록 순치시킨다(오토 마두로, 1988).

그러나 교회와 세속 세계의 헤게모니 세력들 사이의 동맹은 급격한 사회변동이 일어날 때 균열을 보이고 심지어 붕괴하기까지 한다. 대중이 지배질서에 등을 돌리고 변화를 요구하는 사회갈등의 시기에 교회의 교인들은 세속적 헤게모니 세력과 동맹을 맺은 교회 지도부의 설득체계를 거부하고, 구원의 수단을 둘러싸고 목회자들과 교인들 사이에 심각한 갈등과 투쟁이 벌어지는 것이다.

마두로는 사회갈등의 시기에 종교가 과연 누구의 이익에 이바지하는가를 사회학적으로 분석하고자 하였기 때문에 매우 급진적인 인상을 준다. 그러나 그의 이론은 교회의 사회화 과정을 심층적으로 분석하는 데 큰 도움을 준다. 무엇보다도 그의 이론은 교회에서 구원의 수단을 장악한 세력이 성서 해석, 교리해석, 설교, 교회교육 등을 전개할 때 그 세력의 물질적 이해관계로부터 자유롭지 않다는 것을 주목하게 만든다. 쉽게 말하면, 교회 지도부는 교회의 안정과 결속을 깨뜨리거나 지배 질서를 교란시킬 수 있는 성서 해석이나 교리 해석을 억제할 것이고, 교인들이 교회에 충성을 다하고 지배 질서에 순응할 수 있도록 설교와 교회교육 등을 전개하는 경향을 보일 것이다.

이제까지 종교적 사회화 과정에 대한 피터 버거, 프란츠-크사피어 카우프만, 오토 마두로 등의 이론을 검토하면서 제도 교회를 매개로 하여 이루어지는 종교적 사회화 과정에서 유념할 점들을 살펴보았다. 교회에서 이루어지는 종교적 사회화 과정에서 종교적 재화의 생산에 초점을 맞출 경우, 교회에서 구원의 수단을 장악하고 있는 종교 지도자들이 헤게모니 전략에 따라 종교적 사회화 과정에 어떤 조건들을 부여하면서 종교적 담론을 생산하는가를 분석하여야 한다.

2. 종교적 담론의 생산자로서의 종교 지도자들의 신앙 유형

교회에서 이루어지는 종교적 사회화 과정에서 결정적으로 중요한 것은 종교 지도자들이 생산하는 종교적 담론이다. 이들의 종교적 담론은 종교 지도자들이 제도 교회에서 헤게모니를 유지하고 공고화하려는 이해관계를 매개하고 있을 뿐만 아니라, 종교 지도자들의 신학을 통하여 그 프레임을 갖추게 된다. 그렇기 때문에 종교 지도자들의 신앙 유형을 분석하는 것은 교회에서 생산되는 종교적 담론의 특성을 이해하는 데 매우 중요하다. 한국 개신교에서 나타나는 신앙 유형은 크게 보아 세 갈래로 나눌 수 있다. 근본주의 신앙 유형, 에큐메니칼 신앙 유형, 페미니즘 신앙 유형이 그것이다.

먼저, 한국교회에서 지배적으로 나타나는 신앙 유형은 근본주의이다. 근본주의는 특정 교리나 신조의 절대성을 고집하는 경향에서만 나타나는 것이 아니라, 종교적 규범과 가치를 표현하는 신앙생활과 멘탈리티에서 나타나는 특성을 가리킨다. 근본주의와 구별해서 복음주의라는 용어가 사용되기도 하는데, 복음주의 신앙 유형은 교리와 신조에서 근본주의 신앙 유형과 다른 점을 보이기는 하지만, 신앙생활과 멘탈리티 차원에서는 서로 거의 비슷한 모습을 보인다. 한국 개신교 근본주의를 멘탈리티 차원에서 분석한 연구에 따르면, 근본주의적 멘탈리티의 특성은 "권위에 대한 맹종, 담론능력의 결여, 자기가 믿는 진리의 절대화, 자기와 다른 의견에 대한 공격" 등이다(임희숙, 2010). 이러한 멘탈리티는 아도르노적 의미의 권위주의적 멘탈리티의 특성을 보여준다. 아도르노의 기본 개념에 입각하여 권위주의적 멘탈리티를 분석한 퓌르트너는 그 멘탈리티를 갖고 있는 사람들에게서 나타나는 특성을 다음과 같이 요약한다(Pfuertner, 1991).

1. 구루 혹은 위대한 영도자에 대한 흠모
2. 집단적 아이덴티티와 엘리트 의식을 매개하는 요구 집단의 존재
3. 자신의 진실함을 애써 입증하고 자신을 온전히 바치도록 집요한 요구를 받음
4. 더 이상 토론의 대상이 될 수 없는 행동 규범들과 도덕규범들의 부여(그 규범들 앞에서는 조건을 내건다든지 딴전을 피울 수 없음)
5. 집단이나 운동에 의해 감정적으로 사로잡힘 (예컨대 황홀경)
6. 기능적 합리성과 사회적 합리성으로부터의 해방
7. 삶의 의미 - 의미 문제에 대한 확실한 대답을 갖고 있다는 느낌

근본주의적 신앙 유형을 갖고 있는 종교 지도자들과 그들을 신봉

하고 따르는 교인들에게서는 신앙과 삶의 표준이 되는 종교적 진리가 확실한 객관성과 절대성을 띠고 나타나기 마련이기 때문에 종교적 진리 주장에 대해 비판과 성찰이 허용되지 않는다. 이러한 권위주의적 멘탈리티가 지배하는 종교 집단에서는 성서에 대한 문자주의적 해석에 근거한 배타적인 성 담론이 나타나는 경향이 강하다.

그 다음, 개신교회에서 나타나는 또 하나의 신앙 유형은 에큐메니즘이다. 에큐메니칼 신앙 유형을 갖고 있는 종교 지도자들은 세계교회협의회(WCC)를 중심으로 세계교회와 교류하며 다양한 신학과 교회 전통에 개방적이고 세상에서 하나님 나라를 구현하는 일에 적극적이다. 이런 점에서 사회적 불의에 저항하고 정치권력에 의한 인권 유린과 탄압에 민감하게 대응하기 때문에 종교의 정치적 책임이 쟁점화되기도 한다. 에큐메니칼 신앙 유형에 속하는 종교 지도자들은 약자와 소수자들의 문제를 해결하기 위해 노력하며, 특히 성적 소수자 문제에 깊은 관심을 기울이고 섹슈얼리티에 대한 개방적인 담론을 형성하고 있다.

끝으로, 개신교회에서 나타나는 마지막 신앙 유형은 여성주의(페미니즘)이다. 여성주의는 여성신학의 관점에서 교회와 신학에 깊이 뿌리박고 있는 가부장제를 비판하고 탈가부장적 대안 목회와 신학을 모색하고자 한다. 탈가부장적인 공동체 형성에 참여하는 사람들은 생물학적인 여성에만 국한되지 않는다. 탈가부장주의의 목표는 양성평등이다.

한국 개신교에서 담임 목사로 일하는 여성들의 수가 매우 적고,

교회 분위기가 보수적이고 가부장적이기 때문에 여성 목회자들이 교회에서 생산하는 성 담론은 빈약하고 그 영향은 아직 미미한 수준이다. 그러나 다양한 종교 기관에서 지도자로 일하는 여성 목사들은 교인들을 대상으로 한 각종 모임이나 대중 매체를 통하여 성 담론 형성에 적극적으로 참여하고 있다.

3. 성 담론 생산의 통제구조

교회의 성 담론은 예배와 설교, 성서연구, 교회교육, 다양한 소그룹 활동 등의 종교사회화 과정을 통하여 형성된다. 이미 앞에서 밝힌 바와 같이, 교회에서 종교적 사회화 과정은 이를 조직하고 통제하는 교회 지도부의 규율 아래 있기 때문에 교회에서 종교적 사회화 과정을 통제하는 코드들을 분석하는 것은 교회의 성 담론을 파악하는 데 매우 중요하다.

교회에서 이루어지는 종교적 사회화 과정에서 가장 큰 영향을 끼치는 것은 무엇보다도 예배와 설교이다. 예배는 신앙공동체의 정기적 종교 의례이다. 예배는 교회의 최고 주권 기관의 통제 아래서 전적으로 종교 지도자에게 맡겨진다. 예배의 요소와 구조는 교단별로 약간의 차이가 있기는 하지만 예배가 구원의 드라마를 재연한다는 점에서 기본 프레임은 동일하다. 예배의 핵심을 이루는 설교는 회중을 향해 선포되는 하나님의 말씀으로 받아들여지기 때문에 교회에서 가장 큰 권위를 부여받는다. 설교는 교회 최고 주권 기관의 위임에 따라 담임목사에게 맡겨진다. 그런데 담임목사는 특정한 신학 유형을 갖고 있는 전문가이기 때문에 설교의 내용은 담임목사의 신학 노선에 따라 큰 편차를 보일 수밖에 없다.

설교는 성서일과나 설교자가 선택한 성서 구절, 성서 구절에 대한 해석, 성서 메시지를 효과적으로 전달하기 위한 이야기 구성, 선별된 예화 등으로 이루어지지만, 설교에서 사용되는 언어는 회중에게 익숙한 교회 언어의 특성을 보인다. 설교는 하나님이 현존하는 가운데 설교자가 대신 전하는 하나님의 말씀이기 때문에 그 말씀에 대해서는 오직 "아멘"만이 가능할 뿐이다. 따라서 설교는 설교자가 최고의 권위를 갖고서 회중에게 전하는 말씀이다.

만일 설교자가 설교에서 성차별적 언어나 비유를 사용한다면, 설사 그 발언의 양이 지극히 적다고 하더라도, 그 영향은 당장 혹은 서서히, 명시적으로 혹은 암묵적으로 강하게 나타나기 마련이다. 일반적으로 설교에서 섹슈얼리티에 관한 메시지는 다른 주제에 비하여 드물게 선포되는 경향이 있지만, 그 메시지는 단순하고 분명하게 선언되는 특징이 있다. 섹슈얼리티에 대한 메시지를 전할 때 설교자가 어떤 성구를 인용하는가는 매우 중요하다. 문자주의적 성서 해석이 지배적인 교회에서 설교자가 선택하는 성서의 말씀은 시간과 공간의 경계를 넘어서서 언제 어디서나 타당한 진리의 말씀으로 수용되기 때문에 성서 텍스트의 표면구조를 이루는 가부장주의적 주장이 아무런 이의 없이 받아들여져야 하는 것으로 여겨진다. 예를 들면, 주례사에서 자주 인용되는 에베소서 5장 21절은 아내가 순종하도록 남편이 아내를 길들여야 한다는 메시지의 성서적 근거로 사용되고 있다. 설교에서 메시지를 효과적으로 전달하기 위해 선택되는 예화는 그 예화의 본래적인 맥락으로부터 도려내어져 신앙과 삶에 대한 판단의 전범으로 자리를 잡는 경향이 강하다. 성서 텍스트에 근거한 권위 있는 설교 메시지와 결합한 예화는 이처럼 불온하고 위험한 역할을 하지 않을 수 없는 것이다. 섹슈얼리티와 관련된 예화들은 문자주의를 매개로 해서 권위있게 옹호되는 가부장주의를 강화하는 장치가 되기 쉽다.

둘째, 교회에서 이루어지는 종교적 사회화 과정은 교회학교에서 연령별, 성별로 진행되는 신앙교육이다. 교회학교는 유아로부터 노년에 이르기까지 단계별로 조직되며, 특히 성인들은 대학부, 청년부, 장년부, 노년부, 여신도회, 남신도회 등에서 성서공부를 중심으로 공동체 활동을 갖는다. 성서공부는 성서에 대한 전문적 지식과 교수 경험을 필요로 하기에 종교 지도자나 종교 교육 훈련을 받은 교인 지도자들이 담당한다. 성서공부는 교재를 중심으로 교재의 내용을 전달하는 방식으로 이루어진다. 성서공부를 위한 교재를 위시해서 교회에서 사용되는 모든 교재들은 교회의 최고 주권 기관의 결정에 따라 선택된다. 이것은 교회교육을 통한 종교적 사회화 과정이 교회 지도부에 의해 엄격히 통제된다는 것을 의미한다.

셋째, 교회에서 종교적 사회화는 다양한 소그룹 활동을 통하여 이루어진다. 그 가운데 정기적 모임의 형태를 취하고 있는 것이 구역회(장로교) 혹은 속회(감리교)인데 이 모임은 대체로 일주일에 한 번씩 인근 지역에서 10명 내외의 신자들로 구성된다. 구역회/속회는 성경공부를 병행하는 친교 모임이라 교회학교보다 더 친밀한 인간관계를 형성할 수 있다. 친밀한 분위기 속에서 종교적 규범과 가치를 배울 뿐 아니라 구성원들의 개인적 고민이나 사생활을 주고받기 때문에 구역회/속회에서 이루어지는 종교적 사회화는 효과적으로 이루어진다. 성 담론 역시 구역회/속회에서 활성화되는 경향을 보인다. 성서공부 교재에 섹슈얼리티에 관한 내용이 들어 있지 않더라도 구역회/속회 인도자를 중심으로 섹슈얼리티에 관한 담론이 형성된다. 구역회/속회 인도자는 교인들 가운데 담임 목사가 인정하는 사람들이기 때문에, 그들의 성 담론은 교회 지도부가 용인하는 프레임에 갇혀 있는 경우가 대부분이다. 친교를 통한 비공식적인 학습 과정에서는 개인의 생각과 의중이 쉽게 노출되기 때문에 구역회/속회를 통해 교인들 사이의 성 담론은 효과적으로 통제된다. 소그룹 활동에서 인지되는 교인들의 문제, 특히 섹슈얼리티와 관련된 사항들은 구역회/속회 인도자를 통해 담임 목사에게 보고되는 시스템이 작동하기 때문에, 교회 지도부가 생산한 성 담론이 교인들에게 어떻게 소비되는가를 직접 혹은 간접으로 확인하고 조정할 수 있는 것이다.

넷째, 교회에서 종교적 사회화는 대중 매체를 통해서도 이루어진다. 종교 지도자가 신문, 방송, 잡지, 인터넷, SNS 등을 통해 전파하는 성 담론은 신자들에게 직접, 간접으로 영향을 미친다. 교인들은 종교 지도자들이 공적인 매체를 통해 전달하는 메시지에 대해 자부심을 느끼고 그 메시지를 전하는 종교 지도자의 권위를 더 많이 인정하는 경향을 갖기에 종교 지도자들은 대중 매체를 활용하려는 욕구를 점점 더 많이 갖게 된다. 교회 홈페이지에는 이러한 메시지에 대한 댓글이 올라와 종교 지도자의 성 담론에 대한 피드백이 이루어지기도 한다.

4. 성 담론의 전략

교회의 성 담론은 교회에서 이루어지는 종교적 사회화 과정에서 종교 지도자들의 전략에 따라 구성된다. 종교 지도자는 교회에서 섹슈얼리티가 갖는 민감성을 충분히 인지하고 있기에 이를 통제하여 교회의 분열을 예방하고 결속을 강화하고자 한다.

교회 성 담론의 가장 큰 전략은 섹슈얼리티를 금기 사항으로 여기고 이를 아예 다루지 않는 것이다. 이는 세속적 주제라는 터부 외에도 목회적 차원의 관행이다. 신앙 공동체가 다양한 섹슈얼리티 경험을 갖고 있고 사생활의 비밀로 은폐되고 있기 때문에 섹슈얼리티에 대한 특정한 가치관과 규범을 밝히는 것은 공동체 내부의 반발이나 저항을 불러일으킬 가능성이 높기 때문이다. 낙태나 불륜 같이 개별적으로 민감한 사항이 그것이다.

성 담론의 둘째 전략은 침묵과 은폐로 이미 발생한 성 문제를 해결하는 것이다. 교회 내부에서 이루어진 성폭력의 경우가 이에 해당하는데 성폭력을 "은혜롭게" 처리하여 교회 질서를 깨뜨리지 않게 하는 것이 전략적 목표이다. 가장 민감한 사항은 목회자의 성폭행인데 종교 지도자에 대한 충성과 복종의 기제는 한편으로는 피해자 여성을 유혹하는 죄인으로 정죄하고, 다른 한편으로는 남성의 인간적 실수에 대한 관용과 용서로 성 담론의 공론화를 가로 막는다.

성 담론의 셋째 전략은 전통적 보수적 대응으로 확고한 윤리를 강조함으로써 공동체의 결속을 강화하는 것이다. 가족이나 성매매처럼 집단적 동의를 구하기 쉬운 주제를 다룰 때 이 전략이 사용되는데, 우리 사회뿐만 아니라 세계 곳곳에서 확산되는 가정 해체 상황에서 위기와 불안감을 느끼는 사람들에게 결혼과 가족, 출산에 대한 담론은 확신과 신뢰를 제공하고 소속감을 공고하게 만드는 데 이바지할 수 있다. 특히 근본주의적 성 담론 전략은 전통적인 가족의 해체, 가부장적 권위의 상실, 전통적인 성 역할의 동요, 성 윤리의 파탄, 동성애의 수용, 다양한 가족 형태의 발달 등 가족을 둘러싼 변화의 소용돌이에 휩쓸린 사람들에게 혼란과 위기의식, 불안감을 극복하고, 흔들리지 않는 세계의 청사진을 제시한다고 여겨지고 있기 때문에 많은 사람들을 끌어들이고 강력한 사회문화적 응집력과 정치적 역량을 발휘하는 것이다(임희숙, 2010).

성 담론의 넷째 전략은 공동체의 도덕적 헌신을 강화하는 것이다. 도덕적 헌신은 종교 규범과 가치를 수용해서 그것에 자발적으로 복종하는 형태로 나타나며, 굴욕과 초월의 기제를 통하여 강화된다. 굴욕의 기제는, 종교 지도자가 사람들의 이기심과 자기중심성을 강력하게 비판하여 그들의 수치심과 무가치성을 유발함으로써 작동하며 충성심과 복종을 불러일으킨다. 굴욕의 과정은 초월의 과정으로 이어진다. 자신이 무가치하다고 느낀 개인은 궁극적으로 가치가 있다고 여겨지는 집단의 일원이 됨으로써 자기초월의 감정과 존재감을 얻는다. 이 과정에서 개인은 그가 속한 공동체의 규범과 가치에 맹종하는 도덕적 헌신을 하게 된다(Kanter, 1972: 이원규, 2006). 교회의 성 담론이 가부장제를 옹호하는 관점에서 순결과 모성 이데올로기를 강조하는 경우에는 남성들보다 여성들에게 더 많은 헌신과 희생을 요구하고 이를 당연시하는 경향을 띤다.

성 담론의 다섯째 전략은 종교적 소명이나 신의 권위를 내세워 세상에서 비난받는 죄를 덮어버리는 것이다. "주님의 일을 한다"라는 이유로 자신의 아내를 버리고 "신의 계시"에 따라 다른 여성과 관계를 맺는다는 경우가 이에 해당한다. 세속의 약속이 파기됨으로써 한 여성이 당하는 고통과 상처가 크겠지만, 그 여성은 보다 큰 종교적 가치를 위해 희생제물이 되었다는 식의 해석도 그런 예에 해당한다. 종교 지도자들의 성적 비행에 대해 문제를 제기하고 제재하기가 어려운 이유는 그들이 '주의 종'이나 '신의 대리인'으로 간주되기 때문이다. '주의 종'이나 '신의 대리인'에 대한 질책은 사람의 일이 아니고, 신의 소관이라는 것이다. 이렇게 해서 종교 지도자들과 교인들 사이의 비대칭적인 권력관계에서 섹슈얼리티를 둘러싸고 벌어지는 범죄는 비난받지 않고, 그 범죄에 대한 비난은 두려운 일로 여겨지게 된다.

5. 성 담론의 유형

종교 지도자들이 교회에서 생산하는 성 담론은 크게 보아 금욕주의 유형, 실용주의 유형, 도덕주의 유형으로 분류된다. 아래서는 각 유형의 특성과 의미를 살피고자 한다.

1) 금욕주의 유형

금욕주의 유형의 성 담론은 몸과 성을 터부시하면서 섹슈얼리티에 대한 수치심, 불안, 죄의식을 불러일으키는 특성이 있다.

본 저서의 제1부에서 살핀 바와 같이, 육체와 섹슈얼리티를 부정적으로 보는 관점은 초기 기독교 신학과 교회의 위계적 영육이원론 사상에서 비롯되었고, 그 이후 계속 유지되었다. 육체와 정신, 비인간적인 것과 인간적인 것, 악과 선, 여성과 남성 등을 분리하고 후자가 전자를 위에서 아래로 지배한다고 보는 이원론적인 위계 관념은 남성-정신-선과 여성-육체-악의 두 계열을 정식화하였다. 이러한 세계관 아래서는 여성이 강간을 당해도 그것은 악하고 비도덕적인 여성이 남자를 유혹했기 때문에 벌어진 일이라고 여기는 것이 자연스러웠다. 성서의 문자적 기록은 여성의 죄성과 비도덕성을 입증하는 증거로 활용되었고, 따라서 성서는 이원론적인 위계 관념을 정당화하는 도구로 사용되었다.

오랜 동안 신학과 교회를 지배해온 남성들은 하와의 죄로 인하여 인류가 낙원에서 추방당했다는 도식적인 해석을 확대하여 통제하기 어려운 정욕에서 비롯되는 죄에 대한 책임을 여성에게 전가해왔다. 그 결과, 여성은 자신의 몸과 성에 대한 수치심을 갖게 되었고, 순결을 잃으면 몸이 더럽혀졌다는 죄책감을 안고 살아가고, 자신의 몸과 성으로 언제든 남성을 유혹할 수 있는 죄인이라는 의식을 내면화해 왔다. 이렇게 잠재된 여성들의 수치심, 불안, 죄의식은 여성을 자신의 몸과 성으로부터 소외시키고 여성 자신과 다른 여성들을 비하한다.

반면에 남성은 정신적 존재로 이상화되고 도덕성과 인격을 갖춘 존재로 여겨져 왔다. 그러나 몸과 성을 지니고 살아가는 남성 역시 그 몸과 성의 욕망에 시달리고 그 욕망의 비정상적인 충족에서 비롯되는 수치심, 불안, 죄의식 등에서 벗어나기 어렵다. 그렇기 때문에 남성들은 오히려 몸과 성을 상징하는 여성들을 억압하고 지배함으로써 수치심, 불안, 죄의식 같은 심리적 긴장과 부담을 극복했다고 착각하는 경향을 보인다. 가부장제는 그런 남성들의 특성을 '진정한 남성다움'으로 과장하고 찬양해 왔다. 하나님의 형상으로 창조된 여성과 남성은 이렇게 지배와 종속의 분리된 존재로서 저마다 소외를 경험하고 하나가 되지 못하는 불안을 잠재적으로 지니고 있다.

아래서는 이를 보여 주는 몇 가지 예를 분석하고자 한다.

(1) 설교 "타락한 성문화와 동성애"(일부)

사람은 누구나 육신을 가지고 살며 또 본능이 있기 때문에 이것을 자극시킬 때 잠시 음욕이 생길 수가 있습니다. 만일 성인이 되고도 음란한 생각이 전혀 없다면 사람이 아니요, 목석이요, 또 거짓말입니다. 그러나 이런 감정이 오래 머물러 있게 해서는 안 됩니다. 음욕을 품지 말아야 합니다. 새가 알을 품고 있으면 어떻게 됩니까? 알이 깝니다. 뱀 알을 품고 있으면 뱀이 나오고 욕심을 계속 품고 있으면 도적질합니다. 미움을 오래 품고 있으면 언젠가 싸움과 살인을 하고, 음욕을 품고 있으면 간음합니다. 새가 머리 위를 날아가는 것은 못 날게 할 수 없으나, 머리 위에 집을 짓는 것은 당연히 못 짓게 할 수 있는 것입니다. 악한 마음이 우리 마음속에 때때로 비치는 것은 어찌 할 수 없는 본능이지만 이 악심을 마음속에 머무르게 하여 나쁜 짓을 하는 것은 우리들의 책임입니다. 소돔과 고모라 성은 음란과 부패로 망했습니다. 이스라엘 백성이 간음하다가 하루에 이만 삼천 명이 죽었습니다. 이런 일이 거울이 되고 또한 말세를 만난 우리의 경계가 되어야 하겠습니다(고전 10:8-11). "또 간음치 말라 하였다는 것을 너희가 들었으나 나는 너희에게 이르노니 여자를 보고 음욕을 품는 자마다 마음에 이미 간음하였느니라"(마 5:27).[1]

위의 인용은 타락한 성문화를 경계할 것을 강조하는 설교 메시지의 일부이다. 이 메시지에는 육신-본능-음욕-악한 마음-부패와 멸망이 연쇄 고리를 이루고 있는데, 이러한 개념들의 연결은 전통적인 금욕주의를 반영하는 주요 코드로 읽힌다. 이 인용문에서 "우리"가 누구를 가리키는가는 분명하지 않다. 소돔과 고모라는 많은 설교문들에서 흔히 볼 수 있는 상투적인 인용구인데, 이러한 상투어(Schablone)는 음란과 타락의 원인이 무엇인가를 더 이상 묻지 않고 그것에 대한 책임을 "음욕" 일반으로 설정한다. 이 설교 메시지에 등장하는 "너희"와 "여자"가 어떤 삶의 맥락에 있는지, 그들이 구체적으로 어떤 관계에 있는지도 전혀 밝혀져 있지 않다. 간음에 관계했지만 현장에 부재한 남자의 책임을 은폐하고 간음이 '어찌 할 수 없는 본능'에서 비롯된 것인 양 간음의 책임을 일반화하는 것은 타락의 죄를 진지하게 성찰할 수 없게 만든다.

---

[1] 출처: http://blog.naver.com/PostList.nhn?blogId=hantaiwan&from=postList&categoryNo=21 2017.4.17.20:08 접속.

(2) 설교 "타락한 성문화와 동성애"(일부)

천하를 호령하던 군주들이 패망한 것은 강력한 상대를 만났기 때문이 아닙니다. 모두 여인들과 관련된 문제 때문이었습니다. 은나라의 주왕은 달기, 주나라의 유왕은 포사, 당나라 현종은 양귀비, 로마의 영웅 안토니우스는 애굽의 클레오파트라로 인해 망했습니다. 다윗왕도 밧세바로 인해 죄를 지었고 지혜롭던 솔로몬왕도 이방여자 때문에 우상에 빠지게 되었습니다. 삼손도 들릴라 때문에 몸을 망쳤고 소돔과 고모라도 음란 때문에 하나님의 심판을 받았습니다. 성경대로 자기의 아내를 거룩함과 존귀함으로 취했다면 이러한 일들은 일어나지 않았을 것입니다. "하나님의 뜻은 이것이니 너희의 거룩함이라 곧 음란을 버리고 각각 거룩함과 존귀함으로 자기의 아내 취할 줄을 알고 하나님을 모르는 이방인과 같이 색욕을 좇지 말고"(데살로니가전서 4:3-5).

성도 여러분! 사단은 지금도 여러분을 노리고 있습니다. 타락한 성문화는 우리 곁에서 갖은 방법으로 우리를 유혹하고 있습니다. 불륜의 성관계, 동성애, 음란, 탐욕으로 우리를 유혹합니다. 어찌 할 것입니까? "나는 괜찮아" 할 수 있습니까? "세상이 다 그런데 어쩔 수 없지" 할 것입니까? 사단은 우는 사자와 같이 삼킬 자를 찾고 있습니다. 타락한 성문화는 우리와 우리의 가정을 넘보고 있습니다. 어찌할 것입니까? 누가 지킬 것입니까? 거룩하고 순결한 삶을 살 수 있도록 끊임없이 기도합시다. 주님은 "내가 거룩하니 너희도 거룩할 지어다"(벧전 1:15) 하셨고 또 "주를 향하여 소망을 가진 자마다 그의 깨끗하심과 같이 자기를 깨끗하게 하느니라"(요일 3:3) 하셨습니다. 하나님의 뜻은 우리가 음란을 버리고 순결하기를 원하십니다(살전 4:3-5). 반드시 부자가 되지 않으면 안 된다는 도리는 없습니다. 그러나 주님 나라 가기 원하는 성도는 순결해 있지 않으면 안 됩니다.[2]

이 설교에서는 성적 타락의 원인이 여자에게 있다고 규정하는 어법이 주목된다. "천하를 호령하던 군주들의 패망 원인은 모두 여자들 때문"이고 "다윗왕도 밧세바로 인해 죄를 지었고, 지혜롭던 솔로몬왕도 이방여자 때문에 우상에 빠지게" 되었다는 것이 강조된다. 하지만 유혹으로 천하를 호령하는 군주와 명성 높은 왕들을 움직이던 여자들은 "강력한 상대"가 아니라, 하찮은 존재들이다. 이러한 권력관계에서 성적 타락의 책임을 여자들에게 전가하는 것은 일반적인 관행이었다. 소돔과 고모라의 인용도 이와 같은 책임 전가의 효과를 갖고 있다. 여자의 유혹으로 인해 패망한 권력자들을 나열한 뒤에 "소돔과 고모라도"라는 어구를 넣음으로써 소돔과 고모라에서 벌어진 음란이 여성의 죄에서 비롯되었다고 연상하도록 만들고 있다. 소돔과 고모라에서 벌어진 일이 남녀 모두가 지은 죄라는 사실은 은폐되고, 여성을 죄와 악의 원인으로 여기게 만드는 것이다. 이러한 설교는 금욕주의적 성 담론의 전형적인 예라고 할 것이다.

성적 타락의 책임이 모호하기 때문에, 그에 대한 대응도 "거룩하고 순결한 삶을 살 수 있도록 끊임없이 기도"하면 되는 것으로 막연하게 제시된다. 여기서 순결의 의미가 무엇인지, 오늘의 성 문화에서 타락을 극복하는 데 필요한 가치관과 실천이 무엇인지에 대한 언급은 아예 없다. 가부장제 문화에서 순결이 일방적으로 여성들에게

---

2 출처: http://blog.naver.com/PostList.nhn?blogId=hantaiwan&from=postList&catego
ryNo=21 2017.4.17.20:11 접속.

요구되는 덕목으로 여겨져 왔다는 것을 감안한다면, 이러한 맥락을 도외시하고 순결을 거룩한 생활의 핵심 가치로 강조하기만 하는 것은 여성 억압적인 성 문화를 강화하는 데 이바지할 수도 있다.

(3) 성서공부 "유대인들의 정혼에서 결혼까지"(일부)

※ 결혼 적령기

유대 청년들은 13세에서 18세 사이에 주로 결혼이 이루어집니다. (…) 서로 마음이 통하고 맞으면 예비 신랑은 예비 신부의 부모로부터 축복을 받기 위해서 허락을 받아야 합니다. 이 허락을 위해서 예비 신랑은 자기 가정을 잘 대변해 줄 수 있는 친척 한 명을 대동해서 예비 신부 집으로 갑니다.

※ 세 가지 준비물

이 때 예비 신랑은 3가지를 지참해야 합니다.

첫째: 한 잔의 포도주를 따를 수 있는 포도주 가죽 부대가 있어야 합니다.

둘째: 신부의 값을 지불할 수 있는 은과 금이 있어야 합니다.

셋째: 결혼 첫 번 서약서를 가지고 가야 합니다.(…)

※ 세 가지 질문

예비 신부 아버지는 딸을 따로 불러서 다음과 같은 세 가지 질문을 하게 됩니다.

첫째: 지적인 요소를 묻습니다(신랑에 대해서 어느 정도 알고 있는지…).

둘째: 정적인 요소를 묻습니다(신랑에 대해서 어느 정도 사랑을 하고 있는지…).

셋째: 의지적인 요소를 묻습니다(신랑에 대해서 어느 정도 헌신할 각오가 되어 있는지…).

이 질문이 끝나면 마지막 질문을 딸에게 합니다. "내가 네게 이 결혼을 허락해 주기를 원하는가?" 이 때 딸의 얼굴이 빨개지면 아버지는 들어가서 신랑에게 결혼을 승낙해 줍니다.

※ 신부의 값을 흥정

(…) 이것은 신부측 아버지가 딸을 통하여 목돈을 잡겠다는 계산적인 흥정이 아닙니다. 사랑과 가치에 대한 흥정인 것입니다. 또 하나 이 흥정의 과정을 통해서 양가의 형편과 사정에 대한 정보가 교환됩니다.

첫 번째 계약서

※ 아버지의 축복

(…) 신부의 아버지는 하늘에 두 손을 들어 아버지로서 축복권을 행사하여 딸과 그 예비 신랑을 위해서 마지막으로 축복 기도를 해줍니다. 이럼으로서 「정혼식」은 끝을 맺게 되고 이들은 「법적」인 부부가 되는 것입니다. 그러나 법적인 부부가 되었을 지라도 이들은 아직 육체적 관계를 갖지 못합니다.

※ 1년간의 별거

(…) 부친의 집에 들어간 신랑은 신부를 데려올 처소를 준비합니다. (…) 이에 반면 신부는 신랑을 기다리면서 두 가지를 준비해야 합니다.

첫째: 자기 생활방식을 버리고 남편을 위해서 남편 집의 생활방식을 연습하고 훈련해야 합니다. 나는 점점 없어지고 신랑 쪽으로 삶의 양태를 확대해야

합니다.

둘째: 신랑 외 이성교제나 관계를 정리하고 정절을 반드시 지켜야 합니다. 만약 이것을 어기면 율법에 따라 유일하게 돌로 쳐서 죽이도록 되어 있습니다.

※ 언제 데리러 오는가?

그러면 신랑은 언제 신부를 데리러 갈 수 있습니까? 그것은 오직 아버지만이 판단합니다. 아버지가 보아서 아들의 준비가 다 되었다고 생각할 때 어느 날 갑자기 명령하게 됩니다. (…)

두 번째 계약서

신방에 들어간 신부는 두 번째 결혼 서약서를 주게 됩니다. (…) 그 다음 드디어 두 사람은 육체적인 관계를 맺습니다.

※ 사랑의 선언

신랑은 잠든 신부의 얼굴을 보고 일어나서 그 두 번째 결혼 계약서를 들고 나아가서 친구에게 전달하는데 이때 이렇게 말합니다. "이 신부는 깨끗하였다(정절에 관해서) 그러므로 결혼의 예식은 완성되었다." 친구는 기뻐서 이 소식을 듣고 나아가 수많은 하객들 앞에서 신랑이 한 소리를 똑같이 반복합니다. "이 신부는 깨끗하였습니다. 그러므로 결혼은 완성되었습니다." 이 친구는 증인인 셈입니다. 이 결혼 예식은 복잡한 과정을 거쳐서 일주일간 지나게 되고 유대인들은 7일간을 "숨겨진 날들"이라고 부릅니다. 이 기간 동안 신부는 신방에서 나올 수 없기 때문입니다. 일주일이 지나면 신랑은 신부를 데리고 나와서 신부를 공개적으로 소개합니다. 이로서 유대인 결혼식의 대단

원의 막을 내립니다.[3]

앞의 성경공부 자료는 유대인의 결혼 풍습에 대한 내용으로 성서의 이해를 돕기 위해 제공되었다. 여기서 강조되는 것은 신부의 수동적 역할과 정절이다. 신부 값을 치른다는 내용은 시대적 풍속이라 할지라도 여성의 비주체적 위치를 시사한다. 정절을 "깨끗"하다는 말로 표현함으로써 깨끗함과 더러움이라는 구별과 배제의 언어로 정절의 의미를 새겨 놓는다. 여성의 정절은 신랑과 증인에게 인정받고 수많은 하객들에게 인증되어야 할 결혼의 주요 요소다. 육체를 폄하하는 성차별적 금욕주의 전통에서 여성이 정절을 상실하면 "더러운 몸"이라는 내면적, 사회적 낙인이 찍힌다. 여성의 정절 여부에 대해 남성과 타인이 인정할 것을 요구하는 문화에서 여성은 성 정체성과 자아 정체성을 주체적으로 형성하는 일을 방해받는다.

여성의 몸과 정절을 직결시키는 것은 가부장제 문화의 두드러진 특징이거니와 정절을 요구받는 여성의 그 몸은 남성의 시선으로부터 자유롭지 않은 몸이기도 하다. 인용문에서 신부의 값을 치른다는 것은 여러 가지 의미를 함축한다. 외모를 중시하는 남성의 욕망과 권력은 여성의 몸과 성을 지배하고 이를 교환가치로 바꾼다. 출산하지 못하는 여성의 몸은 불구로 취급당하고, 성적 매력을 상실한 여성의 몸은 남성의 관심에서 벗어나기에 이미 가치를 상실한 몸이다. 가부장제 성 규범과 가치를 따르지 않거나 정조를 지키지 않거나 레즈비언처럼 남성을 필요로 하지 않는 여성의 몸은 그 가치를 인정할

---

[3] 출처: http://www.samilchurch.com/index.php?mid=gbs&page=3&document_srl=52293 2017. 4. 17. 20:18 접속.

길이 없는 악한 몸이다. 그런 몸에 담긴 성은 불결하고 사악하고 처벌의 대상이 된다.

(4) 어느 여성 목사의 낙태에 대한 칼럼

어떤 여학생이 임신을 했다. 고민하며 동네 산부인과를 찾았는데 의사가 하는 말이 "임신 5주는 아기집만 있고 심장이 생기기 전이니까 아직 생명이 아니다"라고 말했다. 여학생은 전문가인 의사가 그렇게 말해주니 교회를 다녀도 그 말을 믿고 싶었고 낙태를 하게 되었다.

우리 교회 집사님이 그 이야기를 듣고 문제의 병원을 찾아갔다. 자신이 전문가는 아니지만 아기집만 있으니까 생명이 아니라는 것이 의학적으로 옳은지, 산모와 태아를 모두 건강하게 지키는 것이 산부인과의 역할일 텐데 왜 수술을 유도했는지 등을 차근차근 물었다. 의사는 처음에는 "무식한 소리를 한다"라며 "청소년이 아이를 낳으면 그 모든 책임을 질 것인가?"라고 화를 냈다. 또 산모를 위한 일이었다고 변명하다가 결국에는 잘못을 인정하고 사과를 했다.

그러나 집사님은 사과를 받는 것이 목적이 아니었기 때문에 그 후에도 여러 차례 병원을 찾아가 전도했다. 집사님은 의사에 비하면 학벌도 지식도 부족했지만 담대하게 "낙태는 살인"이라고 말할 수 있었던 것은 삶이 그 증거였기 때문이다.

집사님은 자신의 딸의 이야기를 들려주었다. 학교에 적응하지 못하고 방황하던 딸이 고등학생 신분으로 임신을 했을 때 집사님은 두려워서 떨고 있는 딸을 꼬옥 안아주었다. 딸과 남자 친구가 너무나 철이 없고 부족했지만 하나님께서 지으시고 택하신 생명이었기 때문에 딸과 함께 기도드리며 낳기로 결정했다.

키울 수 없으면 입양을 보내더라도 살인을 해서는 안 된다는 생각이었다. 여러 사연과 아픔을 거쳐 딸과 남자 친구는 축복 속에 결혼을 했고 정식 부부가 되어 신앙생활을 잘하게 되었다. 그때 태어난 집사님의 손자가 온 교회의 사랑을 받으며 씩씩하게 자라고 있다. 이렇게 간증을 한 집사님은 의사의 손을 잡고 기도를 드렸다.

분명 낙태는 살인이다. 임신 5주가 아니라 하루가 되었다고 해도 죽어도 좋은 생명, 태어나지 말아야 할 사람이란 있을 수 없다. 성폭력으로 인한 임신, 낳아도 키울 수 없는 환경 등, 낙태를 합리화할 수많은 이유가 있을 것이다. 그러나 그 모든 것 위에 하나님의 창조 목적과 계획이 있다. 내 자신이 그렇듯 이 땅의 모든 생명은 "모태에서부터 주의 붙드신바 된"(시 71:6) 생명이다. 하나님의 뜻과 상관없이 잉태되는 생명은 없다. 하나님께서 지으시고 택하셨으므로 힘들어도 지키고 낳으면 분명 하나님께서 책임지실 것이다. 그것을 믿어야 한다. (2006. 3. 11)[4]

이 칼럼에서 낙태는 생명을 죽이는 일일뿐만 아니라 하나님의 뜻을 거역하고 하나님이 생명을 책임진다는 것을 믿지 않는 불신으로 규정되고 있다. 심지어 성폭력으로 인한 임신도 "하나님의 창조 목적과 계획"에서 비롯된 것으로 보고 반드시 출산해야 한다고 강조한다.

생명 존중은 물론 기독교의 기본 가르침이다. 그러나 태아의 생명만이 아니라 산모의 생명도 존중되지 않으면 안 된다. 태아와 산모는 공생의 유기체적 관계이기에 태아의 생명과 산모의 생명은 모두 존중되고 배려되어야 한다. 낙태를 둘러싼 찬반 논쟁이 뜨거운 오늘

---

4 출처: http://home.woori.cc/ 2017.4.17.20:24 접속.

의 상황에서 종교적 성 담론은 좀 더 분별적으로 전개될 필요가 있다. 당사자가 원치 않는 임신이 발생하는 사회문화적 맥락과 낙태를 선택할 수밖에 없는 개인적, 사회적, 시대적 상황을 전혀 고려하지 않은 채 낙태를 '믿음 부족'으로 정죄하는 것은 문제의 실질적 해결과 건강한 신앙생활에 도움을 주기 어려울 것이다. 낙태는 여성의 몸에서 일어나는 경험이기에 이에 관한 성 인지적 성찰이 이루어져야 할 것이다.

(5) 설교 "하나님 말씀에 순종하라"(일부)

아브라함이 두 번째 어려운 명령에 순종한 것은, 여종 하갈과 이스마엘을 "내어 쫓으라"라는 명령인데 이것도 참으로 순종하기 어려운 명령입니다. 하나님이 아들을 주시겠다고 약속을 해 주셨는데도 100세가 가깝도록 주시지 않으니까 사라가 잔머리를 굴려서 고안한 것이, 여종들 중에 하갈이란 여자가 인물이 예쁘고 똑똑하니까 "내가 눈감아 줄테니까 당신이 동침해서 아들을 하나 보자"라고 한 것입니다. 그래서 아들을 낳은 것이 이스마엘인데, 그 다음부터 후에 나은 이삭을 이스마엘이 괴롭히고, 여종 하갈이 주모 사라를 멸시하니까 하나님께서 "이 여종과 그 아들을 내어 쫓으라"라고 명령했습니다. 아브라함은 그 아들을 인하여 "깊이 근심하다가" 드디어 결단을 내려 하갈과 이스마엘을 내어 쫓았습니다. 오늘날까지 이스라엘과 팔레스타인이 끊임없이 피 흘리고 싸우는 것은 아브라함과 사라가 생각을 잘못해서 범죄한 죄의 결과입니다. 그러나 아브라함이 어려운 결단을 내려 하갈과 이스마엘을 내어 쫓았습니다. 자기 아내 사라는 늙고 쭈글쭈글한 할머니인데 하갈은 젊고 싱싱한 여자이니 육신적으로 얼마나 사랑하고 정이 컸겠습니까? 이삭을 낳기 전에 처음으로 아들 이스마엘을 낳았으니 얼마나 정이 들고 사랑했겠습니까? 그러나 아브라함은 하나님의 명령에 인정사정 보지 않고 하갈과 이스마엘을 내어 쫓았습니다. 참으로 순종하기 힘든 일인데 순종했습니다. 하나님의 뜻에 어긋나고 참으로 죄악된 일이라면 결단을 내려서 끊을 것은 끊고 버릴 것은 버려야 합니다. 죄악을 청산하지 않고는 진정한 하나님의 축복을 기대해선 안 됩니다. 죄는 깨닫는 즉시 속한 시일 내에 끊어버리고 청산해야 합니다. 그래야 먼 미래에 불행을 막을 수가 있고 슬픔과 근심을 막을 수가 있습니다. 하갈과 이스마엘은 애초부터 잘못된 것이었습니다. 인간의 잔꾀와 인간의 조급함 때문에, 인간의 잘못된 방법으로 하나님의 일을 촉진시켜 보려고 했던 것입니다. 그러나 그것이 아브라함의 가정에 불화와 큰 근심과 슬픔이 되었던 것입니다. 그 잘못된 생각이 오늘날까지 두고두고 이스라엘과 팔레스타인의 피 흘리는 전쟁이 계속되게 한 것입니다.[5]

하나님의 말씀에 순종하는 아브라함의 이야기에 등장하는 두 여인은 서로 다른 운명의 모습을 보인다. 늙은 몸으로 임신이 불가능한 사라와 대리모로 아들을 낳고 버림받는 하갈이다. 가부장제 사회에서 아들을 낳은 일은 여성의 중요한 역할이고 이에 관계된 두 여성과 그들이 낳은 두 아들 사이의 갈등은 일반적인 삶의 모습이다. 이 설교에서 주목되는 것은 두 여인에 대한 부정적인 성적 묘사에 있다. 당시 대리모 관습은 부계혈통을 잇는 관습이지만 본처나 대리모 모두에게 고통과 희생을 요구하는 악습이었다.

위에서 인용한 설교는 이와 같은 여성들의 상황을 배제한 채 사라

---

5 출처: http://blog.naver.com/PostList.nhn?blogId=hantaiwan&from=postList&categoryNo=188 2017.4.17.20:27 접속.

가 하갈을 부르는 행위를 "잔머리 굴리는", "잔꾀와 인간의 조급함"으로 폄하할 뿐 아니라 오늘의 "이스라엘과 팔레스타인의 피 흘리는 전쟁"의 원인으로 정죄한다. 또한 여성의 몸에 대한 "예쁘고 똑똑"하고, "늙고 쭈글쭈글한", "젊고 싱싱한" 등의 용어는 성 대상화를 연상시키고 외모로 여성을 평가하는 가부장적 관행을 정당화한다. "젊고 싱싱한 여자"로서 "아들"을 낳는 것은 남편의 사랑을 받는 조건으로 은연중에 강조되고 있고, 그 남편이 필요로 하지 않을 경우에는 "인정사정 보지 않고" 쫓아내는 것이 하나님의 뜻에 따르는 순종으로 미화되고 있다. 이런 무자비한 아브라함의 행위는 울부짖는 하갈과 이스마엘을 돌보시는 하나님의 역사(창 22:17-18)와 대조적이다.

(6) 어느 여성 목사의 자녀교육에 대한 칼럼 "자녀를 깨끗하게 하라"

청년들을 상담하면서 육체적 순결을 지키는 일이 너무 힘들다는 고백을 자주 듣는다. 한 자매는 어려서 성폭행을 당한 이야기를 사귀는 형제에게 고백했다. 형제가 따뜻하게 위로를 해주니까 자신도 모르는 사이에 마음이 끌려 육체 관계를 맺었다고 했다.

자매에게 조심스럽게 말했다. "네가 쉽게 몸을 허락했기 때문에 성폭력 당한 것도 네가 쉬운 여자라서 그랬다고 하면 어쩔 것이냐. 당장 육체 관계를 끊어야 한다." 자매는 이미 형제에게서 그런 느낌을 받고 있다고 했다. 부모님은 자신이 그렇게 사는 걸 결코 모르실 거라며 눈물을 쏟았다.

요즘 젊은 세대를 향해 혼전순결을 이야기한다는 것은 시대착오적인 메시지로 들릴 지경이 되었다. 연말 분위기와 방학으로 들뜨기 쉬운 계절이다. 누구를 만나 크리스마스를 어떻게 보낼까, 어떤 선물을 주고받을까. 설레는 자녀들에게 먼저 순결을 지키도록 가르치자. '내 아이는 안 그렇겠지' 하는 것은 안일한 생각이다. 나 자신도 매일 돈과 쾌락과 게으름의 유혹에 넘어가면서 어떻게 자식들이 유혹을 쉽게 이길 것이라고 장담하겠는가.

자녀가 이성교제를 시작했다면 신앙공동체 안에서 부모와 지도자와 의논하면서 교제할 수 있도록 권면하자. 우리 몸이 하나님의 성전임을 가르치자. 서로의 순결을 지켜주는 것이 가장 귀한 대접이며 진정한 사랑임을 가르치자. 이미 순결을 지키지 못했더라도 믿음을 가진 그 순간부터 제2의 순결을 지켜간다면 그는 깨끗한 자이다. 하나님의 말씀으로 마음과 생각을 채워주어야 한다. 그것이 자녀를 지킬 수 있는 최선의 방법이다. (2005. 12. 24)[6]

이 칼럼은 성폭력의 희생자에 대한 인식과 관행을 잘 반영하고 있다. 성은 권력과 밀접하게 관련되어 있다. 예를 들어 강간을 감행하는 남성은 성적 쾌락을 얻는 것보다 폭력적으로 상대방을 제압하고 약탈하는 권력 추구에서 쾌락을 느낀다. 강간은 성적 욕망에 사로잡힌 상태에서 발생하는 것이 아니라, 상대를 "굴복시키고 상처를 주고자 하는 욕망에 사로잡혀 공격하는 폭력적 범죄이다." 특히 연약한 여성이나 어린 아이들을 성을 매개로 인간 이하의 취급을 하면서, 완력이든, 사회문화적인 남성의 힘이든, 거꾸로 나이 든 여성이 나이 어린 남자 아이에게 행사하는 나이 권력이든, 상대를 향해 권력을 과시하는 것이 강간이다. 그러므로 "강간은 폭력적인 죄이며, 오만함과 절망의 죄를 범하는 것이다." 이에 대한 성찰 없이 순결을

강조하는 것은 정조 이데올로기를 강화하고 성폭력 구조를 유지하는 기능을 하게 된다.

성희롱이나 강간을 그 피해자인 여성의 탓으로 돌리는 경향이 강하고 성폭력에 대해 침묵하는 관행이 굳게 자리를 잡고 있기 때문에 여성들은 이에 대해 발설을 하기 어렵다. 성적 시달림을 겪은 이야기를 할 때 여성들은 자신이 남성을 유혹한 것처럼 여겨지지나 않을까 하는 두려움을 느낀다. 여성을 선악과의 열매를 따먹은 유혹자의 이미지로 그리고 있는 창세기 2장은 오늘날에도 여전히 영향을 끼치고 있는 것 같다. 여성은 남성으로 하여금 죄를 짓도록 만드는 악의 원천으로 간주되는 경향이 있다. 이 때문에 여성들은 성희롱과 성폭력의 희생자이면서도 수치심과 죄의식을 갖는 것이다.

페미니스트들이 정의하는 강간은 "부당한 권력관계의 가장 공격적인 시위고… 신체적 폭력이고 여성 비하의 상징일뿐더러 여성 영혼의 가장 민감한 부분에 대한 침범"이며 "모든 남성이 모든 여성을 공포 상태에 가두어 놓는 의도적인 위협의 과정"이다. 충격적인 것은 여성이 강간을 원했거나 묵인함으로써 강간자가 충동을 억제하지 못한 것으로 보는 사회적 관행이다(Gnanadason, 1993). 결국 성폭력의 동인은 여성이라는 것이다. 이런 인식이 사회화된 결과, 성폭력에 희생된 대부분의 여성들이 자책감과 죄의식에 사로잡히게 되는 것이다.

2) 실용주의 유형

실용주의 유형의 성 담론은 성속의 갈등 속에서 성적 관행을 현실주의적으로 용인하고 성서와 종교 규범의 의미를 변용함으로써 교회가 오늘의 성문화에 적응하도록 하는 특성을 보인다.

(1) 어느 여성 목사의 신문 칼럼

평신도 시절부터 20여년 사역하는 동안 내가 목숨 걸고(?) 외친 것이 있다면 "이혼 불가, 불신결혼 반대"다. 하나님께서는 외도와 경제 문제 등으로 이혼을 결심했던 사람들이 큐티 모임에 와서 말씀을 들으며 다시 합쳐지는 것을 수없이 보여주셨다. 그래서 어떤 것보다 가정을 회복시키는 것을 절체절명의 사명으로 알고 걸어왔다. 그러나 "이혼 불가"라는 것을 흑백논리로 보아서는 안 된다. 이혼을 안 해야 하나님의 뜻을 지키는 것이고, 이혼하면 죄인이라는 소리가 아니다.

어느 집사님의 남편이 이혼을 요구하기 시작했다. 상처 많은 남편을 만나 주위의 반대를 무릅쓰고 결혼했는데, 이제 사춘기에 접어든 아이들까지 두고 남편은 나가 살면서 시도 때도 없이 강력하게 이혼을 요구했다. 요구를 하다 못해 "이혼 안 해주면 죽어버리겠다"라고 날마다 자살 25일전, 20일전, 2일전이라고 위협하며 마지막으로 죽겠다고 아이들 보러 왔다. 그날 집사님은 남편에게 "석 달만 교회에 와 달라. 그 후에도 이혼을 원한다면 해주겠다"라고 했고 남편은 약속대로 예배를 드리고 말씀을 들었다.

문제는 예수께서 기적을 베푸시고 말씀을 전해도 예수님을 죽이기로 작정한 것을 결코 돌이키지 않는 대제사장 서기관처럼, 석 달이 다 되었는데 이혼 결심을 바꾸지 않는다는 것이다. 그렇다면 죽임 당하기로 작정하신 예수님처럼, 남편이 석 달이나 복음을 들은 것을 감사하며 이혼을 당하기로 작정해야 한다고도 생각한다. 드물지만 오직 상대방의 구원을 위해 이혼을 해야 할 때도 있기 때문이다. 도리어 그것이 남편이 돌아올 수 있는 길일 수도 있다. 절대 안 해야 하는 이혼이지만 이혼을 안 하는 것 자체가 우상이 되고 내 의가 되어서는 안 된다. 내가 말씀대로 인도받으면 나머지는 하나님이 책임지신다. 변화된 나를 보고 상대방이 마음을 돌이킬 수도 있고 여전히 이혼을 요구할 수도 있다. 중요한 것은 이혼을 하건 안 하건 그 목적이 영혼 구원에 있는가 하는 것이다. 어느 쪽이든 구원을 위한 선택을 할 때 이혼한 사람도, 재혼한 사람도 성공한 인생으로 사는 것이다. 아무쪼록 그 남편이 돌아오기를 기도한다. (2006. 09. 29)[7]

이 칼럼에 따르면, 이혼으로부터 가정을 지키는 것을 "절체절명의 사명"으로 여겼던 사람이 이혼에 대한 흑백논리를 넘어서 "오직 상대방의 구원을 위해 이혼을 해야 할 때"가 왔음을 인정하게 되었다고 한다. "절대 안 해야 하는 이혼"이 우상이 되는 것을 경계하면서 "하나님이 책임지신다"라는 믿음으로 이혼을 허용하는 것이다. 이혼이라는 세속적 결정을 구원이라는 종교적 의미와 결합하는 것은 실용주의적 유형의 성 담론의 전형적인 특징이다.

여성 배우자가 남성 배우자의 폭력 대상이 되는 요인 중 하나가 성 역할과도 관련이 있다. 안식처를 제공하는 가사의 책임에 가족 구성원의 심리적, 정서적 평안을 위한 감정노동이 있다. 남성 배우자가 가정 밖의 사회생활 특히 임금노동에서 받는 압박, 굴욕, 스트레스를 보상하고 완화하는 "긴장 처리"의 과정에서 폭력은 불가피하고 이를 적절하게 수용하여 가정의 평화를 유지하는 것을 여자 배우자의 책임으로 여긴다. 이와 관련하여 캐나다 교회의 한 보고서는

---

[7] 출처: http://home.woori.cc/ 2017.4.17.20:33 접속.

다음과 같이 표현하였다.

여성에 대한 폭력은 극단적 형태의 긴장 처리로 볼 수 있는데, 이 과정에서
여성은 공적 영역에서 생성된 긴장들을 자신의 몸과 영혼으로 흡수하는 것
이다(Gnanadason, 1993).

실용주의적 의식과 태도는 성과 속을 분리하여 신앙생활과 일상
생활을 별개로 여기고 현실적 쾌락과 향유를 신앙적 명분으로 정당
화하는 데서 나타난다. 이러한 실용주의는 전통적 성 역할을 부부중
심의 성 역할로 바꾸고 이를 십계명이라는 종교 규범으로 정당화하
는 아래 설교에서도 잘 드러난다.

(2) 설교 예화 "아내의 십계명"(일부)

1. 자신과 가정을 아름답게 꾸밀 줄 아는 재치와 근면성을 기르세요.
2. 음식 준비에 정성을 기울이고 남편의 식성에 유의하라.
3. 혼자만 말하지 말라. 남편에게 말할 기회를 주지 않아 부부가 충돌하는 경
   우가 의외로 많습니다.
4. 남들 앞에서 남편의 결점을 늘어놓거나 지나친 자랑을 하지 마세요.
5. 남편에게 따져야 할 말이 있을 때는 그의 기분 상태를 참작하세요.
6. 남편에게는 혼자만의 정신적 휴식 시간을 갖고 싶어 하는 심리가 있음을
   잊지 말아야 합니다.
7. 중요한 집안일을 결정할 때는 남편의 뜻에 따르세요.
8. 남편의 수입에 맞춰 절도 있는 살림을 꾸려 나가도록 하세요.

9. 모든 일에 참을성을 가지세요.

10. 하루에 두 번 이상 남편의 좋은 점을 발견하고 지적해 줌으로써 남편이
    기쁨과 긍지를 가지도록 하세요.[8]

이 설교가 강조하는 아내의 역할은 외모 단장, 집 꾸미기, 남편 식성에 맞춘 음식 장만, 말 조심, 남편 기분 챙기기, 참견 말기, 남편 뜻 따르기, 낭비 않는 살림 솜씨, 매사에 인내하기, 남편의 기 살리기 등인데 그것은 전통적인 현모양처의 성 역할과 동일하다.

이러한 실용주의적인 성 담론은 훌륭한 아내의 예절을 가르치는 다음의 성서공부 예화에서도 두드러지게 나타난다.

(3) 예절에 관한 성서공부 예화

[훌륭한 아내의 예절]

1. 남편과 자녀에 대해 사랑하는 마음과 자상하고 밝은 표정을 짓는다.

2. 시댁의 조상과 시부모를 효상으로 섬기며, 남편을 존중하고 신뢰한다.

3. 항상 건전한 아름다움으로 자기를 가꾸며, 가족의 건강과 정결에 힘쓴다.

4. 남편의 바깥일에 간섭하지 않으며, 안살림이 완벽해 남편이 걱정하지 않게 한다.

5. 시댁의 형제자매와 일가친척에 성심을 다해 남편이 칭찬받게 한다.

6. 자녀교육에 사랑을 다하며 온 가족이 편안히 해 주부의 역할에 만전을 가한다.

7. 남편이 집에 없더라도 항상 남편이 집에 있듯이 마음으로 존경하고 세심

---

8 출처: http://blog.daum.net/prsik/12841140 2017.4.17.20:34 접속.

한 주의를 기울인다."⁹

이 예화에서 예절을 지키는 훌륭한 아내의 덕목은 앞에서 인용한 설교 예화 "아내의 십계명"처럼 전통적 성 역할과 관련되어 있다. 여기서는 시부모, 시댁 조상, 시댁 형제자매, 일가친척 등을 봉양하고 돌보는 일을 추가하여 전통적인 가족주의의 틀에서 모범적인 여성의 역할을 제시하고 있다. 특히 "남편이 집에 없더라도 항상 남편이 집에 있듯이 마음으로 존경하고 세심한 주의를 기울"이라는 요구는 가족 구조와 가족 관계가 급변하는 현실을 도외시한 내용으로 전통주의의 회귀라 할 만하다.

(4) 음행과 관련된 설교 예화

시집갈 딸을 두고 고민하는 아버지가 계셨다. 사윗감 둘을 놓고 선택의 기로에 서 있는 아버지가 고민하는 모습을 보고 딸이 아버지에게 물었다. "아버지 무슨 고민을 그리하십니까?"
아버지 대답이 "너의 결혼 상대를 선택하는데, 동쪽에 사는 총각은 부자이긴 하지만 인물이 볼품없고, 서쪽에 사는 총각은 인물은 훌륭한데 먹을 것이 없단다"라고 대답하자, 딸이 "아버지 걱정하지 마세요. 동가식 서가숙(東家食 西家宿)하면 되지요"라고 하였다. 여러분은 어떤 사람을 선택하셨습니까? 아니면 어떤 사람을 선택하시겠습니까? 성경에 보면 아브라함의 조카 롯은 비옥한 땅을 선택하여 결국 소돔과 고모라의 불 심판을 보게 되었고, 딸과 음

---

9 출처: http://blog.naver.com/PostList.nhn?blogId=hantaiwan&from=postList&categoryNo=132 2017.4.17.20:42 접속.

행하는 범죄를 하게 되었고(창 13; 9- 11, 창 19장), 나오미의 며느리 룻은 시어머니를 따르는 선택으로 복을 받았다"(룻 1: 8- 22, 룻 4:13- 22).[10]

이 예화가 어떤 맥락에서 음행과 관련된 것인지 언뜻 이해하기 어렵지만, 아브라함의 조카 롯과 나오미의 며느리 룻을 서로 비교하는 맥락에서 음행이 언급되고 있는 것으로 보아 조금 복잡한 코드가 깔려 있다고 볼 수 있다. 이 예화는 아브라함의 조카가 자기 뜻을 내세워 소돔과 고모라를 거주구역으로 선택하여 살다가 결국 음행의 죄를 저질렀다고 묘사한 뒤에 룻이 시어머니 나오미의 뜻에 순종하여 복을 받았다고 묘사하는 것으로 보아, 배우자 선택에서 중요한 것은 여성의 주체적인 결정이 아니라 부모나 (과부였던 룻의 경우에는) 시부모의 의견에 따르는 것임을 강조하고 있는 셈이다. 결혼과 같은 중대사를 놓고서 여성이 주체적인 결정을 고집하는 것을 경계하기 위하여 "음행"의 이미지를 배수진으로 깔아놓은 것이니 이 설교 예화는 매우 전략적인 코드에 따라 배치된 것이라고 볼 수 있다.

(5) 어느 여성 목사의 동성애 문제에 대한 신문 칼럼

고등부의 한 남학생은 직접적인 행위를 한 것은 아니지만 동성인 남자 아이들을 좋아하고 끌린다고 했다. 여자 선교사님 한 분은 중학교 때 여자 담임 선생님에게서 성폭행을 당하고 그것이 지속적인 관계로 이어져 무력감과 방황에 시달렸다고 한다. 누구에게도 말하지 못한 채 힘들어하면서도 그 여자

---

10 출처: http://blog.naver.com/PostView.nhn?blogId=hantaiwan&logNo=400476407
27 2017.4.17.20:52 접속.

선생님에게 배신까지 당하고 가출과 자살 시도로 힘든 시절을 보냈다. 동성애 고백이 이어지니 그동안 말하지 못했던 식구들의 동성애사연이 있는 것을 알게 되었다. 아직 동성애를 끊지 못한 채 교회에 나오고 있는 지체들도 있다. 죄 인줄 알면서도 끊지 못해 괴로워하기도 하고, 동성애는 죄가 아니라고 항변하기도 한다. 그래도 교회 공동체를 떠나지 않고 있다는 것이 감사하고 소망이 있다고 생각한다.

이런 문제들이 00교회에만 있겠는가. 다른 곳에서는 드러내지 않는 문제를 우리는 드러내놓고 이야기할 뿐이다. 인간의 죄를 언급하지 않고는 예수 그리스도의 십자가 죄 사함도 전할 수 없다. 먼저 교회 공동체 안에서 죄를 고백하고 드러내야 한다. 가장 무서운 것은 죄를 죄로 여기지 않는 것이다. 로마서 1장에 등장하는 21가지 죄의 목록에서 사도 바울은 제일 먼저 성범죄를 언급하고 그 중에서도 동성애에 대해서 두 절이나 기록하고 있다. 그때 뿐 아니라 지금 세상에서도 동성애가 가장 심각한 죄로 여겨지는 것은, 사람들이 동성애를 죄가 아닌 개인적인 기호(嗜好)의 문제로 합리화하고 있기 때문이다. 병에 걸려도 아픔을 느끼지 못하면 치료할 기회를 놓치고 죽어가는 것처럼 동성애를 죄로 여기지 않는 분위기 때문에 우리의 자녀, 배우자, 형제들이 쉽게 동성애에 노출되고 있다.

남의 일로만 여겨서는 안 된다. 교회 안에도 동성애로 병든 사람들이 있다는 것을 기억해야 한다. 그들을 고치고 돌이키실 분은 하나님밖에 없다는 것을 알고 교회가 그들을 품어야 한다. 죄를 죄로 인정하고 고백할 때 죄의 세력은 힘을 잃는다. 지금 동성애에 빠져있다면 그것이 죄라는 것을 인정하고 하나님께로 들고 나아가자. 나에게만 있는 일이라고 생각하지 말고 믿음의 공동체 안에서 고백하자. 그래서 개인의 선택에 의한 멸망 받을 자유가 아닌, 예수 그리스도의 보혈로 인한 참 자유를 누리게 되기를 간절한 마음으로 기

도드린다. (2006.9.22.)[11]

사회적으로 문제가 되고 있는 동성애에 대한 칼럼을 쓴 이 여성 목사는 성서를 인용하여 동성애를 죄로 규정하지만 동성애자들의 교회 참여를 수용하는 입장을 취하고 있다. 그들이 지은 죄를 용서받아야 하기 때문이다. 이 여성 목사에게는 동성애자들이 "죄를 죄로 인정하고 고백"하는 것이 중요할 뿐, 그들이 커밍아웃한 뒤에 당하는 사회적 억압과 차별에 대해서는 한 마디 언급이 없다. 이 칼럼은 동성애자들이 "개인의 선택에 의한 멸망 받을 자유"로 "병든" 사람이라고 암시하고 있는데, 이것은 이 칼럼에서 나타나는 성 담론의 한계라 할 것이다.

실용주의 유형의 설교에는 다음과 같이 설교자가 성적 상상력을 자극하는 표현들을 남발하면서 성적 타락을 정죄하는 것도 포함된다.

(6) 설교(일부)

특히 다른 죄보다도 음행 죄는 좀 더 큽니다. 다른 죄는 모두 몸 밖에서 짓는데 음행만은 자기 몸으로 짓는 죄이고… 나도 죽고 너도 죽고 거기다가 자손까지 죽이는 삼박자로 망할 짓입니다… 여자들도 몸 빼앗기고 빈 병 신세 되지 마십시오. 빈 병 되면 엿장수 밖에는 갈 데가 없습니다. 왜 남자들이 유혹하는지 아십니까. 아직 따지 않은 콜라이기 때문에 그렇습니다… 얼마 전 신문을 보니까 프랑스 남자의 평균 섹스 대상이 17명이라고 합니다. 평균이 이

---

11 출처: http://home.woori.cc/ 2017.4.17.21:07 접속.

정도이니 소위 플레이보이들은 몇 명이나 되겠습니까.[12]

이 설교는 음행의 죄가 끼치는 폐해를 강조하고 경고하는 메시지를 담고 있지만, 여성에 대한 심각한 성차별적 언어와 성을 수치스럽게 여기게 만드는 은유법을 사용하고 있다. 호기심과 감각을 자극하는 화법으로 여성의 몸 단속을 강조하고 성 관계를 폄하하는 데 그치지 않고, 이를 종교적 죄와 연결하여 성 인식을 왜곡하기까지 한다. 여성을 성적인 유혹자로 묘사하는 일반적인 관행과는 달리 이 설교는 남성을 유혹자로, 여성을 "몸 빼앗기고 빈 병 신세"가 되는 피해자로 표현하고 있다. 하지만 성폭행을 비판한다기보다는 오히려 성폭행 당한 여성을 쓸모없는 "빈 병"으로 비유하여 여성의 가치를 극도로 폄훼하고 있다.

성폭행을 위시하여 목회자가 저지르는 성적 탈선은 복잡한 양상을 보인다. 직위와 정보를 가진 가해자인 목회자는 자신을 합리화하기 위해 피해자를 신뢰할 수 없는 거짓말쟁이 내지 믿을 수 없는 사람으로 비난한다. 이에 대한 사후 처리도 목회자의 성적 탈선 여부가 규명되지 않은 채, 목회자에 대한 임면권을 가지고 있는 노회는 범죄한 목회자를 방치하거나 아무런 처벌도 내리지 않은 채 다음 사역지로 옮기도록 하는 것으로 사건을 마무리한다.

성폭행 문제를 다룰 때에는 인간의 "죄와 허물"을 덮어주고 그리스도가 우리를 위해 "희생하신 사랑"을 내세워 "용서의 신학"을 강조하는 것이 능사가 아니다. 개교회와 노회는 수많은 희생자들의 고통

---

12 출처: 기독교윤리실천운동 〈목회자와 성〉 심포지움 자료집, 2012.10.15.

에 진지하게 응답하고 앞으로 발생할 잠재적 희생자들과 그들의 가정을 염두에 두고 후속 처리에 임해야 한다.

3) 도덕주의 유형

이 유형은 전통적인 성 도덕에 종교적 권위를 부여함으로써 성의 정치학을 강화하는 특성이 있다.

(1) 설교 "사랑과 헌신"(일부)

며느리가 시어머니를 이처럼 사랑하고 따르겠다는 것, 나는 룻 이외에는 별로 본적이 없는 것 같아요. 대단한 여자입니다. 어머니가 가시는 곳에 나도 간다. 어머니가 머무는 곳에 나도 머물겠습니다. 어머니 백성이 내 백성이 되고 어머니 하나님이 나의 하나님이 되고 어머니께서 죽으시는 곳에 나도 죽고 어머니가 묻히는 곳에 나도 묻히리니 죽는 일 이외에 어머니를 떠나지 않으리라. 자기의 민족도 자기의 친족도 심지어 자기의 종교도 다 버리고 어머니를 따라 가겠다는 사랑의 고백을 한 것입니다. 그러므로 이 룻이 어머니를 따라서 모압 땅에서 고향땅으로 돌아와서 어머니를 섬기는 소문이 온 지역에 다 퍼져서 사람들마다 비록 이방인이었지만 룻을 칭찬하고 찬양했습니다. 그런데 어머니를 섬기기 위해서 룻이 보리밭에 가서 보리를 베는 사람들 뒤에 들어가서 이삭을 줍는데 그 보리밭이 보아스라는 아주 유능한 부잣집 보리밭이었습니다. 보아스는 부자일 뿐 아니라 나이 먹은 총각이에요. 허허허. 그래서 그 시어머니가 작전 계획을 짜서 보아스에게 룻이 나아가도록 잘 타일러서 룻하고 보아스하고 서로 사랑하게 되고 눈이 맞아서 결혼하게 되었습니다. 보아스는 굉장한 부잣집이니까 부잣집 부인이 되었는데 그것이 보아스는 그 아들을 오벳을 낳았고 오벳은 다윗의 조부 결국 예수님의 조상이 되었습니다. 룻은 시어머니를 잘 공경하여 믿음과 사랑으로 승리한 여인이었고 예수님의 조상이 되는 영광을 얻었습니다. 이방인이 유대인도 아닌데 예수님의 조상의 혈통으로 하나님이 선택한 것은 룻이 그 시어머니를 사랑한 그 절절한 사랑에 하나님조차 감동한 것입니다. 믿음 소망 사랑 이 세 가지는 항상 있을 것인데 그 중에 제일은 사랑이 제일이라고 한 것입니다.[13]

이 설교는 가족 관계의 도덕성을 강조하고 있다. 특히 시어머니에게 순종하는 며느리의 행위가 "하나님조차 감동"하게 만든 사랑이라고 표현한다. 룻은 믿음과 사랑으로 승리한 여인이 되었는데 그 이유는 시어머니를 잘 공경하고 따랐기 때문이다. 시어머니가 정한 남자와 시킨대로 성 관계를 맺고 아들을 낳은 것이 룻에게 칭찬과 찬양, "부잣집 부인"이 되는 결과를 가져왔다는 것이다. 가정에서 시부모를 공경하고 아들을 출산하는 일은 전통적인 여성의 역할이지만, 이 설교는 그러한 성 역할이 하나님을 감동시키는 사랑의 행위라고 미화하고 있다. 그렇게 함으로써 전통적인 성 역할이 시대를 초월하여 모든 여성들에게 부여되어야 할 보편적인 규범인 것처럼 주장하고 있다. 이러한 주장은 성 역할의 변화가 절실하게 요청되는 오늘의 상황에서 분명 시대착오적인 것이지만, 교회 여성들로 하여금 전통적인 성 역할에 머물도록 통제하는 효과를 갖고 있다는 것을 중시할 필요가 있다

---

13 출처: http://www.fgtv.com/fgtv/f1/WF1_1.asp?shType=4&code=10&mm= 2013.2. 20. 접속.

(2) 설교 예화 "사랑과 헌신"(일부)

많이 안아주라는 것입니다. 미국에서 조사한 결과 가출 소녀의 90% 이상이 아버지와의 접촉 결핍증 환자이며, 미혼모의 70% 이상이 아버지의 부재 속에서 성장한 여성임이 밝혀졌습니다. 특별히 여자아이는 야단을 맞으면 마음의 상처를 쉽게 받아 부모를 향해 마음 문을 닫게 되는데, 이럴 때 남자아이의 유혹에 더욱 쉽게 무너진다고 말하고 있는 것입니다. [14]

이 예화는 가정 내 아버지 역할을 강조하면서 아버지가 부재한 가정의 문제를 부각시킨다. 아버지와 접촉이 적으면 그 딸은 가출하거나 미혼모가 될 확률이 높다. 90%, 70%로 수치화된 언술은, 그 진위를 떠나서라도, 아버지가 부재한 가정의 문제가 심각하다는 것을 강조하는 효과가 있다. 또한 여자아이들이 야단을 맞으면 성적 유혹에 취약해 진다고 하면서 이를 미혼모 증가와 결부하고 있다. 미국에서의 조사 결과를 내세우고 있는 이 설교는 소녀들의 가출과 미혼모 증가가 부녀 관계와 밀접한 관계가 있다고 그 인과관계를 극도로 단순화하는데, 이것은 여성에 대한 남성의 보호가 필요하다는 것을 강력하게 암시하는 코드로 읽힌다. 더 나아가 아버지의 보호와 사랑이 부족한 여성은 성적 유혹에 약하고 도덕성도 낮다고 암시하는데, 이것은 전형적인 가부장적 사고방식에 뿌리를 박고 있는 유사-도덕주의적 설교의 한 전형이라고 볼 수 있다.

---

[14] 출처: http://www.fgtv.com/fgtv/f1/WF1_1.asp?shType=4&code=10&mm= 2013.2. 20 접속.

(3) 설교 "사랑의 수고"(일부)

다른 사람이 관심을 가지는 것은 여러분이 얼마나 사랑을 베풀어 주는가에 관심을 가지고 있는 것입니다. "아~ 나는 유명한 인사다. 나는 큰일을 성취했다. 나는 존경받는 사람이다"라고 으스대면서 자기 부인에게 "나를 존경하라"라고 해도 부인이 관심을 갖는 것은 남편의 사랑에 관심이 있지 남편이 얼마나 유명하고 박식하고 존경을 받는가? 거기에 관심이 있는 것이 아닙니다. 아내도 마찬가지입니다. 자기가 매일같이 거울보고 치장하고 눈썹을 그리고 입술 그리고 연지곤지 찍고 아름답게 하고 이렇게 있으면 나를 사랑하겠지…. 남편이 관심을 갖는 것은 아내의 예쁜 것에 대한 것이 아닙니다. 예쁜 부인하고 결혼한 사람들은 내 말을 들어 보세요. 여섯 달만 지나면 예쁜지 안 예쁜지 모릅니다. 진짜에요. 남편이 아내에게 관심을 갖는 것은 지속적인 아내의 사랑에 관심을 가지고 있는 것입니다. 얼마나 맛있게 음식을 만들어 주며 집안을 깨끗이 정리정돈하고 어린 아이들을 잘 돌보아주고 남편을 사랑해 주느냐. 거기에 관심이 있는 것입니다.(…)

지난 달 가정과 상담이라는 잡지에 이런 기사가 나왔습니다. 그 내용에 따르면 오늘날 증가하는 가정파탄의 원인 가운데 하나가 가정주부들이 술주정뱅이가 된다는 것입니다. 알코올중독자가 된 가정주부가 너무나 많다는 것입니다. 국민보건조사에 의하면 지난 1998년 3.1%에 불과하던 주부 알코올 의존자 환자가 2001년 10.5%로 세배나 늘어나서 그 숫자가 약 55만 명에 이른다고 합니다. 그들은 대개 남편과의 갈등이 심해서 마음에 괴롭고 사랑의 공허를 채울 수가 없어서 술로써 그 마음에 공허를 채워서 기어코 알코올 중독자가 되고 난 다음에는 남편에게 버림당하고 자식들에게 소외당하고 가장 외롭고 비천한 존재가 되고 마는 것입니다. 그런가 하면 요즘 법은 또 매 맞는 남편으로 인한 소송이 증가하고 있습니다. 옛날에는 매 맞는 여성들이 많아서 소송이 많았는데 요사이는 여성의 파워가 커지면서 매 맞는 남자들이 날로 늘어가고 있습니다. 못난 남자지요. 그러나 맞는 것은 어떻게 할 도리가 없어요. 때리는 것을 어떻게 합니까? 지난 2002년에는 161건이던 것이 2004년에는 매 맞는 남편이 205건으로 남편을 보호하기 위한 판결문이 증가되어 가고 있는 것입니다. 일찍이 웩웩 우는 아내에게 사랑의 물을 잔뜩 먹였으면 아내에게 매를 안 맞지 왜 매 맞을 때까지 기다립니까?[15]

이 긴 설교 인용문은 두 부분으로 이루어져 있다. 앞부분은 부부 관계에 필요한 아내의 사랑과 남편의 사랑을 말하고, 뒷부분은 가정 문제로 아내의 알코올 중독과 남편에 대한 구타를 언급한다. 부부의 사랑은 다양한 의미를 지니고 있는데, 이 설교의 앞부분이 피력하는 부부간의 사랑은 고정된 성 역할에 바탕을 두고 있다. 아내가 남편에게 바라는 것은 오로지 사랑이고, 남편이 아내에게 바라는 것은 요리, 청소, 육아, 사랑이라고 하는데, 여기에는 전통적인 성 역할이 반영되어 있다. 더욱이 이 설교가 언급하는 사랑이 무엇을 의미하는지 구체적인 설명이 없다.

이 설교의 뒷부분이 묘사하고 있는 알코올 중독과 가정 폭력은 전통적인 가정에서 벌어지는 것과 정반대되는 상황이다. 전통적인 가정에서 음주는 남성의 일이고, 가정 구타의 주요 대상은 여성이었는데, 이 설교는 음주하는 여성과 매 맞는 남편에 초점을 맞춘다. 이 설교는 알코올에 중독된 아내를 "가정파탄의 원인"으로, "남편에게 버

---

15 출처: http://www.fgtv.com/fgtv/f1/WF1_1.asp?shType=4&code=10&mm= 2013. 2. 20 접속.

림당하고 자식들에게 소외당하고 가장 외롭고 비천한 존재"로 표현하고, 매 맞는 남편을 "여성의 파워"에 휘둘리는 "못난 남자"로 표현하고 있는데, 이러한 극적인 화법을 통하여 이 설교는 가정주부의 음주를 가정파탄의 원흉으로 낙인찍어 도덕적으로 비난하고, 연민을 불러일으키는 남편 구타가 여성의 파워 신장에서 비롯되었음을 지목하여 전통적인 성 역할의 역전을 가져온 여권 신장을 비난하고 전통주의적 대응의 정당성을 내세운다.

생물학적 성에 기반을 둔 성 역할은 특정한 문화에서 형성된 사회문화적 기대를 반영한다. 성별에 따라 기대되는 행동이나 태도가 문화마다 다르게 형성된다는 점을 염두에 두고 보면 성 역할은 고정불변한 것일 수 없다. 그럼에도 불구하고 가부장제 전통에서 형성된 성 역할을 변할 수 없는 삶의 원리로 생각하는 경향은 그 뿌리가 깊다. 그 결과 전통적 성 역할에 대한 문제 제기나 도전이 증가하는 현대 사회에서 성 역할 고정관념은 종종 갈등과 불화의 원인이 되고 있다.

성 역할에 대한 고정관념은 성별에 따라 특정 행위나 역할이 배타적으로 분배되어 있다고 믿는 개념이다. 가부장제 문화는 가부장제 특유의 성 역할을 고정화하고 이를 시대를 초월한 보편적 개념으로 주장하지만 가부장적 성 역할 고정관념은 가부장제 역사의 산물로 인식해야 한다. 이런 점에서 앞에서 인용한 설교는 탈가부장제 문화가 확산되고 있는 오늘의 상황에 저항하면서 전통주의를 강화하려는 의도를 숨기지 않고 있는 것으로 평가된다.

(4) 설교 "행복한 가정 만들기"(일부)

성경 에베소서 5장 21절로 24절에는 "아내들이여 자기 남편에게 복종하기를 주께 하듯하라 이는 남편이 아내의 머리됨이 그리스도의 교회에 머리됨과 같음이니 그가 친히 몸의 구주시니라 그러나 교회가 그리스도에게 하듯 아내들도 범사에 그 남편에게 복종할지니라." 이렇게 말하고 있는 것입니다. 아내가 남편에 대한 의무는 세월이 흘러가고 아무리 남녀의 교육수준이 향상되고 남녀의 권리가 동등하다고 할지라도 가정에서만은 하나님이 만드신 질서를 분명히 지켜야만 되는 것입니다. 하나님께서는 아내부터 먼저 불러서 행복한 가정 만들기를 위한 교훈을 하고 계신 것입니다. 아내들에게 하나님께서 말씀한 것은 아내들이 남편에 대해서 존경의 의무를 가지고 있다고 말한 것입니다. 남편을 귀하게 생각하고 남편을 존경해야 된다는 것입니다. 오늘날 많은 가정이 파괴되고 비참하게 이혼하게 되는 것은 부부간에 서로 멸시하고 천대하고 무시하기 때문인 것입니다. 많은 오늘 여성들이 교육을 받고 훌륭한 사회인이 되었지만은 그와 반대급부로 남편을 무시하고 천히 여기고 멸시하는 그러한 심성을 가진 사람들이 대단히 많습니다. 그러므로 말미암아 그 마음속에 존경심이 없어지기 때문에 가정에 화평히 이루어지지 못하고 선한 대화가 이루어지지 못하고 결국 파괴되는 일들이 많은 것입니다. 아내의 의무는 어떻게 하든지 하나님 앞에서 어떠한 환경이든지 남편을 존귀하게 여기고 귀하게 대접을 해야 되는 것입니다. 여러분 우리 물건도 귀한 물건은 우리가 혹시 상처가 날까 그렇지 않으면 깨어질까 아주 귀하게 잘 받들고 천한 것은 아무 데나 던져버리지 않습니까? 남편을 귀하게 여기면 남편의 모든 일거수일투족을 존경하고 귀하게 대접을 하는 것입니다. 밥도 따뜻하게 해주고 옷도 잘 간수해서 입혀주고 잠자리도 잘 정돈해주고 생활을 아주 잘 돌보아주는 정성이 들어가는 것이 귀한 것입니다. 정성을 들이지 않고 너는 너대로 나는 나대로 마음대로 살지 뭐 그렇게 하는 것은 아내의 의무를 다하지 못하는 것입니다. 그리고 아내는 또한 남편에게 복종의 의무가 있습니다. 베드로전서 3장 1절로 6절로 보면 "아내된 자들아 이와 같이 자기 남편에게 순복하라 이는 혹 도를 순종치 않은 자라도 말로 말미암지 않고 그 아내의 행위로 말미암아 구원을 얻게 하려 함이니 너희의 두려워하며 정결한 행위를 봄이라 너의 단장한 머리를 꾸미고 금을 차고 아름다운 옷을 입는 외모를 하지 말고 오직 마음에 숨은 사람을 온유하고 안정하고 심령의 썩지 아니한 것으로 하라 이는 하나님 앞에서 갚진 것이니라 전에 하나님께 소망을 두었던 거룩한 부녀들도 이와 같이 자기 남편에게 순복함으로 자기를 단장하였나니 사라가 아브라함을 주라 칭하여 복종한 것같이 너희가 선을 행하고 아무 두려운 일에도 놀라지 아니함으로 그의 딸이 되었느니라"라고 말하고 있는 것입니다. 남편과 아내의 관계는 아내는 남편을 존경하고 그리고 가정생활에서 남편을 머리로 삼고 리더로 삼고 복종하는 그런 위치에 놓여 있는 것입니다. 뭐 너와 나와 똑같은 인권을 가졌는데 내가 너에게 복종할 것이 무엇이냐 이러한 태도로 나오면 가정은 파괴되고 마는 것입니다. 언제나 하나님이 세운 가정은 남편은 머리고 아내는 수족인 것입니다. 그러므로 남편에게 복종해야 될 의무가 있습니다. 제가 결혼주례를 많이 하는데 어느 날 결혼 주례를 하면서 이제 제가 마지막 결혼서약을 합니다. 신랑과 신부는 하나님 앞과 부모님과 중인 앞에서 지금 악수한 상대가 합법적인 부부인 것을 시인합니까? 그러니까 부인이 먼저 "예" 하고 그 다음 남편이 두 번째 "예" 합니다. 그래서 순서가 틀렸다 남자가 먼저 "예" 하고 그리고 부인될 사람이 그 다음 "예" 하라 그 다음 제가 말했습니다. 병들 때나 건강할 때나 좋을 때나 어려울 때나 부할 때나 가난할 때나 서로 사랑하고 존경하여 일정한 부부로서의 대의와 정조를 끝까지 지키기로 약속합니까? 그러니까 부인이 또 먼저 "예" 하고 또 남편이 그 다음에는 "예" 합디다. 허허 시작부터 벌써 이렇게 순서가 바뀌면 나중에 어떻게 하려고 하느냐? 그렇지 않더라도 세월이 흘러가면 부인의 힘이 점점 강해져 가지고서 남편을 지배하는데 출발부터 부인이 먼저 리드를 하면 안 된다 순서를 바꾸지 마라 자 성경에 손을 얹고 기도하자 그러니까 부인이 남편 손을 딱 땅겼다가 얹고 그 위에 자기가 손을 딱 얹습니다. 내 그래서 큰일났다 이제 출발부터 박살이다. 제가 그렇게 말한 적이 있습니다만 하나님이 정한 순서는 여러분 절대로 파괴되면 안됩니다. 그것은 하나님이 가정을 세울 때 하나님께서 그렇게 섭리했기 때문에 이와 같은 순서가 바뀌어지면 하나님의 축복이 떠나게 되고 그 다음 마귀가 와서 무서운 공격을 가합니다. 왜냐하면 마귀는 언제나 하나님이 만드신 순서를 뒤엎어 놓으려고 하기 때문인 것입니다. 그렇기 때문에 아무리 부인이 교육을 많이 받고 현명한 부인이라도 언제나 남편을 존경하고 그리고 남편에게 복종할 의무와 책임을 하나님 앞에서 가지고 있다는 것을 알아야 되는 것입니다. 그뿐 아니라 아내는 돕는 배필의 의무를 가지고 있는 것입니다. 돕는다는 것은 참으로 힘든 것입니다. 도움을 받는 자보다도 돕는 자가 더 실력이 있고 더 능력이 있어야 됩니다. 그러기 때문에 하나님께서는 아내를 돕는 배필로 만들었음으로 아내에게 많은 지혜와 지식과 총명과 달변을 주었습니다. 여성들이 남자보다 훨씬 말을 잘합니다. 나는 여태까지 삼십 년을 우리 집사람하고 살았지만 은 말을 해서 이겨본 적이 한 번도 없습니다. 요사이에는 아예 말 시작하면 다투지 않으려고 하는 것은 해봤자 집니다. 그래서 제가 늘 생각했습니다. 강단에 서있으면 설교도 꽤 잘하는데 사람들하고 대중 앞에서 이야기를 하면 잘하는데 아내하고 말만하면 왜 혀가 딱 천장에 들러붙어 말이 안 나오고 자꾸 더듬거리고 논리가 서지 않는데 왜 그럴까? 그래서 보니까 미국의 어느 저명한 의사가 연구한 결과를 보니까 하나님께서 벌써 사람을 만들 때 남자는 한쪽 머리 신경만 통해서 말을 하고 여자는 언어 신경 양쪽 머리를 다 쓴 대요. 그러므로 언어구사력이 남편보다 두 배나 많다 그러니까 아예 남편된 여러분 부인하고 다투려고 꿈도 꾸지 마십시오. 출발부터 벌써 실력이 모자랍니다. 그건 왜냐 하나님께서 남편을 잘 공경하기 위해서 아내에게 그만한 실력을 넣어 주었습니다. 그래야 말을 잘해야 그 말을 통해서 영적으로 남편에게 기도도 할 줄 모르는 남편기도도 해주고 인도해주고 성경도 같이 공부하고 가르치고 교회 안 갔던 남편 허리춤을 잡고서 끌어 댕겨서 교회 데리고 오고 그것이 아내가 하는 일인 것입니다. 요사이 구원받은 남편 치고 아내가 끌어오지 않은 남편 어디 있습니까? 거의 없습니다. 영적으로 돕는 배필이고 정신적으로 아내는 또한 말로서 위로하고 격려하고 용기를 주고 힘을 줍니다. 남편들은 좀 낙심을 잘하지요. 그러나 부인들이 돕는 배필로서 끊임없이 용기를 주고 희망을 주고 힘을 주고 능력을 줍니다. 이 세상에 가장 무서운 송사가 베갯머리 송사라 그럽니다. 부인이 집에 들어와서 베갯머리에서 남편에게 속삭속삭 속삭여 놓으면 이건 별도리 없이 형제간도 깨어지고 부모 자식간의 사랑도 깨어지고 이웃간에도 깨어집니다. 이러므로 무슨 부탁을 할지라도 그 집에 가서 사모님에게 부탁을 해야 통과가 되지 다른 사람에게 부탁해 봤자 소용이 없습니다. 사모님이 베갯머리에서 속삭속삭 하는 것은 남편이 아무리 안 해! 안 돼! 그래도 속으로 다 듣고 나중엔 시킨 그대로 하게 되는 것입니다. 이러므로 돕는 배필의 직무라는 것이 얼마나 중요한지 모릅니다. 그 다음 생활면에서도 끊임없이 남편이 부족한 점을 도와주어야 남편이 온전한 남편 아버지 사회인이 될 수가 있습니다. 언제나 이 세상에 훌륭한 남편 뒤에는 훌륭한 부인의 도움이 있었다는 것을 우리는 알 수 있는 것입니다. 그러할 뿐 아니라 그 부인은 따뜻한 가정의 분위기를 만들 책임이 있습니다. 남편이 이 세상에서 생존 경쟁에 지치고 피곤해서 집에 올 때 집이 따뜻한 아늑한 분위기로서 품어주어서 모든 스트레스를 해소해야 되는 것입니다. 집안의 치장도 정말 아늑하게 하고 화분도 좀 갖다놓고 꽃도 좀 치장해놓고 분위기가 아주 화목하도록 살벌한 생존 경쟁지하고는 너무 틀리도록 만들어야 되는 것입니다. 그리고 활짝 웃는 웃음, 따뜻한 말, 그리고 맛있는 보글보글 끓는 된장찌개, 구미에 맞는 김치, 그리고 별미 이러한 것으로 준비해서 밥상을 만들어놓고 가정에 분위기가 정말 따뜻하게 언제나 집으로 빨리 돌아오고 싶은 그러한 분위기를 만들 의무와 책임이 아내에게 있는 것입니다. 아내가 그렇게 의무와 책임을 다하지 아니하고 가정을 살벌하게 내버려놓고 황폐하게 만들어 놓으면 남편들이 집에 돌아오려고 하지 않는 것입니다. 집에 가봤자 살벌하고 황폐하고 외롭고 차고 고통스러우니 그냥 세상에서 돌아다니면서 술집에서 술집으로 돌아다니고 친구하고 어울려 다니다가 나중에 늦게 집에 돌아가야지 이렇게 할 때가 많은 것입니다. 이러므로 행복한 가정 만들기에는 훨씬 남편보다도 아내의 책임이 큽니다.[16]

이 인용문은 기독교 가정의 도덕률을 일상생활과 연결하여 서술된 가정설교의 한 모델이다. 설교는 행복한 가정을 만드는 책임이 아내에게 있다는 것을 강조한다. 오늘처럼 가정 해체가 증가하는 시기에 아내가 맡은 책임은 막중하고, 그 책임은 하나님이 주신 것이라 거역할 수 없다는 것이다. 이런 점에서 이 설교는 '가정에 대한 아내의 의무와 책임'이 여성에게 부여된 일반적인 과제라기보다 신자

---

[16] 출처: http://www.fgtv.com/fgtv/f1/WF1_1.asp?shType=4&code=10&mm= 2013. 2. 20 접속.

에게 위임된 하나님의 일임을 부각시킨다.

문제는 그 내용과 방법이다. 이 설교가 인용하고 있는 에베소서 5장과 베드로전서 3장은 남편에 대한 아내의 복종을 주제로 삼고 있다. 설교자는 성서를 인용하면서 남편에 대한 아내의 복종은 시대의 변화, 인권 신장, 여성교육의 확산 등 그 어떤 조건의 변화에 의해서도 변할 수 없는 "하나님이 만드신 질서," "순서를 정한 하나님의 섭리"라고 강변한다. 이 "하나님의 섭리"를 어기고 하나님이 정한 순서를 바꾸면 "하나님의 축복이 떠나고," "마귀가 와서 무서운 공격"을 하게 된다. 그리고 사람들이 이 질서를 따르지 않기 때문에 오늘날 가정 파괴와 이혼이 증가하고 있다는 것이다.

그러나 남편에 대한 아내의 순종을 종교적 규범으로 강력하게 선포한 설교자도 "세월이 흘러가면 부인의 힘이 점점 강해져 가지고서 남편을 지배"하게 되는 현실을 마냥 외면하지는 못한다. 그 대안으로 제시되는 것이 남편을 위해 여성의 우월한 능력을 사용하는 것이다. "지혜와 지식과 총명과 달변" 같은 능력은 여성의 노력으로 얻은 것이 아니라 하나님이 주신 선물이기에 그 능력은 하나님의 뜻에 따라 반드시 남편을 돕는 목적으로 사용해야 한다는 것이다. 그런데 아내들은 그 능력을 오용하여 "베갯머리송사"를 일삼는다. "속닥속닥" 속삭이면 부모, 자식, 형제, 이웃 등 그 어떤 관계도 분열을 면치 못한다. 설교자는 여성의 힘을 인정하면서도 그 힘을 오용해서 나타나는 분열이 전적으로 여성의 책임이요 죄라고 암시한다. 베갯머리송사의 결과에 대한 남편의 책임은 전혀 거론되지 않고 은폐되기 때문이다.

마지막으로 설교자가 호소하는 것은 경쟁과 스트레스에 지친 남편에 대한 아내의 배려다. 이는 편히 쉴 수 있도록 집안을 만드는 살림인데 이 의무와 책임이 제대로 이루어지지 않으면 남편은 술이나 다른 데 마음을 붙인다는 것이다.

이렇게 세 단계로 아내의 역할을 강조하는 것은 한국교회의 전형적인 가부장적 가정설교의 모델이다. 시대와 삶의 자리를 초월해서 성서에 기록된 대로 아내의 복종을 요구하는 것은 급변하는 가족 변화에 대한 근본주의적 대응이다.

(5) 어느 여성 목사의 신문 칼럼

음부의 권세는 죄, 슬픔, 죽음이라고 할 수 있다. 누구도 예외가 없다. 결혼생활 20년을 맞는 엘리트 P집사는 하나님을 몰랐던 처음 11년 동안 이 모든 것을 겪으며 결혼생활에서 빠져나갈 구멍을 열심히 뚫었다고 한다. 첫아이를 낳은 후, 남편은 걸핏하면 술에 취해 들어왔고, 그때마다 와이셔츠에 화장품 자국이 번져 있었다. 배신감을 견딜 수 없었던 집사는 그때부터 이혼의 구멍을 뚫기 시작했다. 날마다 "이혼하자"라는 말로 남편을 괴롭히다가 드디어 법정에서 합의 이혼 판결까지 받고 왔는데 남편은 위자료를 못 주겠다고 했다.

능력 없는 P집사는 "이혼해서 돈 없이 사느니 그냥 살자" 하고 주저앉았고 다른 방법으로 자살의 구멍을 뚫기 시작했다. 아파트에서 뛰어내리려고도 해보고, 약도 먹어보고, 술에 취해 운전도 했지만 결과는 죽음 대신 면허취소였고, 죽기도 어렵지만 사실은 자신이 죽고 싶지 않다는 것을 깨달았다. "남편만 없으면…" 하는 생각으로 1년 동안 남편 죽이기 구멍을 뚫었다. 음주운전으로 두 번의 큰 교통사고도 났지만 차만 죽어서 오고 남편은 멀쩡히 살아

왔다. "남편은 내 남자가 아니다. 생활비 주는 것으로 만족하고 살아보자."
그렇게 자포자기의 구멍을 뚫고 나니 거기엔 사랑도 없고, 싸움도 없었다고
한다.

그러나 하나님은 집사의 포기를 살아날 구멍으로 바꿔주셨다. 증권회사 직
원이던 남편이 3일 만에 수십억 원의 돈을 잃고 사글세로 간 사건은 하나님
의 은혜였고 일생의 축복이 되어서 남편과 함께 말씀을 들으며 서로를 용서
하고 지금은 모두가 부러워하는 교회의 일꾼으로 부부가 함께 섬기고 있다.
왕하 25장, 우상숭배에 빠진 이스라엘을 돌이키기 위해 바벨론 군대가 예루
살렘 성을 에워쌌을 때 기근을 견디지 못한 시드기야 왕은 성벽에 구멍을 뚫
는다. 살아보겠다고 열심히 구멍을 뚫고 나왔지만 시드기야의 결말은 아들
들이 목전에서 죽고, 두 눈을 뽑히는 처참한 죽음이었다. 우리의 결혼생활도
숨조차 쉴 수 없는 어려운 문제들로 둘러싸여 있다. 어떻게든 도망치고 싶어
서 이혼으로, 가출로, 쾌락으로 구멍을 뚫어보지만 거기에는 가정의 파괴라
는 슬픈 결말만이 있을 뿐이다. 돈이 우상이고, 배우자와 자녀가 우상이고,
출세가 우상이었기 때문에 지금의 고난이 왔다는 것을 인정해야 한다. 세상
으로 구멍 뚫기 그만하고 예배와 큐티와 기도로 음부의 권세를 뚫고 나가자. 나
혼자만이 아니라 온 가족이 살아날 생명의 길을 열어주신다. (2006. 09. 15)[17]

이 칼럼에서 여성 목사는 남편의 향락과 외도 때문에 고통을 받았
던 아내가 이혼, 가출, 쾌락으로 가정 위기를 초래한 것을 '우상 숭배'
의 죄로 규정한다. 남편의 방탕한 성 생활도 아내가 그 원인을 제공
한 것으로 본다. "온 가족이 살아날 생명의 길"을 위해 여성은 자신
의 이기적인 목적을 포기하고 본연의 본분을 지켜야 하는 것이다.

---

[17] 출처: http://home.woori.cc/ 2017. 4. 17. 21:25 접속.

바로 이것이 가정폭력의 희생자인 여성에게 여성 목사가 주는 말씀
이기에 주목할 만하다.

　여성신학자들은 성폭력의 근원이 기독교 신학과 교회론의 위계
적 이원론에 있다고 본다. 그들은 이 위계적 권력관계에 기반을 둔
교회 전통이 권력의 남용을 허용하고 여성이 폭력의 희생자가 되는
것을 용인한다고 비판한다. 이러한 위계적인 교회가 혁신되지 않고
서는 여성들은 성폭력의 희생과 불안으로부터 벗어나기 어렵다. 위
계적 권력 질서를 옹호하는 교회는 남성들에게 타락한 성생활에 대
한 성찰을 요구하기는커녕 이와 관련된 여성들에게 도덕주의적 잣
대를 들이대기만 한다. 교회의 전통적인 성 담론에서 여성이 사악한
유혹자, 죄와 죽음의 근원으로 여겨져 왔음을 되돌아본다면, 교회의
도덕주의적 성 담론이 여성의 도덕능력에 대한 의심과 경계로 점철
되고 있는 것도 전혀 기이한 일은 아닐 것이다.

(6) 어느 여성 목사의 신문 칼럼

가정폭력에 대한 관심이 늘어나면서 매 맞는 아내와 아이들의 이야기가 방
송과 뉴스에 끊임없이 등장하고 있다. 남의 이야기가 아니라 우리 교회에도
매 맞는 고난으로 찾아오신 분들이 있다. 남편에게 맞아서 턱뼈와 코뼈가 주
저앉았다는 J집사님은 어느 날은 칼로 뒷목을 찔린 적도 있다고 한다. 머리
카락이 뽑히고 피가 낭자한 폭력의 현장을 시댁 식구들이 목격하기도 했지
만 남편의 무서운 혈기는 누구도 막을 수 없었다.

집사님이 겪었을 고통과 두려움을 생각하니 가만히 앉아서 듣는 것도 힘이
들었는데 집사님은 편안한 목소리로 이런 고백을 했다. "제가 아는 집사님

중에 저보다 더 심하게 맞는 분이 있어요. 그런데 그분이 새벽마다 교회에 가서 남편의 와이셔츠를 꼭 껴안고 불쌍한 남편의 영혼을 구원해달라고 기도해요."

남편에게 밤새 매를 맞고도 새벽이면 남편의 와이셔츠를 끌어안고 눈물로 기도하는 부인을 보며 J집사님은 충격을 받았다고 말했다. 맞는 자신만 불쌍하지 때리는 남편이 불쌍하다고는 한 번도 생각해보지 않았기 때문이다.

J집사님도 기도를 시작했다. 와이셔츠 대신 자고 있는 남편의 두발을 꼭 껴안고 기도했다. 하나님의 사랑이 없다면 남편도, 자신도 똑같이 불쌍한 존재라는 것을 깨달았다.

본인은 말씀과 지체들의 사랑으로 위로를 받고 있지만 어디에서도 위로 받지 못하는 남편이 불쌍하게 여겨졌다. 남편을 구원해달라는 눈물의 기도가 하염없이 흘러나왔다. 신기하게도 그 이후 남편의 폭력이 줄어들었다. 아예 없어진 것은 아니지만 생명의 위협을 느낄 정도였던 것이 뺨을 때리는 정도로 약해졌다. 아무리 무서운 폭력이라도 구원을 위한 기도 앞에서는 힘을 잃는 것이다.

내 몫의 십자가를 지고 가는 것이 성도의 인생이지만 그 십자가 고난을 육체로 당하는 분들을 볼 때마다 가슴이 미어진다. 그들이 당하는 고통, 그럼에도 가정을 지키려는 인내와 수고를 하나님은 보고 계신다. 터지고 멍든 눈으로 흘리는 구원을 위한 눈물을 하나님께서 담아두신다. (2006. 5. 6)[18]

"때리는 남편의 발을 껴안고"라는 제목으로 쓰인 이 칼럼은 가정폭력을 다루고 있으며, 매 맞는 여성에게 인내와 용서, 기도를 권면하고 있다. 이 칼럼의 내용은 날마다 남편으로부터 구타당하는 한

---

[18] 출처: http://home.woori.cc/ 2017.4.17.21:26 접속.

부인에게 목회자가 준 다음과 같은 조언과 일맥상통한다.

가정폭력으로 구타당하더라도 가정으로 돌아가야 한다. 가서 남편의 기분을 맞추어주고 그를 화나게 하지 말아야 한다. 아무리 고통스럽다 해도 그리스도가 십자가에서 우리를 위해 당하신 고통보다 더 하겠는가. 사랑으로 용서하는 기도로 자신의 본분을 지켜야 한다(Gnanadason, 1993).

여성신학자 그나나다슨은 성폭력에 대한 교회의 가르침 가운데 가장 유해한 것이 앞에 인용한 내용 같은 희생과 인고의 신학임을 지적했다. 그리고 그리스도의 희생과 부활이 여성들에게 해방의 징표가 된다할지라도 성폭력 피해자들이 겪는 희생의 의미는 그리스도의 그것과는 구별되어야 함을 주장하였다.

인도기독교교회협의회의 교회 여성들은 다음과 같은 증언으로 희생 신학의 허구를 반박하였다. "그리스도가 십자가 위에서 죽은 이유는 인류가 세상의 구원에 관한 그의 불온하고 불편한 메시지를 참을 수 없었기 때문이다. 자신의 죽음을 통해서 그리스도는 이 세상을 위선과 무정함과 이기주의에서 구원하였다. 그는 사악하고 잔인한 세상을 위한 속죄양이었다. 그리스도는 한 목적을 위해 자신을 포기하였다. 여성들에게 던져진 희생의 신학은 그런 목적이 없다. (…) 여성들은 이런 신학의 속죄양이다"(Gnanadason, 1993, 90). 그리스도의 자발적 희생과 폭력 희생자들이 당하는 희생에 동일한 의미를 부여하면서 그들의 고통을 정당화하는 희생의 신학이 단호하게 거부된 것이다.

이와 관련하여 가나의 신학자인 오두요예는 그리스도가 하나님의 희생양이 되기로 동의하면서 희생이란 자유 안에서 의식적으로 행하는 것임을 보여주었다고 성서를 해석하였다. 또한 보다 급진적 입장을 가진 사람들은 불의로 인한 피해자들의 희생을 인고의 영예로 정당화하는 기독교를 "가학적 신학"이라고 비판하였다(Parker, 1989).

여성신학자들이 문제시하는 것은 성폭력에 대응하여 교회가 내세우는 용서와 망각의 가르침이다. 이러한 가르침은 그리스도가 불의한 권력에 의해 십자가에서 수난을 당했음에도 불구하고 그의 적들을 용서했다는 데서 출발한다. 그리스도의 뒤를 따르는 여성들도 그래야한다는 것이다. 성폭력의 희생자들은 이처럼 설득력 없는 가르침에 힘들어한다. 성폭력을 용서하고 잊어버리라는 충고는 폭력문화를 용인하도록 강제하는 불건강하고 불의한 요구다. 이러한 충고는 용서를 통해 깨어진 관계가 회복되리라는 헛된 희망을 불러일으켜 또 다른 폭력을 허용하고, 피해자인 여성들을 터무니없이 억압한다. 용서와 망각의 가르침은 성폭력을 경험하는 여성들에게 해방의 자원으로 사용되기보다는 억압의 자원으로 사용되기 십상이다. 그러한 가르침은 성폭력 피해자 여성이 문제를 해결할 수 있도록 격려하지 않고 도리어 문제를 해결하는 데 필요한 판단력을 마비시킬 수 있다.

캐나다 연합교회의 보고서(1988)는 용서와 망각에 대한 기대는 성폭력 피해자들에게 부담을 주는 비현실적 요구라고 말한다. 용서는 피해자의 안전이 보장되고 주변의 언어적, 심리적 폭력으로부터 보호받고 폭력의 상처가 아물고 난 뒤에도 긴 시간을 필요로 한다. 성폭력은 한 사람의 권리를 침해한 것만이 아니라 그의 존재 자체를 상하게 만든다. 그렇기에 피해자가 분노를 표출할 수 있는 기회를 갖고 자신을 먼저 용서한 다음에야 비로소 가해자에 대한 용서와 망각이 가능하다. 이런 과정이 생략된 채 용서와 망각을 강권하는 것은 또 다른 폭력으로 작용한다.

교회는 고통스런 폭력의 경험을 일관되게 진술하는 "피해자들의 명예와 존엄성"은 반드시 지켜주고 그들을 적극적으로 지지해야 한다. 안타깝게도 기독교 신학은 전통적으로 가해자와 그 죄에 대한 속죄의 신학을 통해 사죄와 용서의 과정을 명시해 오면서도 피해자의 원한을 경청하고 정의와 위로를 실현하는 과정에 대해서는 중요한 관심을 쏟지 못했다. 반복되는 고통과 후속적 피해에 대한 불안에도 불구하고 피해자가 침묵을 깨뜨리고 진실을 밝힐 수 있도록 격려해야 한다. 그 침묵은 병적인 것이며, 여기서 병이란 가부장제도 아래 피해 여성들의 진정성 있는 목소리는 외려 여성 자신들을 위험에 처하게 만든다. "성폭력의 문제가 무시될 때, 상황이 악화되는 경우가 75%나 된다."

도덕주의 유형의 성 담론에 대한 분석을 마치면서 몇 가지 코멘트를 하고자 한다. 도덕주의적 설교는 도덕성의 부재가 염려되는 사회에서 상당한 설득력을 갖는다. 그런 설교는 신자들의 죄책감을 자극하거나 율법적 신앙을 강화하는데, 전자의 경우 죄책감으로 인한 불안에 사로잡히거나 자신을 폄하하게 되고 후자의 경우는 부도덕한 집단이나 세상과 구별된 도덕적 우월감을 갖게 된다. 섹슈얼리티는 인간의 본능과 죄라는 원초적인 주제와 관련이 있는 만큼 불안이나 우월감 같은 정서적 내면화에 민감해진다.

그러나 어떤 사안을 놓고서 도덕적 측면만 강조하고 정죄하게 되면, 도덕성이 실현되는 삶의 자리를 탈역사화하고 탈맥락화하는 어리석음을 범할 수 있다. 도덕성의 부재를 초래하는 사회구조의 문제와 관행이 은폐될 위험도 그만큼 커진다. 가부장제 사회에서 성매매를 개인의 도덕적 문제로만 정죄한다면, 성매매가 경제적 약자에 대한 착취이고 인신매매와 같은 구조적인 범죄와 결합되어 있다는 것이 시야에서 사라질 수 있다. 성매매를 비판하는 도덕적 설교는 여성을 경제적 약자로 만드는 사회 구조와 여성의 섹슈얼리티를 통제하는 남성지배적 관행을 용인하면서 모든 책임을 성매매 여성들에게 전가한다는 점에서 문제가 있다. 구조적인 불평등이 지배하는 상황에서 성매매를 개인의 성적 자기결정권이라는 잣대에 기대어 용인하려고 하는 입장도 위험하다. 개인의 자유라는 이름 뒤에 감추어져 있는 권력관계의 경사에 주목해야 비로소 약자들의 인권을 이해할 수 있다. 성 구매자 다수가 이성애자 남성이고 성 판매자 다수가 여성이라는 현실에서 성매매에서 사고파는 것은 성관계라기보다 돈을 매개로 한 지배관계라는 것을 인식해야 한다. 이런 의미에서 도덕적 규범과 가치가 한 사회의 공동생활에서 중요하고 필요하지만 누가 어떤 목적으로 그 규범과 가치를 정의하였는가를 물어야 한다.

6. 소결

제2부에서는 종교적 사회화 과정을 종교사회학적 관점에서 설명하고, 종교적 재화의 생산 과정에 초점을 맞추어 교회에서 성 담론이 어떻게 생산되는가를 분석하였다. 종교 지도자들이 교회에서 생

산하는 성 담론을 분석한 결과, 그 담론들의 특징은 금욕주의 유형,
실용주의 유형, 도덕주의 유형으로 분류된다.

1) 금욕주의 유형의 성 담론은 몸과 성을 터부시하면서 섹슈얼리
티에 대한 수치심, 불안, 죄의식을 불러일으키는 특성이 있다. 육체
와 성을 부정적으로 보는 관점은 기독교의 영육이원론 사상에서 비
롯되었고 성차별적 위계 관념으로 확장되었다. 성서의 문자적 기록
은 여성의 죄성과 비도덕성을 입증하는 증거로 활용되었고, 성서는
이원론적인 위계 관념을 정당화하는 도구로 사용되었다.

그 결과, 여성은 자신의 몸과 성에 대한 수치심을 갖게 되고, 순결
을 잃으면 죄책감에 시달리고, 자신의 몸과 성으로 남성을 유혹하는
죄인이라는 의식을 내면화해 왔다. 반면에 남성은 정신적 존재로 이
상화되고 도덕성과 인격을 갖춘 존재로 여겨져 왔지만, 몸과 성의
욕망에 시달리고 그 욕망의 비정상적인 충족에서 비롯되는 수치심,
불안, 죄의식 등에서 벗어나기 어렵다. 이렇게 여성과 남성은 지배
와 종속의 분리된 존재로서 저마다 소외를 경험하고 하나가 되지 못
하는 불안을 잠재적으로 지니고 있다. 육체를 폄하하는 성차별적 금
욕주의 전통에서 남성의 욕망과 권력은 여성에게 정절, 아들의 출
산, 성적 매력을 강제하고 심지어 강간을 통해서라도 상대방을 통제
한다.

2) 실용주의 유형의 성 담론은 성속의 갈등 속에서 성적 관행을
현실주의적으로 용인하고 성서와 종교 규범의 의미를 변용함으로써
교회가 오늘의 성문화에 적응하도록 하는 특성을 보인다.

이혼이라는 세속적 결정을 구원이라는 종교적 의미와 결합하는 담론은 실용주의적 유형의 전형적인 사례인데, 성과 속을 분리하여 신앙생활과 일상생활을 별개로 여기고 현실적 쾌락과 향유를 신앙적 명분으로 정당화한다. 이러한 실용주의는 전통적 성 역할을 부부 중심의 성 역할로 바꾸고 이를 종교 규범으로 강화하는 것에서도 잘 드러난다. 음행의 죄가 끼치는 폐해를 강조하고 경고하는 데 반해 목회자의 성적 탈선에는 용서의 신학을 내세우며 애매한 입장을 취하는 것도 실용주의 유형에 속한다.

3) 도덕주의 유형의 성 담론은 전통적인 성 도덕에 종교적 권위를 부여함으로써 성의 정치학을 강화하는 특성이 있다. 이 유형의 대표적인 성 담론은 가족관계의 도덕성을 강조하는 것이다. 시부모를 공경하고 아들을 출산하는 여성의 역할을 하나님을 감동시키는 사랑의 행위라고 미화하고, 전통적인 성 역할이 시대를 초월하여 모든 여성들에게 부여되어야 할 보편적인 규범인 것처럼 주장한다. 또한 아버지가 부재한 가정의 문제를 부각시켜 가정 내 아버지의 중요성을 강조하고, 부부간의 사랑도 고정된 성 역할에 바탕을 두고 있다. 그래서 전통적인 성 역할의 역전으로 가정파탄을 불러온 여권 신장은 도덕적으로 비난받아야 한다. 도덕주의 유형의 성 담론은 가정해체가 증가하는 시기에 아내가 맡은 책임은 신자에게 위임된 하나님의 일임을 부각시킨다. 남편의 향락과 외도, 가정폭력의 상황에도 아내는 가정을 지켜야한다는 도덕주의적 요구를 강제한다. 이는 여성을 사악한 유혹자, 죄와 죽음의 근원으로 여기고 여성의 도덕능력에 대한 의심과 경계를 강조했던 기독교 전통을 연상시킨다.

　이와 같은 도덕주의적 성 담론은 도덕성의 부재가 염려되는 사회에서 상당한 설득력을 갖고 신자들의 죄책감을 자극하거나 율법적 신앙을 강화하는 효과가 있다. 하지만 어떤 사안을 놓고서 도덕적 측면만 강조하고 정죄하게 되면, 도덕성이 실현되는 삶의 자리를 탈역사화하고 탈맥락화하는 어리석음을 범할 수 있다.

한국 개신교회에서 성 담론의 소비

3부에서 나는 한국교회에서 성 담론이 소비되는 과정과 그 결과를 분석하고자 한다. 교회에서 종교 지도자들이 생산하는 성 담론은 교인들에 의해 소비된다. 성 담론의 생산과 소비는 종교사회화 과정의 통제구조 안에서 이루어지지만, 종교 지도자의 성 담론이 교인들에 의해 그대로 수용되지는 않는다. 성 담론의 소비자인 교인들은 교회 안에 묶여 있지 않고 다양한 대중매체와 인터넷을 통해 세태의 영향을 받고 있다. 그들은 교회의 성 담론과 세속사회의 성 담론의 차이를 일상적으로 경험하면서 교회의 성 담론을 나름대로 소비할 것이다. 또한 소비자들은 그들의 고유한 욕망과 성적 자율성을 어떻게 관리하고 섹슈얼리티의 은밀성과 은폐성을 얼마만큼 향유할 것인가를 가늠하면서 교회의 성 담론을 소비할 것이다.

이러한 여러 조건들 아래서 교인들에 의한 성 담론의 소비 유형은 교회의 지배적인 성 가치관과 성 윤리를 내면화하고 맹종하는 수용형, 교회의 엄격한 요구를 의식하면서도 성적 관행을 현실주의적으로 용인하는 절충형, 교회의 성 담론에 반발하고 심지어 교회를 이탈하기도 하는 저항형 등으로 구분되는데, 나는 교인들의 심층면담

결과에 근거하여 각 소비 유형을 분석하고 설명할 것이다.

그러면 먼저 담론 소비자로서의 교인들에게 담론 효과가 어떤 방식으로 나타나는가에 대해 일반적인 검토를 하는 것으로 논의를 시작하고자 한다.

1. 담론 소비자로서의 교인

교회에서 생산되는 종교적 담론은 종교적 사회화 과정을 통해 소비되고 그 주요 소비자는 교인들이다. 교인들은 다양한 동기에 의해 교회를 선택하고 교회의 사회화에 참여하면서 종교 지도자들이 생산하는 담론의 영향을 받게 된다. 물론 교인들의 교회 이탈과 출석 교회의 이동 및 개종도 가능하다. 하지만 제도교회에 정착하고 교회의 일원으로 종교적 사회화를 구성하는 교인들은 담론 소비자로서 종교 지도자들과 유사한 목회 가치관과 신앙 유형을 형성하게 되는 경향이 지배적이다. 특히 종교 지도자들의 신앙 유형은 교인들이 교회에서 소비하는 종교적 담론의 형성에 영향을 미치는 주요 요인으로 작용한다. 제2부에서 언급한대로 한국 개신교에서 나타나는 지배적 신앙 유형은 근본주의 신앙 유형, 에큐메니칼 신앙 유형, 페미니즘 신앙 유형인데, 여기서는 신앙 유형별 범주에서 나타나는 교인들의 특성을 살펴 보고자 한다.

먼저, 근본주의 신앙 유형에 속하는 교인들은 근본주의적 멘탈리티를 내면화하고 독특한 신앙 방식을 형성한다. 근본주의적 신앙 유형에 기반을 둔 교회에서 종교 지도자들은 확실한 객관성과 절대성을 띤 종교적 진리를 강조하고 그들을 따르는 교인들은 배타적 진리를 자신들의 신앙과 삶의 표준으로 받아들이는 경향이 지배적이다. 여기에서 교인들의 다양한 삶의 자리에서 제기되는 종교적 의문과 급변하는 사회 상황을 염두에 둔 종교적 비판은 고려의 대상이 되지 않는다. 근본주의 신학이 주장하는 성서 문자주의는 역사적 변천이나 삶의 맥락과는 무관한 절대성을 정당화하기 때문이다. 이런 점에서 근본주의적 멘탈리티는 제2부에서 밝힌 대로 권위주의적 멘탈리티의 특성과 유사성을 보인다.

한국 개신교회에서 권위주의적 멘탈리티는 한편으로는 선교사를 중심으로 한 교권주의와 대형교회의 카리스마적 종교 지도자들의 개교회주의를 기반으로 하고, 다른 한편으로는 교회성장이 최우선 목적인 선교와 그에 동조하고 참여한 교인들에 의해서 형성되었다고 볼 수 있다. 현대 사회에서 각 분야별로 민주화 과정이 진행되고 이를 위한 제도화가 확산되는 추세는 사회인으로 살아가는 교인들에게 영향을 미치고 이에 대한 신앙적 성찰을 하게 만든다. 그럼에도 근본주의 성향의 교회에서 대다수 교인들이 종교 지도자나 교권의 권위에 맹종하고 그와 관련된 문제제기나 대화를 불가능하게 여기면서 자신들과 다른 의견이나 주장에 대해 배타적으로 공격하는 반응을 보이는 것은 그들에게 내면화된 권위주의적 멘탈리티의 뿌리가 깊음을 반영한다. 사회 민주화와 교회 권위주의의 양극을 경험하는 교인들의 선택은 종교분리의 사고방식을 극단적으로 표명하거나 실용적으로 사용하는 것이 될 것이다. 이와 같은 극명한 대조를 보이는 한 주제가 성 담론이다.

그 다음, 에큐메니칼 신앙 유형의 교인들은 기독교 복음을 증거하기 위해 다양한 교파들의 교류와 협력이 필요하다는 것을 강조하고 개방적인 입장을 갖는다. 세계교회의 다양한 신학 및 교회 전통과 교류하면서 다양성 속에서 코이노니아(친교)와 일치, 연합을 추구한다. 또한 세상을 섬기고 땅 위의 정의와 평화를 이루기 위한 하나님 나라 운동을 전개한다. 에큐메니칼 진영의 국제적인 성 담론은 특히 약자들과 소수자들의 문제에 관심을 갖고 문화사회적 차이에 주목하면서 문제 해결의 연대를 형성하고 발전시키고 있다. 섹슈얼리티에 대한 보수적 성향이 강한 지역이나 교회에서 교인들은 에큐메니칼 신학의 개방적인 성 담론으로부터 도전을 받기도 하고 거부하는 반응을 보이기도 한다.

한국 개신교의 에큐메니칼 진영은 주로 종교 지도자와 교인 지도자들로 구성되었고 에큐메니칼 신학과 운동이 개교회에 미치는 선교적 효과는 아직 충분하지 않은 편이다. 이런 점에서 에큐메니칼 운동은 지도자들의 게토화 성향을 극복하고 대중화를 위한 전략을 모색해야하는 과제가 요청되고 있다.

끝으로, 개신교회에서 여성주의(페미니즘) 신앙 유형을 따르는 교인들은 교회와 신학의 가부장제를 비판하고 탈가부장적 대안을 모색한다. 2000년도부터 이들은 에큐메니칼 진영과 함께 양성평등을 위한 의식 변화와 제도 개선을 위한 연대 운동을 전개하고 있다.

한국 개신교회에서 담임 목사와 종교 지도부의 구성이 남성중심적이고 교회 성 담론이 보수적인 상황은 여성주의 성 담론의 필요성과 의미가 강조되는 조건이 될 수 있다. 하지만 현실적으로 대다수 여성교인들은 양성평등적 의식 변화와 제도 개선을 위한 활동에 적극적으로 참여하지 못하고 있다. 한 실태조사의 결과를 보면 여성주의에 우호적인 여성교인들도 의식 수준으로는 가부장제에 비판적이고 대안적 성 담론에 개방적인 입장을 지니고 있으나 제도 변화를 위한 실천 차원에는 교회 개혁에 미온적이고 유보적인 자세를 갖고 있다(한국기독교장로회 양성평등위원회, 2010, 38-65). 여기서 주목되는 현상은 여성주의 신학에 동조하고 관심을 갖는 교인들은 섹슈얼리티 교육이나 성 담론의 정보를 자신이 출석하는 교회에 요청하기보다 교회 외부의 에큐메니칼 기관이나 사회기관을 통해서 지적 욕구를 만족시키고 성 담론의 형성에 참여하고 있다는 점이다.

2. 성 담론 소비의 과정

교회의 성 담론은 교회 지도부가 주도적으로 담당하는 예배와 설교, 성서연구, 교회교육, 다양한 소그룹 활동 등에 참여하는 교인들에 의해 소비된다. 이 다양한 종교적 사회화 과정에서 성 담론이 소비되는 코드들을 분석하는 것은 교회의 성 담론을 파악하는 데 매우 중요하다.

한국 개신교회의 종교적 사회화 과정 가운데 설교가 교인들에게 끼치는 영향과 의미는 특별하다. 역사적으로 개신교회는 종교개혁 이후 하나님의 말씀(성경)을 선포하고 가르치는 설교를 교회 예식이나 전통보다 강조하고 이를 신앙의 절대적이고 유일한 기준으로까지 격상시켰다. 특히 피선교지인 한국의 개신교는 선교사들의 성서 문자주의와 근본주의를 기반으로 말씀에 대한 가치 부여가 확대되었고 교회 성장을 중시하는 개교회주의를 배경으로 목회자의 카리스마와 설교자의 권위에 대한 교인들의 순종이 점차 뿌리를 내려 갔다. 이런 상황에서 목회자의 설교는 성경 해석에 대한 선포의 차원을 넘어서 하나님의 말씀과 동일한 의미로까지 여겨지는 분위기와 관행도 형성되었다. 이런 현상은 개신교가 가톨릭 교회의 전통인 성직자와 평신도의 위계 구조를 비판하고 만인사제설의 정신을 주장하던 역사적 전통에서 벗어나면서 종교 지도자의 독점적 설교권을 신성시하는 전통으로 이어져 왔다.

설교는 '주의 종'인 목회자가 교인들에게 성경을 해석하고 신앙을 증언하는 배타적인 권한으로 인정되기 때문에 설교에 대한 교인들의 질문이나 비판을 허용하지 않는 과정으로 진행된다. 이런 설교 형식은 설교자가 일방적으로 가르치고 교인들이 배우는 방식과 유사한 구조를 갖는다. 설사 예배 후 설교에 대한 이견이나 비판이 생긴다 하여도 이를 두고 신학적인 토론이나 합리적인 대화를 전개하기가 용이하지 않다. 설교를 평가하는 일은 종교 지도자의 설교권을 침해하는 불온한 태도로 여겨지고 말씀 해석에 대한 비전문가의 월권으로 생각되기 쉽기 때문이다.

설교가 교인들에게 끼치는 영향은 단지 설교 내용만이 아니다. 평균 30분 이상 지속되는 설교 시간에 교인들은 강대상에 선 설교자에게 집중함으로써 그 메시지의 핵심을 놓치지 않고 수용하려고 한다. 이 과정에서 설교자의 음성의 강약과 억양, 발음과 단어의 뉘앙스, 설교의 속도, 설교자의 시선과 표정, 제스처 등이 메시지의 전달을 구성하는 요소들이다(아힘 헤르트너/홀거 에쉬만, 2014). 이렇듯 설교는 메시지의 내용, 목소리의 리듬, 설교자의 움직임이 어울려서 빚어내는 시너지 효과를 통해 호소력을 갖고 전달된다. 따라서 교인들은 청각적으로 설교를 이해하는 것과 동시에 시각적으로 설교의 들리지 않은 내용까지를 파악하고 수용한다. 이런 특징은 설교 주제로 금기시되는 섹슈얼리티를 다루는 경우에 보다 민감하게 드러나게 된다.

설교가 성경 내용을 오늘의 삶의 자리와 관련하여 해석한 메시지라는 점에서 설교에 대한 교인들의 반응은 그들의 삶만큼 다양하게 나타난다. 설교를 자신들의 삶에 적용하고 그로부터 신앙적 의미를 배우는 과정은 교인들의 성별, 연령별, 사회문화적 경험과 가치관이 서로 다른 만큼 다양하게 진행된다. 이와 같은 교인들의 다양한 반응이 직접적으로나 간접적으로 설교자에게 영향을 주는 것도 자연스럽다. 교회 성 담론에 대한 교인들의 예측하기 어려운 다양한 반응은 설교자로 하여금 섹슈얼리티를 설교의 주제나 사례로 다루기를 회피하게 만드는 요인이 된다.

교회교육과 소그룹 활동은 교인들을 양육하고 훈련한다는 목표를 갖고 교단이나 교회의 목회방침과 신앙생활을 사회화하는 과정이다. 전 연령층의 교인들을 연령별, 성별, 주제별로 구분하고 종교지도자가 교육 주체가 되어 성경 내용을 전달하는 반복교육과 "거룩한 습관" 들이기를 전형적인 방식으로 활용한다. 하지만 급변하는 사회변동과 디지털 문명의 정보홍수 속에서 교인들은 목회자와 함께 일하는 동역자(고전 3:6)로 인정받으며 교육에 적극적으로 참여

하는 양상으로 변화하는 모습도 보인다. 교인 지도자가 교회 교육을
담당하려면 사전에 목회자의 지도 아래 가르침을 받아야 하는 것이
일반적이다. 여기에 비해 소그룹 활동은 교인 중심의 자율학습의 성
격을 갖는데 교회교육의 내용을 연계하거나 심화하는 과정으로 이
루어진다. 이를 위해 교인 지도자들의 전문성과 지도력을 활용하기
도 하고 필요에 따라 외부에서 강사를 초청하는 경우도 있다.

교회교육에서 다루는 성 담론은 대부분 가족을 주제로 예비부부
학교, 아내교실, 아버지학교, 노인대학 등을 개설하여 가족의 의미,
가족 해체, 가족관계, 부부문제, 자녀문제, 노인문제, 성 상담 등을
가르친다. 교회의 정기적 프로그램에 "교실", "학교", "대학"이란 명
칭을 사용하는 것은 배움에 대한 교인들의 욕구를 반영하고 학교
제도처럼 체계화된 학습공동체라는 이미지를 활용하는 것으로 보
여진다.

디지털 문명 시대에 교인들의 종교 사회화는 각종 미디어를 통해
이루어진다. 인터넷을 이용한 교회 홈페이지, 종교 인터넷신문, 종
교전문 앱과 사이트, 기독교 라디오방송, 기독교 티브이방송 등 기
본적인 인프라에다 접속 과잉이라 불리는 트위터, 페이스북, 라인,
미투데이와 같은 소셜네트워크서비스(Social Network Services/
sites, SNS)에 이르기까지 시공간을 초월한 소통과 연계가 일반화되
고 있다. 이런 정보 시스템으로 인한 부작용도 우려되고 있는 현실
에서 교인들은 과거 그 어느 때보다 다양한 교회 성 담론과 사회적
성 담론의 정보를 접할 수 있고 그에 반응함으로써 상호 영향을 주
고받는다.

3. 성 담론 소비의 특성

교회 성 담론 소비의 지배적 특성은 성 담론 생산자들의 주요 전략과 동일하게 섹슈얼리티에 대해 침묵하는 것이다. 교회의 성 담론은 전통적인 성 역할과 가부장적 성 윤리를 성서 문자주의로 정당화하는 수준이 일반적이다. 교인들은 한국 사회에서 현실적으로나 이론적으로 다양한 성 담론이 전개되고 있는 것을 모르지 않고 그에 관한 자신의 견해로 대화의 필요성을 절감한다 해도 교회의 성 담론에 대해 침묵으로 대응한다. 이는 기본적으로 섹슈얼리티가 유혹과 쾌락으로 죄를 짓게 하는 불경스런 것이라는 인식과 기독교 금욕주의의 영향에서 비롯되었다. 섹슈얼리티는 오랫동안 교회 안에서 금기 사항이다. 금기란 말하는 것이 금지된 것이다. 말하지 않는다는 것이 어떤 것에 대한 생각이나 느낌이 없거나 사라지게 하는 것은 아닐 수 있지만, 언어로 표현한다는 것은 그에 관한 생각이나 느낌을 활성화하고 말의 힘으로 어떤 영향을 발휘한다는 점에서 문제가 된다. 섹슈얼리티를 금기 사항으로 규정하는 교회 분위기와 관행은 교인들이 그에 대해 말하지 않거나 못하게 만들 뿐 아니라 섹슈얼리티에 대한 자신의 생각이나 느낌까지 감시하고 억제하도록 통제한다. 섹슈얼리티를 죄악시하는 신학이나 신앙 방식이 강조될수록 교인들은 성 담론에 대한 자기 목소리를 지우고 섹슈얼리티와 관련된 생각과 감정도 없애야 한다. 문제는 강요되거나 자발적인 침묵이 반복되는 과정으로 성적 존재인 자신의 생각이나 느낌을 부정하고 왜곡함으로써 자신의 성 정체성마저 상실하게 되는 것이다. 이는 자기만이 지닌 개성과 자발성을 포기하고 스스로 존엄성을 훼손하게 만든다.

교회 성 담론 소비의 둘째 특성은 섹슈얼리티에 대한 사실과 판단을 은폐하는 것이다. 여기서 은폐란 침묵을 깨고 스스로의 목소리를 내는 경우, 그 진술의 진정성 여부와 관련이 있다. 성 담론은 개인의 은밀한 사생활 및 성적 취향의 노출을 배제하지 않기 때문에 교인들의 성적 이야기는 사실을 감추거나 진실을 덮으려고 하는 경향이 있다. 자신이 숨기고자 하는 어떤 것(결함)이 보호막이 사라진 상태로 노출되는 상황에서 당사자가 경험하는 감정은 수치심이다. 어떤 결함이든 감추고 숨김으로써 자신을 보호하고 싶은 욕구는 언제나 이 숨김이 탄로가 나는 것에 대한 두려움을 동반한다. 은폐가 벗겨지면 자기가 지녔던 체면과 인정과 신뢰를 상실하기 때문이다. 이런 수치심을 내면에 지니고 사는 사람은 유사한 경험을 하는 상황에서 위축되고 초조하게 되기 쉽다. 수치심의 뿌리가 폭로에 대한 두려움과 이어져있는 현상이다(비에리, 2014).

성 담론을 은폐하려는 행위는 성적 수치심을 동반하는 경우가 많다. 섹슈얼리티는 은밀한 사적 영역으로 누군가와 친밀감을 형성하는 데 작용하는 한 요인이다. 이 사적인 은밀함의 보호는 사람 사이에 적절한 거리를 형성하게 만들고 이 거리를 좁혀가면서 친밀감도 만들어낼 수 있다. 만약 성적인 은밀함을 지키고자 하는 개인의 욕구와 권리를 일방적인 폭력이나 강압으로 파괴하게 되면 수치심이 생겨난다. 가부장제 사회와 이성애중심주의 문화에서 형성되는 성적 수치심은 남성보다 여성이, 이성애자보다 동성애자가 더 많이 경험하게 되고 여성과 동성애자들이 사회적 약자라는 점에서 부당한 성적 피해도 더 많이 경험한다.

수치심은 일정 시간이 흐르면서 사라지는 감정이 아니고 수치심을 지닌 당사자에게 무력감을 내면화한다는 점에서 문제가 심각하다. 수치심을 유발한 상황에서 경험한 당사자의 무력감은 이중적인데 하나는 자신의 결함을 숨기기에 자신의 힘이 부족하다는 데에서 오는 무력감이고, 다른 하나는 숨김이 폭로되고 난 후 외부로부터 오는 질타와 경멸과 단죄의 시선에 자신의 몸이 전부 발가벗겨진 상태로 사람들 앞에 놓인 것처럼 무방비 상태일 갖는 무력감이다. 이렇게 형성된 무력감은 본인의 생각이나 판단을 무화시키고 외부의 시선과 평가에 자신을 굴복시키고 외부로부터 오는 질타와 경멸과 단죄를 여과없이 그대로 자신의 것으로 받아들인다. 이런 내면화 과정은 수치심을 일으킨 상황이 종료되고 전혀 다른 조건에서도 동일한 기제로 작동하여 한 개인의 독자적인 판단과 내적 권위를 파괴한다(지그문트 프로이트, 2013). 그래서 수치심의 뿌리가 깊은 사람은 평생동안 무력함의 굴레에 갇히게 된다. 성폭력의 피해자들이 경험하는 고통을 그 예로 들 수 있다.

교회 성 담론 소비의 셋째 특성은 익명을 요구하면서 성 담론을 형성하는 데 필요한 참여와 책임을 회피하는 것이다. 앞에서 언급한 성적 은폐를 걷어내고 진실을 드러내는 경우, 자신을 보호하는 한 방식이 자신의 공개적 출현을 거부하는 것이다. 익명의 요구는 한편으로는 오랜 침묵으로 성 담론에 대한 자신의 목소리를 내지 못한 교인들이 교회 내부의 압력과 불신으로부터 자신을 보호하려는 수단이 되기도 하지만, 다른 한편으로는 성 담론으로 야기될 수 있는 공동체적 사안과 그로부터 나누어야 할 연대적 책임에서 벗어나려는 의도일 수 있다. 일반적으로 익명을 보장하는 성 담론은 섹슈얼리티나 성폭력과 관련된 피해자를 보호하는 목적일 경우가 많다. 하지만 익명으로 하는 진술과 대화는 다른 의견을 주장하는 사람들이 증언의 진정성 여부에 대한 문제제기를 불러일으킬 소지를 제공한다는 점에서 설득력의 한계를 갖는다. 가부장제 사회와 교회에서 관행화된 성 윤리의 이중성은 남성보다 여성들이 익명으로 성 담론에 참여하게 만드는 요인이 되고 있다.

교회 성 담론 소비의 넷째 특성은 성 문제의 개인화와 비정치화 경향이다. 교회에서 발생하는 성 문제에서 강조되는 것은 당사자 개인의 성적 실수나 결함, 죄의 영역인데 개인의 섹슈얼리티를 둘러싼 사회적. 문화적, 정치적 차원에 대한 고려는 배제하는 경우가 지배적이다. 성 피해자 개인의 고통과 희생은 교회 공동체의 질서 유지와 성 문제로 생겨나는 부정적 파급효과를 앞세워 은폐되고, 그렇지 않을 경우 성 피해자는 교회를 파괴하고 신앙심이 부족한 사람으로 비난을 받는다. 또한 성 문제의 심각성이 교회 내부와 외부로 사회적 의제가 되면 기독교의 용서와 사랑의 명분으로 성 문제 재발을 방지하고 예방하는 합리적인 절차와 대안 마련을 유보시킨다.

교회 성 담론 소비자의 다수가 여성이고 성 피해자도 여성이 많은 현실에서 성 문제와 관련한 사전사후의 대안 마련에 여성들의 역할이 중요하다. 이를 위한 여성들의 성 의식의 변화가 필수적인데 특히 섹슈얼리티를 둘러싼 문제들을 개인적 스캔들로만 생각하지 않고 제도적 차원으로 인식의 폭을 넓히고 성 문제에서 발생하는 피해와 고통을 죄와 용서라는 종교적 개념으로 환원시켜 단순화하는 것을 기독교 공동체의 정의 구현으로 재해석하는 것이 필요하다.

교회 성 담론 소비의 다섯째 특성은 흠모하는 종교 지도자와 소속 집단에 대한 자발적 복종이다. 이것은 제2부에서 언급한대로 종교 지도부가 성 담론을 생산하는 전략 가운데 굴욕과 초월의 기제를 강화하는 것과 밀접한 관련이 있다. 하지만 교인들은 성 담론을 소비하면서 굴욕과 초월의 기제에 수동적으로만 반응하지 않는다. 굴욕감과는 전혀 상관없는 듯 확신감을 갖고 주체적인 소비자의 역할도 하기 때문이다. 복종의 동기에는 특정 집단의 압력이나 위협뿐 아니라 자기보다 우월한 사람에 대한 감탄과 신뢰 같은 감정도 작용한다. 이 특별한 감정은 사물을 바라보는 방식이나 사람 사이의 관계를 형성하는 능력에도 영향을 끼친다. 종교 지도자에 대한 교인들의 감정이 고조되고 감복하는 성향이 강화되는 만큼 종교 지도자를 향한 자발적인 순종은 자연스럽게 이루어진다. 교회의 소속감에서 비롯된 강제와 숭배하는 지도자에게 기대하는 인정욕구는 교인들로 하여금 스스로 절제하고 자신을 성찰하면서 방어할 수 있는 능력을 상실하게 만든다. 이런 상태에서 주입되는 종교적 규범이나 원리는 교인들의 생각과 감정에 여과 없이 스며든다. 그 과정에서 어떤 비판이나 이견에도 결코 흔들리지 않도록 스스로를 유폐시키는 충성심도 생겨난다. 이런 종교사회화의 최종결과는 교인들이 자신에게 내면화된 외부에서 주입된 세계관을 마치 자신의 세계관처럼 느끼고 확신하는 것이다. 특정 집단이나 지도자에게 전적으로 의존하고 있는 사람은 실제로는 완벽한 무능의 상태에 있음에도 오히려 자기가 주체적인 결정권을 가지고 있다고 인식하게 된다.

4. 성 담론 소비의 결과

성 담론의 생산과 소비는 종교사회화 과정의 통제구조 안에서 이루어지지만, 종교 지도자의 성 담론이 교인들에 의해 그대로 수용되지는 않는다. 성 담론의 소비자인 교인들은 교회 안에 묶여 있지 않고 다양한 대중매체와 인터넷을 통해 세태의 영향을 받고 있다. 그들은 교회의 성 담론과 세속사회의 성 담론의 차이를 일상적으로 경험하면서 교회의 성 담론을 나름대로 소비할 것이다. 또한 소비자들은 그들의 고유한 욕망과 성적 자율성을 어떻게 관리하고 섹슈얼리티의 은밀성과 은폐성을 얼마만큼 향유할 것인가를 가늠하면서 교회의 성 담론을 소비할 것이다.

나는 이러한 성 담론의 효과를 분석하기 위하여 개신교인들을 대상으로 심층면담을 실시하고 분석하였는데, 그러한 분석에 앞서서 개신교인들의 성 의식에 관한 한 설문조사의 결과를 예비적으로 살펴보는 것이 좋을 것으로 생각한다. 왜냐하면 이 설문조사 결과에서 드러나는 개신교인들의 의식 내용은 교회의 성 담론을 소비함으로써 개신교인들에게 나타나는 효과를 보여주는 의미 있는 자료일 것이기 때문이다. 더구나 이 설문조사는 개신교인들뿐만 아니라 일반인들을 대상으로 실시된 것이기 때문에 그 설문조사 결과는 성과 가족에 대한 개신교인들의 의식과 일반 한국인들의 의식을 서로 비교할 수 있게 하는 장점까지 갖추고 있다. 따라서 아래서는 몇 가지 이슈에 초점을 맞추어서 이 설문조사의 결과를 보론의 형식으로 요약해서 정리하고자 한다.

1) 보론: 2005년 "한국인 가족문화 변화에 관한 설문조사"에서 나타난 개신교인들의 성 의식과 가족 의식

2005년 한신대 학술원 신학연구소는 제주도를 제외한 전국에서 만 18세 이상의 성인 남녀 기독교인 1,000명과 일반인 200명을 대상으로 "한국인 가족문화 변화에 관한 설문조사"를 실시하였는데 나는 이 과정에서 설문지의 기획과 조사 결과의 분석을 담당하였다(임희숙, 2010, 345-372). 설문조사의 결과에 나타난 주요 내용을 살펴보면 다음과 같다.

(1) 가족 개념과 혈연의식

결혼이 필요하다는 응답은 대체로 높은 편이나(일반인 72.9%, 기독교인 79.9%), 결혼의 의미를 집안 간 결합이나 혈통 유지에 두기보다는 인생의 반려자를 구하는 개인과 개인의 결합으로 보는 견해가 우세하다(일반인 52.1%, 기독교인 55.6%). 결혼을 거부하는 경우, "독신이 편하다"라는 응답이 높다는 것(일반인 55.4%, 기독교인 59.3%)은 예전보다 개인주의 성향이 강화된 것으로 평가된다. 결혼을 거부하는 사람들 가운데 여성(일반인 33.3%, 기독교인 26.2%)이 남성(일반인 21%, 기독교인 12.7%)보다 많은 비율을 차지하는 것은 결혼이 남성에게보다 여성에게 더 부담이 된다는 현실을 반영할 뿐만 아니라 결혼에 대한 여성들의 주체성이 강해졌음을 시사한다.

배우자의 선택에서는 집안 어른들의 의사(일반인 5.3%, 기독교인

5.6%)보다 개인의 선택과 결정이 중요시되는 자유연애(일반인 71.9%, 기독교인 69.7%)가 지배적이고, 결혼의 결정 여부도 결혼 당사자들의 의사(일반인 52.3%, 기독교인 56.8%)가 가족들의 합의(일반인 43.5%, 기독교인 40.8%)보다 더 중시되고 있다.

증가 추세에 있는 이혼에 대해서는 관용적인 입장(일반인 69.4%, 기독교인 61.3%)이 두드러지는데, 이는 많은 응답자들이 현실 수용의 경향을 보이고 있음을 시사한다.

국제화 시대에 배우자의 국적(일반인 41.0%, 기독교인 35.9%)을 중시하는 점도 주목된다.

저출산의 사회적 추세와 비교하여 출산과 자녀가 필요하다는 응답은 높은 편이다(일반인 65.9%, 기독교인 73.2%). 일반인들에 비해 기독교인들이 결혼과 출산의 필요성을 더 적극적으로 옹호하는 것은 결혼과 출산을 창조질서의 맥락에서 이해하는 기독교의 가르침과 가치관이 반영된 것으로 생각된다.

이상에서 살펴본 바와 같이, 결혼과 출산에 대한 기독교인들의 의식과 가치관은 일반적으로 일반인들에 비하여 두드러지는 차이를 보이지 않지만, 결혼과 출산의 필요성과 당위성에 대해서는 더 확고한 입장을 보인다고 평가할 수 있다. 이것은 한국교회가 오늘의 다양한 결혼관과 가족 관계에 대해 보수적인 입장을 취하고 있다는 것과 무관하지 않다. 기독교인들의 혈연의식도 한국적 문화 전통에서

크게 자유롭지 않은데, 이것은 서구 기독교인들의 그것과 비교된다
고 볼 수 있다.

(2) 성 윤리 의식과 성 관계

장래의 결혼 배우자와 혼전 성관계를 나누는 것에 대한 절대 반대
의견은 기독교인(50.7%)이 일반인(30.6%)보다, 여성(36.6%)이 남성
(24.8%)보다, 연령이 많을수록(10, 20대가 17.4%, 60대 이상이 72.7%)
높게 나타나 보수적인 성 의식을 보였다. 배우자나 가족들의 혼외
성관계(일반인67.4%, 기독교인 71.8%)와 성매매(일반인 78.5%, 기독교
인 83.6%)에 대해서도 상당히 비판적이다. 이런 성향은 응답자들이
2004년 9월에 시행된 성매매방지특별법을 크게 반겼다는 조사 결과
와 맥을 같이 하고 있다(폐지론에 일반인 7.9%, 기독교인 6.8%). 성별로
는 남성이 여성보다 가족들의 혼외 성관계에 엄격한 태도를 취한다
는 점이 주목된다(5% 포인트 증가).

동성애 부부의 법적 허용에 대한 기독교인들(12.7%)의 지지율은
매우 낮은 편이나 일반인들의 지지율(14.5%)과 큰 차이를 보이지 않
는다. 미혼모 문제의 해결 방안으로 기독교인들도 혼전 성관계를 막
는 순결교육보다 혼전 임신을 방지하는 피임교육을 더 강조하는 것
(일반인 68.9%, 기독교인 60.6%)으로 나타났다.

이상에서 살펴본 결과, 기독교인들은 혼전 성관계, 혼외 성관계,
성매매에 대하여 일반인들보다 보수적인 의식을 갖고 있고 남성이
여성보다 외도에 부정적 성향을 지닌 것으로 나타났다. 동성애 부부

의 법적 허용과 관련하여 대부분의 기독교인들은 보수적인 성 가치
관을 가지고 있다. 또한 순결교육보다 피임교육이 혼전 임신을 예방
하는 요인으로 판단했는데 이것은 기독교인들이 혼전 성관계에 대
해 현실적인 태도를 취하고 있음을 말해 준다.

(3) 가족 관계와 성 역할

부모의 영향력과 관련해서, 과반수의 기독교인들(일반인 50.1%,
기독교인 50.5%)은 부모가 반대하는 결혼을 재고하겠다는 견해를 가
지고 있고 가족 관계에서 부모를 배우자보다 더 중요하게 여긴다는
입장(일반인 45.4%, 기독교인 39.7%)이 우위를 보였다. 이는 부부 중
심의 핵가족화에 대한 재고를 요하는 부분으로 전통적인 효의 가치
관이 여전히 중시되고 있음을 반영한다. 또한 부모 봉양이 시가와
친정의 차별 없이 평등하게 이루어져야 한다는 견해가 지배적인 것
(일반인 60.0%, 기독교인 69.2%)은 양계화 추세가 확대되는 것으로 평
가된다.

전통적 성 역할에 관해서는 남편의 가장권을 인정하고(일반인
49.8%, 기독교인 53.5%), 부부 사이에 의견 차이가 있을 때 남편의 의
사를 우선적으로 인정하고(일반인 39.2%, 기독교인 41.1%), 남성 가장
이 가정의 경제적 책임을 담당해야 한다는 견해가 두드러졌다(일반
인 43.4%, 기독교인 46.0%).

종교 갈등이 가족 관계에 미치는 영향을 살펴보면 일반인들은 종

교생활보다 가족의 모임을 중시하는 경향이 높은 반면(40.7%), 기독교인들은 종교생활을 우선시하는 경향을 보였다(43.2%).

종교생활이 부부관계와 가족 사랑에 끼치는 영향에 대해서도 기독교인들과 일반인들은 대조적인 평가를 내리고 있다(부부관계: 일반인 40.0%, 기독교인 71.4%; 가족 사랑: 일반인 36.0%, 기독교인 65.7%).

그러나 가족을 전도해야 신앙심이 깊다는 견해에 대해서는 일반인들과 기독교인들은 모두 비판적인 입장을 취했다(일반인 42.7%, 기독교인 43.7%).

이상에서 살펴본 대로 기독교인들은 자녀의 결혼에 대한 부모의 영향력이 여전히 중시하는 것으로 나타났다. 이것은 배우자의 선택과 결혼 결정에서 본인의 의사를 강력하게 주장한다는 앞의 조사 결과와 모순되는 측면이 있다. 이러한 모순은 이념적으로 개인주의가 증가하는 추세이지만 현실적으로는 결혼을 앞 둔 자녀 세대가 경제적, 심리적 측면에서 충분히 독립하지 못했다는 것과 사회복지 제도가 성숙하지 못한 사회적 조건 아래서 부모의 지원과 도움을 요청하는 것이 불가피하다는 것을 시사한다. 이런 조건은 전통적인 효의 가치관과 형식이 유지되는 한 요인으로 작용할 수 있다.

기독교인들의 성 역할 개념은 남편의 가장권과 경제적 책임을 우선하는 전통적 규범을 지지하는데 이는 가족에 대한 보수적인 입장 및 강한 혈연의식과 맥락을 같이하는 부분이다.

기독교인들이 종교생활을 가족의 모임보다 우선시하는 경향은 다종교 사회에서 종교의 차이가 가족 사이에서 갈등 요인이 되고 있는 현실을 반영한다. 기독교인들은 일반인들보다 종교생활이 부부

관계와 가족 사랑에 긍정적인 영향을 준다고 믿는 경향이 강하다.

2) 성 담론의 소비 효과의 유형들

한국 기독교인들의 성 의식에 관한 설문조사 결과를 배경으로 삼고, 나는 서울 소재의 교회에 출석하는 개신교인 56명을 선정하여 교회 성 담론에 대한 개별면담을 실시하였다. 2013년 7월부터 12월까지 진행된 심층면담의 참여자들은 성별, 연령별, 신앙별 기준에 따라 다음과 같이 구성되었다: 성별로 남자 19명, 여자 37명, 연령별로 20-30대가 14명, 40-50대가 17명, 60대 이상이 25명, 신앙별로 근본주의 성향의 교인 19명, 에큐메니칼 성향의 교인 24명, 여성주의 성향의 교인 13명. 심층면담은 교회 성 담론의 생산자(목회자)와 소비자(교인)의 익명을 유지하고 면담 내용을 연구 목적 외에는 사용하지 않는다는 것을 전제로 진행되었다.

본 장에서는 심층면담의 결과를 분석하여 교인들의 성 담론 소비 유형을 수용형, 절충형, 저항형으로 나누고 유형별로 가장 빈번하게 다루어진 내용을 사례로 인용하였다. 사례의 인용문은 중단되거나 반복된 대화 내용을 주제와 문맥에 따라 최종 정리한 글임을 밝혀둔다.

(1) 수용형

수용형의 성 담론 소비 방식은 교인들이 교회의 지배적인 성 가치관과 성 윤리를 내면화하고 맹종하는 것을 의미한다. 이 유형에서 자주 언급되는 성적 타락, 성 역할, 가정의 행복, 성폭력을 중심으로 성 담론의 소비 특성과 그 함의를 살펴보면 다음과 같다.

가. 성적 타락에 대하여

교인들은 교회 성 담론 가운데 성적 타락에 대한 관심이 많고 금욕주의적 신앙관으로 섹슈얼리티에 대한 수치심, 불안, 죄의식을 반복적으로 언급한다. 현대의 타락한 성 문화를 말세의 징표로 받아들이고 성적 유혹과 쾌락을 죄악시하면서 이에 대한 심판을 확신하고 있다. 이와 같은 부정적인 성 인식은 종교적 규범을 비판이나 의심 없이 수용한 결과인데 특히 여성의 몸과 성을 혐오하고 비하하는 성향이 강하게 나타난다.

오늘의 사회에서는 한편으로는 외모주의와 성 개방성이 강조되고, 다른 한편으로는 성 관계로 실망하고 절망하는 경험이 많아지면서 부정적인 성문화에 대한 비판이 고조되고 있다. 소비자본주의는 친밀한 관계에 대한 욕구를 상품에 대한 욕구로 대치하고 성 관계를 성을 소유하고 소비하는 것으로 왜곡시켰다. 한 파트너의 성적 욕구를 만족시키는 데 그치는 성교는 감각적 쾌락과 사랑의 감정을 분리시키고 당사자 간의 결속력을 해체시킨다. 관능미와 유혹적 치장으로 성욕을 자극하는 성은 쾌락 욕구를 충족시키고 성을 소비하게 하지만 친밀한 관계를 기반으로 한 성적 의사소통을 억압한다. 이는 서로를 필요로 하는 두 사람이 '한 몸'을 되어 한 사람의 한계를 넘어서려는 초월적 욕망을 부정하는 것이다.

여기서 교인들이 교회 성 담론을 수용하는 방식에 주목하면서 두 사례를 살펴보기로 하자.

오늘 우리 사회는 성적으로 문란하고 너무 타락했어요. 티브이의 드라마나 인터넷의 동영상을 보면 민망할 지경이지요. 불륜, 성적 방종, 동성애, 음란, 음욕이 넘쳐 나지요. 사람들이 짐승과 다른 게 염치라는 데 지금의 성적 타락은 짐승보다도 못한 겁니다. 하다하다 너무 하니까 목사님도 설교에서 "사단은 지금도 여러분을 노리고 있고 타락한 성문화가 우리와 우리의 가정을 넘보고" 있다고 강조하십니다. 이게 말세의 징조라는데 이 많은 죄 값을 어 이하려고 그러는지 모르겠어요. 특히 여자들이 정신 못 차리고 수치심도 없는 게 무서울 정도입니다. "하의실종"이라고 할 만큼 하체를 거의 노출하고 길거리나 학교를 누비고 있어요. 누구 보라고 그러는지 야단들입니다. 심지어 술에 취해서 밤중 한길에 쓰러져있는 여자들도 있는데 자기 몸을 막 굴리는 거죠. 이런 여자들은 보호할 가치도 없는 것 아닌가요? 어린 여자아이들까지 돈 준다고 몸을 파는 지경이 되었어요. 이건 여성 해방이 아니라 죄를 짓는 일이에요. 성경 말씀이 틀리지 않은 거죠. 여자들은 시대가 변해도 말씀대로 살아야 죄악에 물들지 않고 사람 구실을 할 수 있어요. (50대 여성)

사회 생활을 하다보면 성적 유혹이 많아요. 성 관계에 대한 사회 인식도 옛날 같지 않고 여자들의 태도도 많이 달라졌구요. 몸을 무기로 대드는 여자들이 늘어 갑니다. 요란한 화장이나 거의 벗은 의상을 보면 남자들 유혹하려는 거 아니겠어요. 본능적으로 성에 약한 남자들은 조금만 정신줄을 놓으면 패가망신하기가 쉬워요. 다윗, 솔로몬, 삼손이 망한 것도 다 여자 때문 아닙니까? 소돔과 고모라가 하나님의 심판을 받은 것도 음란 때문이고요. 인간이 지닌 죄성 가운데 성적 타락이 가장 무섭다는 생각이 들면 겁이 납니다. 불류, 음란, 동성애를 멀리하고 거룩하고 깨끗하고 순결하게 살려면 믿음 밖에 없어요. 교회 안에 있으면 기도와 신앙으로 마음을 다잡는데 사회에 나오면 다시 흔들리지요. 그럴수록 교회 생활에 충실하고 설교 말씀대로 살아야겠다고 다짐합니다. (60대 남성)

교인들은 일상적으로 대중매체를 통해 향락문화와 성 스캔들을 접하게 되고 직장생활이나 사회생활에서 개방적인 성 문화를 경험한다. 이 과정에서 눈에 뜨이는 것이 여성들의 성에 대한 가치관과 태도이다. 전통적인 성 문화에서 급격한 변화를 보이는 것은 남성보다 여성이기 때문이다. 오랫동안 성적 억압 아래 있던 여성들은 소비자본주의의 향락문화를 다양하게 경험하는데 그 가운데 성적 타락에 빠지는 경우도 증가하고 있다. 이런 현상을 두고 교인들은 성경에 기록(특히 창세기 3장)된 바대로 여성의 유혹하는 죄성과 쾌락을 탐하는 비도덕성을 쉽게 연상하는데 앞의 인용문에서도 이런 성향이 나타나고 있다.

두 인용문의 화자들은 성 담론의 상투어(Schablone)를 자주 사용하고 있다. 문란, 타락, 불륜, 음욕, 성적 방종, 동성애, 음란, 사단, 유혹, 수치, 패가망신, 죄악, 심판 등 성경에 기록된 단어들이다. 교회에서 많이 사용하는 이 상투어들은 "육신-본능-음욕-악한 마음-부패와 멸망"의 기본 코드를 만들어 낸다. 일반적으로 상투어는 생각 없이도 익숙하게 사용하면서 특정 이미지를 금방 연상시키는 단순화된 언어인데 사고를 경직되게 만든다. 경직된 사고는 표현의 미묘한 차이를 인식하기 어렵고 애매한 개념을 간단한 구호처럼 사용한다.

의문을 불러일으킬 여지가 있는 단어들을 허용하지 않게 된다. 인용문에서 나타나듯이 "불륜, 성적 방종, 동성애, 음란, 음욕"과 "거룩하고(벧전 1:15) 깨끗하고(요일 3:3) 순결함(살전 4:3-5)"을 상호 분리되고 대립적인 구조로 쉽게 내면화한다. 교회 안의 상투어 반복은 교인들에게 기억조차 필요 없는 자동적인 반응을 유도하고 내면화된 성 담론을 유지하게 만든다.

성적 타락의 기본 코드를 내면화한 교인들은 금욕주의에 대한 확신과 함께 두려움과 불안을 경험한다. 성적 욕망은 순결함을 더럽히고 욕망에 따른 일시적인 쾌감과 만족으로 사랑을 배반하고 신앙을 위협한다는 믿음에 따라 성속의 분리가 확고하기 때문이다. 성적 유혹에 약하고 금욕을 위반하는 죄를 범하는 사람의 성을 초월적인 하나님의 사랑과 연결하는 것은 불경스러운 위험한 발상으로 여긴다. 이와 같은 성속의 철저한 분리는 그만큼 성에 대한 부정적 인식이 강하고 성을 통제의 대상으로만 간주하는 의식을 반영한다고 볼 수 있다. 육신과 정신, 본능과 의지, 음욕과 순결, 악과 선, 멸망과 구원 사이에서 주저하고 방황하는 것은 위험하고 오직 구원의 확신만이 요구된다. 이 확신에 작은 의심이나 균열이 생긴다면 그게 곧 죄를 연상시킨다. 이렇듯 확신 강박에 따라 두려움과 불안, 죄의식에 민감해지는 모습은 앞의 인용문에서 엿볼 수 있다. 가부장제 사회에서 남성은 여성과 달리 이성과 정신의 능력을 지니고 도덕성과 인격을 갖추어야 한다는 압력을 받아 왔다. 하지만 남성들은 몸과 성의 욕망에서 벗어나기 힘들고 그 욕망에 굴복하는 행위로 인해 수치심, 불안, 죄의식 등을 갖게 된다. 이와 같은 남성의 딜레마를 해결하는 한 방식은 여성들의 몸과 성을 대신 억압하고 지배하여 자신들의 수치심, 불안, 죄의식 같은 심리적 긴장과 부담을 덜어내는 것이다. 이런 착각의 기제로 사람들은 외부적인 금욕과 내부적인 불안을 양면의 동전처럼 같이 갖게 된다. 가부장제의 엄격한 성 윤리가 여성들의 성을 통제하는 내면에는 이런 심리적인 요인이 작용한다고 볼 수 있다.

장기적으로 억압된 내부의 불안은 종종 외부적인 공격성으로 표출하게 마련이다. 가령 성적 타락과 관련된 두려움과 불안, 죄의식은 성적 타락의 모습을 보이는 특정인을 향한 분노로 전환되는 것이다. 그 대표적인 예가 동성애 문제이다. 다음 인용문에서 그 모습을 살펴보기로 하자.

타락한 성문화의 대표적인 것이 동성애라고 들었습니다. 성경에 기록된 대로 동성애는 음란과 멸망으로 이끄는 죄입니다. 소돔과 고모라처럼 성적 문란함과 방종으로 하나님의 심판을 부르는 더럽고 추악한 병이지요. 그런데도 동성애자들은 수치심도 없이 사랑을 말하고 인권을 주장합니다. 마치 특별한 사랑을 하는 것처럼 자신들을 미화하고 주위 사람들의 경계를 차별이라고 비난하네요. 이런 무리들의 소리에 철없는 아이들이 물들어서 유행처럼 따라하는 것도 걱정스러워요. 자기 죄가 무언지도 모르는 자들이 우리 아이들을 오염시키고 사회 질서를 파괴한다는 설교가 늘 머리에서 떠나지 않아요. 일종의 사회악인데 그대로 두는 것은 너무 위험하지요. 따로 분리하고 상종을 말아야 합니다. 회개도 모르고 변하려고도 하지 않는 동성애자들에게 남은 것은 하나님의 뜻대로 벌을 받는 거예요. 그런 동성애를 인본주의적 생각으로 지지하는 기독교인들도 같은 죄인입니다. 죄인을 참회하도록 인도하지 않고 허용한다는 건 하나님의 뜻을 거역하는 것이니까요. (60대 남성)

인용문에는 동성애에 대한 분노가 나타나 있다. 이것은 "음란과 멸망으로 이끄는 죄"와 "하나님의 심판을 부르는 더럽고 추악한 병"인 동성애가 (순결하고 깨끗한) 사람들을 "오염시키고 사회 질서를 파괴"하는 것에 대한 불안을 의미한다. 이 불안을 해소하는 길은 다양하겠지만 인용문에서 보이는 것은 "분리"와 "단절", "하나님의 심판"뿐이다. 부정적인 대상을 멀리 하려는 '회피동기'는 불안한 사람의 시각을 축소시키는 경향이 있다.

나. 성 역할에 대하여

교인들은 전통적인 성 역할의 필요성을 현대 가족의 해체와 불화에서 실감하고 그 정당성을 하나님이 정하신 질서와 섭리로 수용함으로써 시대 변화와 무관하게 교인이라면 반드시 지켜야 할 신앙적 규범으로 인식하였다. 따라서 전통적 성 역할에 어긋나는 여권 신장이나 여성 지위의 향상을 가정을 파괴하는 요인으로 받아들이고 전통주의에 입각한 남녀 관계를 성경에 기록된 내용을 기반으로 불변하는 생활윤리로 여긴다.

이런 성 담론의 소비는 교인의 연령대가 높을수록 더 확고하게 나타나는데 젊은 세대는 현실적으로는 성 역할에 대해 다소 개방적인 견해를 지녔다고 해도 신앙적 차원에서는 보수적인 입장을 보였다. 이처럼 교회에서 가르치는 성 역할을 수용하는 데에 세대차가 뚜렷하지는 않지만 이를 수용하는 이유에서는 차이를 엿볼 수 있었다.

아래의 인용문을 살펴보기로 하자.

요즈음 여성들이 술을 마셔대더니 드디어 알코올 중독이 늘어간다는 소식을
들었어요. 특히 가정주부인 중년여성들이 많다는데 이게 무슨 일인가요. 남
편과 자식이 있는 여자들이 술을 마시고 중독까지 되었으니 살림이나 제대
로 하고 아내나 엄마 구실을 제대로 할 수 있겠어요. 세상이 변해도 변치 않
는 진리가 있듯이 여자는 여자가 할 도리를 하고 지켜야 할 것은 반드시 지
켜야 해요. 현대 여성들은 많이 배우고 직업을 가지면 자기가 할 일을 남편
이 해야 평등하다고 주장하지만 그건 하나님의 말씀을 따르지 않고 마귀의
유혹에 넘어가서 가정불화나 이혼을 만드는 이유가 됩니다. 신실하게 믿는
사람들은 특히 그래야 해요. 아무리 힘들어도 여자 일은 여자가 하고 남자
일은 남자가 하는 게 하나님의 우리에게 가르치신 질서고 섭리니까요. 그런
사람들은 축복 받고 주위에서도 칭찬 받고 집안도 평화로워요. 또 집안에서
여자 일을 제대로 하는 사람들이 교회에서도 부엌봉사나 청소를 잘하지요.
그래서 집안이 평안하듯 교회도 평안합니다. (60대 여성)

여성 해방의 흐름에 따라 전통적인 성 역할이 도전을 받고 있다고 생각했어
요. 맞벌이 부부의 경우에 특히 그렇고요. 이젠 여성들도 학업이나 직업으로
남성들처럼 해야 할 과제가 많고 시간이 많이 부족하잖아요, 그런데 설교를
듣고 성경을 읽으면서 제 생각이 어리석다는 걸 깨달았어요. 성 역할이 과거
와 달라진다고 해서 여성들이 편하게 사는 게 아니라는 거죠. 남자들이 여자
일을 도와준다고 하면 여자들도 남자 일을 해야 하는데 그렇게 되면 누가 더
힘이 드나요. 제 주위에도 성 역할을 바꾸거나 바꾸자고 주장하며 싸우는 여
자들이 더 힘들게 살아가는 것 같아요. 그럴 바에야 과거 같은 성 역할 분담

이 더 낫지 않을까요. 괜히 힘들고 지치고 관계만 악화시키기보다 여자답게 여자의 역할을 하면 주위에서 특히 남자들에게 사랑받을 수 있으니까요. 하나님이 주신 진리의 말씀이 저에겐 큰 힘이 됩니다. (30대 여성)

앞의 두 인용문에서 남녀의 성 역할을 분리하고 유지하는 것을 옹호하는 근거를 살펴보면, 첫째 인용문의 화자는 성 역할의 변화가 초래하는 폐단을 지적하고 이에 대한 주위의 평가를 많이 의식하고 있다. 그에 비하여 둘째 인용문의 화자는 성 역할의 변화가 현실적으로 여성 혹은 자신에게 초래하는 결과를 두고 개인적으로 실리적인 판단을 하고 있다. 두 사람 모두 자신들의 생각이 하나님의 뜻에 어긋나지 않는다는 데에서 확신을 얻고 축복된 생활을 기대한다.

첫째 인용문에서 여성의 알코올 중독이 성 역할과 연계된 것은 주목할 만하다. 여성의 알코올 중독에 대한 정보를 찾아본 결과, 2014년 국민건강보험공단은 2013년 알코올성 정신장애 인구 10만 명당 진료인원은 여성의 경우 40대와 50대가 가장 많았고 남성의 경우는 60대가 가장 많은 것으로 발표했다. 이와 같은 연령대별 차이가 나타나는 원인을 두고, 여성의 4,50대가 폐경을 둘러싼 호르몬의 변화와 여성 역할의 변화를 경험하는 시기이고, 남성의 60대는 수십 년의 음주 경험이 축적되고 사회경제적 활동의 축소로 인한 정신적 위기를 맞는 시기라는 점이 지적되었다. 중년여성들이 '여성 역할의 변화'로 "우울해서 홀짝홀짝 … 술에 빠지다"라는 문구가 신문기사의 제목으로 나오기까지 했다(한국일보 2014년 12월 29일자). 여기서 중년여성들을 우울하게 하는 여성의 역할이란 폐경기로 인한 생물학적 모성(임신)의 그침과 성적 매력의 감소를 의미한다. 이는 가부장제에서 여성의 우선적 가치를 성적 매력과 출산 능력에 두고 있음을 반영한다. 이런 점에서 월경의 그침(閉經)이 여성들에게 끼치는 부정적 영향을 긍정적 의미로 재해석한 완경(完經)이란 신조어도 생겨났다.

성 역할을 둘러싼 성별 갈등은 성적 욕구, 감각, 정서를 포함한 자기 성 정체성을 부인하는 한 요인이 되고 친밀한 관계를 형성하는 능력도 상실하게 만든다. 성 역할을 기반으로 사랑과 욕망을 분리하고 육체적 사랑과 정서적/영적 사랑을 분리하는 방식은 사랑의 포괄적 실체를 보지 못함으로써 성적 감수성을 빈약하게 만들고 인간의 가치를 떨어뜨린다. 획일화된 성 역할의 학습과 내면화는 개인의 활동 범위를 남성 영역과 여성 영역으로 구분 짓고 그 경계를 벗어나지 않도록 강제함으로써 상호의존과 상호만족을 위한 성 인식을 방해한다. 그 결과, 성 관계로 맺어진 남성과 여성은 저마다 소외를 경험하고 고통 받게 된다.

다. 가정의 행복에 대하여

교인들은 가정이 해체되는 이 시대에 가정을 지키려면 무엇보다 아내의 의무와 책임이 크기 때문에 가정의 행복은 여성에 의해 결정된다고 믿는다. 아내가 남편에게 순종하는 것이 가정의 행복을 지키는 핵심으로 여기고 이것을 하나님의 말씀(에베소서 5장 21-24절, 베드로전서 3장 1-6절)에 순종하는 것과 동일시한다. 여기서 여성의 순종이란 아내의 내조(보조 역할), 남편을 위한 성적 매력, 가정 안의 감정노동으로 이해되고 남편을 돕는 역할 중에 불신자 남편을 전도하는 일을 중요하게 강조한다. 이를 수용하는 교인들은 전통적 성 역할에 기반한 여성의 의무와 책임을 어떤 상황과 조건에도 불구하고 지켜야 할 종교적 계명으로 여기고 특히 여성들은 가정의 행복에 대한 자신들의 권한과 가치에 자부심을 지니는 모습을 보인다. 여기서 여성 교인들의 생각을 살펴보자.

생존 경쟁이 치열한 세상에서 그래도 힘이 되는 것은 가정이 아닌가요? 그 이유는 가정의 인간관계가 사회에서 맺는 인간관계와 다르기 때문입니다. 가정에서 이루어지는 사랑의 원리가 그것입니다. 가족 사이에 사랑으로 양보하고 손해보고 도와주는 것. 교회에서 배우는 가정의 원리도 이런 거지요. 아내가 순종하고 남편을 도와주는 건 인권이나 평등의 문제가 아니고 사랑의 원리지요. 그 사랑의 대가로 행복하게 사는 게 하나님이 원하시는 것이고요. 더구나 그런 사랑의 드라마를 만드는 주도권이 아내에게 있다니 그만큼 여자를 인정하신다는 게 아닐까요? 사실 남자보다 여자들이 사랑이나 도덕적인 생활에 있어서 훨씬 나으니까요. 그래서 가장 중요한 가정을 파괴하는 이혼녀들이 당하는 고통이 엄청 나지요. (20대 여성)

여자가 아무리 잘나 봐야 그 본분을 버릴 수는 없지요. 그게 성경에서 말하는 남편을 돕는 배필입니다. 누군가를 도와주는 일은 좋은 건데 자기 남편을 도우라는 데 얼마나 좋아요. 민주화라고 떠들지만 가정에서 리더는 하나여야 질서도 서고 평화롭지요. 밖에서 시달리며 돈 벌어오는 남편에게 대들지 말고 '베개송사'같은 방법으로 문제를 해결하는 게 좋아요. 설사 남편의 외도나 폭력이 있다 해도 본연의 본분을 지키고 인내와 용서로 기다려야 합니다.

이게 하나님이 만드신 질서, 하나님이 정한 순서, 하나님의 섭리인 아내의 순
종 의무가 아니겠어요. 하나님이 우리에게 주신 게 틀릴 리가 있나요. 가정
은 여자 하기 나름 아니겠어요? 사람 생각을 내세워 이혼하는 여자들이나 자
기주장 하느라 결혼도 못하고 아내 자격도 없는 여자들은 다 하나님의 뜻을
거스르고 벌을 받고 있는 거예요. 가정의 평화와 행복을 위해 자신의 본분을
지키지 않는 여자들은 가정 파괴범입니다. (60대 여성)

두 인용문은 행복한 가정을 이루기 위한 여성의 순종 의무를 '당
근과 채찍'의 방식으로 수용한 사례이다.

첫째 인용문의 화자는 가정을 생존 경쟁의 시대에서 사랑이 구현
되는 자리로 인정하고 그곳을 제대로 운영하는 주인공이 여성이라
는 점을 강조한다. 여성들이 이런 특권을 지닐 수 있는 이유는 도덕
적 우월성이라는 것이다. 하지만 모든 여성들이 이런 능력을 발휘하
는 것은 아니다. 가정을 지키지 못하고 이혼하는 여성들은 남편에게
순종과 도움을 주는 '사랑의 원리'를 저버린 사람들이다. 여기에는
여성들이 왜 이혼을 하는지에 대한 배려나 성찰은 없다. 이혼녀들이
겪는 고통은 "양보하고 손해보고 도와주는" 사랑이 부족하거나 가정
밖의 사회에서 통용되는 인권이나 평등을 주장한 결과로 해석된다.
이 교인에게 가정은 공사 영역으로 분리된 곳이고 인권이라는 사회
윤리보다 복종이라는 기독교 윤리가 지배하는 자리이다. 그래서 가
정을 이루기 위한 여성의 순종 의무는 도덕적 우월성이라는 '당근'으
로 수용되고, 순종의 강제로 여성이 감당해야 하는 고통은 은폐되고
있다.

둘째 인용문의 화자는 아내의 순종 의무와 책임을 하나님의 섭리

로 수용하고 그 안에서 아내/여성이 맡은 역할에 대한 의미와 가치를 강조한다. 남편의 외도나 폭력 같은 현실적인 고통도 하나님의 뜻을 따르는 종교적 의미로 극복할 수 있다고 여긴다. 이와 같은 신앙적 확신에는 종교적 의무를 저버리면 벌을 받는다는 잠재적 불안이 있다. "자기 생각"이나 "자기주장"으로 여성의 본분에 어긋나는 여성들을 "가정 파괴범"이라고 강하게 표현한 데에서 그 불안의 일말이 엿보인다. 그런 의미에서 이 교인에게 아내의 순종 의무는 종교적 규범을 따르지 않으면 "하나님의 축복이 떠나는" '채찍'이 될 수 있다. 여기에 가정을 지켜야 할 남편의 책임을 온 데 간 데 없어지고 만다.

여성의 도덕적 우월감과 종교적 벌에 대한 두려움을 기반으로 아내의 의무와 책임을 수용하는 방식은 다음과 같은 가정폭력의 경우에도 살펴 볼 수 있다.

남자는 본래 거칠고 공격적인 본능이 있습니다. 그런 사내다움이 있어야 이 거친 세상에서 살아남을 수 있어요. 가정에서 아내가 남편의 기분을 건드리지 않고 여자답게 서비스가 좋으면 누가 폭력을 사용하겠어요? 여자의 본성은 순종하고 인내하고 연약한 것인데 남자처럼 굴고 대드는 것은 남편의 공격성을 찌르는 것과 같은 겁니다. 맞을 짓을 하지 말아야 해요. 그리고 가정에서 일어난 일을 밖에서 떠드는 것도 창피한 줄을 모르는 겁니다. 한 사람이 희생해서 가정의 평화를 살리는 게 여자의 도리고 성경의 가르침인데 요즘 이게 사라지면서 가정 파탄이 늘어가고 있어요. (60대 남성)

가정폭력에 대한 언급에서 강조되는 것도 아내의 역할이다. 가정폭력의 원인을 아내의 순종 의무의 결핍에서 찾고 폭력에 대한 상황판단은 배제한 채 폭력의 책임을 피해자에게 돌리고 있다. 아내가 여자의 본성을 따르지 않고 여자의 도리에 벗어난 결과가 가정폭력이라는 것이다. 여기에서 가정폭력의 의미는 종교적 의무에 복종하지 않은 여성의 죄로 축소된다. 이는 교회 성 담론이 가정폭력에 대응하는 아내의 자세로 3무(無), 곧 폭력과 외도와 불순종을 강조하면서 아내의 비폭력과 순결과 순종을 하나님의 섭리로 가르치는 것을 연상시킨다. 또한 가정폭력을 사생활의 문제로 간주하고 그것을 외부에 노출하는 행위를 비난하고 금기시하는 데서 가정폭력의 피해를 축소하면서 피해자에 대한 통제를 강화하는 의도가 엿보인다.

가정이 하나님의 질서에 따라 사랑과 거룩함을 나누는 자리라는 기독교 가르침은 전통적 교리보다 구체적인 삶으로 경험해야 파악할 수 있는 진리이다. 일방적인 사랑을 강요하는 가정폭력이 거룩한 것인지를 물어야 할 것이다.

라. 성폭력에 대하여

교인들은 성폭력에 대한 언급을 금기로 여기고 교회 내 성폭력을 둘러싼 사실관계를 '은혜롭게' 처리하는 것을 바람직하게 여긴다. 이런 사후처리의 방식은 성폭력의 피해자의 처벌 의사를 약화시키고 용서와 사랑이라는 기독교적 덕목을 강조하면서 성 담론의 전개를 축소시키는 특성을 보인다.

교인들은 사회에서 발생한 성폭력을 성적 타락의 결과로 판단하고 그와 같은 세속적인 문제를 교회에서 거론하는 것을 기피한다.

교회 내 성폭행이나 목회자의 성적 탈선도 오랫동안 침묵으로 은폐되다가 피해자의 고백이나 고발이 있을 때 비로소 성 담론이 시작된다. 다음의 인용문은 성폭력에 대한 대다수 교인들의 생각을 보여준다.

교회 안에서 성폭력을 이야기한다는 자체가 수치스러워요. 이게 폭력인지 아닌지도 의심스러운데 당사자들과 하나님만이 아실 일입니다. 무엇보다 여자의 몸 간수가 중요한데 쉬운 여자들이 남성의 본능을 자극하는 경우가 적지 않으니까요. 설사 성적 문제가 발생했다 해도 스스로 회개하고 조용하게 처리하는 게 도리 아닌가요. 그걸 여러 사람들 앞에 공개한다는 것은 수치심도 죄의식도 없는 뻔뻔한 일입니다. 성폭행의 죄는 한 사람만의 일방적인 죄가 아니라 쌍방 책임을 물어야 해요. 피해자는 왜 오랫동안 침묵하다가 이제야 지난 일을 밝히려 하는지 모르겠어요. 무슨 이유로 무슨 목적으로 이런 사단을 만들어내는지… 성 스캔들로 교회를 어지럽히고 세상에 기독교 망신을 시키는 게 본인에게 무슨 도움이 되나요. 이미 지난 일이잖아요. 사람은 누구나 실수할 수 있습니다. 이제라도 한 인간의 실수를 용서하고 사랑의 마음을 갖게 해달라고 눈물로 기도하는 것이 그나마 하나님 앞에 죄를 덜 짓는 일이지요. (60대 여성)

인용문의 화자는 성폭행을 수치스러운 개인문제로 단정하고 그에 대한 종교적 해결을 제안하고 있다. 여기서 가해자와 피해자의 잘못은 분명하게 드러나지 않은 채 쌍방 책임이란 명분으로 폭행의 고통은 희석된다. 성폭행을 성적 타락의 결과로 여기는 인식은 여성의 부도덕한 이미지와 연결되었다. 그래서 쉬운 여자에 대한 언급만 있을 뿐 난폭한 남자에 대한 언급은 없다. 문제는 뒤 늦게 성폭력을 공개하는 피해자의 의도에 대한 의구심과 추측에 있다. 이와 관련하여 성폭력 피해자가 겪게 되는 또 다른 고통과 교회 공동체에서 발생하는 혼란에 대해서 화자는 관심이 없다. 피해자가 폭력의 상처를 빨리 잊고 가해자를 용서하는 것이 기독교 방식의 성폭력 해결책이다. 이런 성 담론에서 강조되는 것은 성폭력의 원인, 과정, 결과, 사후 폭로에 관여한 피해자 여성 개인이다. 여기서 피해자의 삶의 맥락과 교회 내 권력관계에 대한 인식은 찾아 볼 수 없다.

이상에서 살펴본 대로 교회 성 담론을 수용하는 유형은 교회 지도부의 성 가치관과 성 윤리를 내면화하고 맹종하는 특성을 갖는다. 성서 문자주의와 권위주의가 강력하게 작용하게 되면 교회 성 담론은 교인들에게 성찰이나 비판 없이 그대로 주입되는 경향을 보인다. 그 결과 성 담론의 소비자는 한편으로는 자신에게 내면화된 성 인식을 기반으로 확고한 성 가치관과 태도를 형성하게 되고, 다른 한편으로는 성에 대한 내적 강박으로 인해 자신의 자율성과 책임감을 상실하고 무기력한 상태를 경험하게 될 것이다.

(2) 절충형

절충형의 성 담론 소비 방식은 교회의 엄격한 요구를 의식하면서도 성적 관행을 현실주의적으로 용인하는 것을 의미한다. 이것은 성속의 갈등 속에서 성서와 종교 규범의 의미를 변용함으로써 교회가 오늘의 성문화에 적응하도록 하는 실용주의 유형과 유사한 특성을 보인다. 이 유형에서 자주 언급되는 혼전 순결, 낙태, 결혼과 이혼을 중심으로 성 담론의 소비 특성과 그 함의를 살펴보면 다음과 같다.

가. 혼전순결에 대하여

교인들은 혼전순결이 시대착오적 주제로 인식될 만큼 만연된 현실을 인정하면서도 성적 방종의 세태를 우려하고 혼전순결에 대한 보수적인 담론을 지지한다. 혼전순결의 담론을 소비하는 방식은 성별보다 연령별 차이가 두드러지는데 이와 관련하여 다음의 인용문을 살펴 보자.

우리 시대에 생각하는 순결의 의미는 과거에 비해 많이 가벼워졌습니다. 요즘 일부 종교단체에서 혼전순결을 서약하는 것을 들었는데 과연 실제적인 효과가 있을지는 잘 모르겠어요. 성경적으로는 몸이 하나님의 성전이니까 소중하게 돌보아야 한다는 데는 저도 동의합니다. 현실적으로는 순결을 지키는 게 여자의 경우는 더 좋다는 생각도 들구요. 순결의 상실로 수치심이나 자책감에 시달리는 경우는 남자보다 여자들이 많기 때문이지요. 하지만 혼전순결을 사랑의 징표나 결혼의 조건으로 여기는 것은 우리 세대에게 설득력이 크지 않아요. 순결을 가르쳐야 한다고 주장하는 소리를 들으면 누가 순결교육을 담당하는지를 묻고 싶어요. 이미 잘 알려진 대로 기성세대는 성 가치관과 성 윤리에서 권위를 상실하지 않았나요? 차라리 성적 자기결정권을 가르치고 성 관계를 책임 있게 하라고 알려 주는 것이 현실적이라고 생각합니다. 하지만 사람들이 만나고 헤어지는 데 리셋증후군이 나타나는 시대에 혼전순결의 본질은 나름 가치가 없는 것도 아니에요. 순결이 '깨끗'해서가 아니라 성에 대한 주체적인 판단이 있기 때문이지요. (20대 남성)

설교를 통해 혼전순결의 필요성을 듣는 데 공감이 가요. 서로의 순결을 지켜 주도록 노력하는 것이 사랑하는 사람에 대한 배려고 진정한 사랑이라는 말씀에 동의합니다. 혼전순결의 가치가 땅에 떨어져서 '속도위반'이란 속어를 태연하게 쓰는 세태지만 순결은 육체적 의미만 아니라 정신적, 심리적 차원이 포함된 개념이 아닌가요. 순결에 대한 사회적 규범이 약해지면서 혼전 성관계에 대한 남성들의 요구를 마치 시대적 감각처럼 당연하게 여기는 풍조가 생겨났어요. 문제는 여기에 대한 여성들의 준비가 부족하다는 것입니다. 성적 존재로서 자기 성찰이 없이 성 관계를 받아들이고 여성만 내심으로 불안하게 지내는 모습을 많이 보았어요. 혼전순결을 강조하는 이유는 혼전순결에 종교적 의미를 부여해서 죄의식을 갖게 하려는 게 아니라 성적 방종으로부터 몸과 인간관계를 지키자는 데 있지 않을까요. 하지만 여성의 순결만 중요하게 여기는 관행은 반대합니다. 남성의 순결도 중요하지요. 그래서 순결 교육은 남녀를 분리하지 말고 같이 해야 효과가 있다고 봅니다. (50대 여성)

두 인용문의 화자들은 혼전순결에 대한 종교적 의미를 이해하면서도 우리 사회의 성 문화 현실을 염두에 두고 성 담론을 전개하고 있다. 20대 청년은 기성세대의 성 문화를 비판하면서 혼전순결보다 성적 자기 결정권을 강조하고, 50대 교인은 혼전순결의 금기가 사라진 성 개방 풍조에서 몸과 관계를 보호한다는 관점에서 순결의 필요성을 주장한다. 이는 전통적 정조관념과 순결 이데올로기를 두고 나타나는 세대간 차이의 단면을 보여준다.

첫째 인용문의 화자가 언급한 성적 자기결정권은 나라마다 연령 제한에 차이가 있다. 우리나라는 13세 이상부터 성적 자기결정권을 인정하고 미국, 영국, 캐나다는 16세 이상으로 정하고 있다. 성적 자기결정권은 자신의 성 정체성과 성 생활 전반에 대한 주체적 판단과 실천을 존중하는 권리인데 경우에 따라 악용될 소지가 있다. 예를 들어 연령차가 많이 나는 연장자가 연소자를 성폭행한 후 자기 범죄를 은폐하는 수단으로 피해자의 성적 자기결정권을 이용하는 경우가 그렇다. 권력관계 뿐 아니라 연령적 위계 관계도 성폭행 처벌의 주요 요인으로 인정되기 때문이다.

둘째 인용문의 화자가 말한 대로 우리 사회에 순결의 상실로 고통당하고 억압당하는 여성들이 적지 않다. 이런 상황은 성 관계에 대한 인식이 성기중심적으로 국한되어 성적 감수성, 환상, 친밀함, 사랑의 의미를 경시하는 성 문화와 관련이 있다. 상호감정과 상호이해가 결핍된 성 관계에는 쾌락의 소비만 남는다. 그렇게 되면 성적 존재의 인격을 부정하고 성적 욕구가 지닌 잠재력과 가능성도 사라지게 된다.

현재 순결에 대한 의식의 변화는 양가적 모습을 보인다. 한편으로는 여성에게만 요구되었던 순결 강박이 약화되면서 성 관계의 민주화가 진행되고, 다른 한편으로는 무분별한 성 개방 풍조로 성 관계에 대한 불신이 확산되는 것이다. 이런 점에서 순결에 대한 담론은 아직도 사회적 합의가 필요한 과제로 남아 있다.

나. 낙태에 대하여

교인들은 종교적으로는 낙태를 하나님이 허락하신 생명을 죽이는 행위로 인식하면서 현실적으로는 낙태를 허용하고 있다. 낙태로 인한 죄의식은 연령대가 높을수록 많았고 남성보다 여성이 낙태에 대한 책임에 민감한 반응을 보였다. 자신의 낙태 경험을 타인에게 발설하지 않으려는 욕구가 많았고 낙태를 예방하기 위한 담론의 필요성에 대해서는 큰 관심을 보이지 않았다.

낙태 문제에 대한 갈등은 태아의 생명권을 수호한다는 입장과 임산부의 성적 자기결정권을 옹호한다는 입장이 서로 대립하는 데서 생겨난다. 전자의 경우 여성의 몸에 대한 자율권을 반대하고, 낙태를 "생육하고 번성하라"(창 1:28)라는 말씀에 대한 불순종으로 죄악시한다. 또한 생명이 "하나님의 주권의 문제"라는 논거를 내세워 낙태의 윤리적 문제를 제기한다(한춘기, 1994, 224).

우리나라가 낙태율이 높다는 건 더 아는 사실이잖아요. 출산율은 낮은데 낙태율까지 높으니 태어나지 못하는 생명에 대한 생각을 하게 되네요. 생명은 창조주가 주시는 것인데 그걸 사람이 막는다는 건 죄를 짓는 것이지요. 하지만 세상이 험하고 복잡하다보니 원치 않는 임신도 생기잖아요. 아직 부모노릇을 할 조건이 아닌데 임신을 하거나 심지어 성폭력을 당해 생겨나는 임신도 있고요. 낙태를 안해야 좋지만 임신한 엄마도 살아야 하니까 할 수 없이 하게 되는 겁니다. 큰 죄라는 걸 알면서도 그래요. 살다가 어려운 일을 당하게 되면 문득 낙태한 벌을 받는지도 모른다는 생각이 들기도 해요. 시간이 많이 흘렀는데 죄 값을 치루지 않을까 하는 두려움이 있었나 봐요. 죽을 때까지 마음에 품고 가겠지요. 가능하면 낙태라는 말이나 이야기를 듣고 싶지 않아요. (50대 여성)

인용문의 화자는 낙태를 죄로 인정하면서도 낙태를 할 수 밖에 없는 이유를 밝히고 있다. 임신부의 생존 조건과 인권의 중요성이 그

것이다. "임신이 발생하는 사회문화적 맥락과 낙태를 선택할 수밖에 없는 개인적, 사회적, 시대적 상황"에 대한 고려가 필요하다는 설명이다. 낙태는 당사자의 어려운 결정 후에도 사라지지 않는 죄의식과 불안을 남긴다. "하나님이 지으신 생명"을 저버린 죄와 "하나님의 창조 목적과 계획"을 따르지 않은 죄다.

> 낙태를 하고 싶은 사람이 있을까요? 살인이라고 비난하는데 태아의 생명도 소중하지만 살아있는 엄마의 생명도 소중합니다. 출산하면 살아 갈 대책이 없는데 그냥 낳으라고 하네요. 하나님이 책임지신다는 건 당사자에겐 너무 막연한 대안이지요. 믿음이 적어서 그런지도 모르겠어요. 하지만 아이의 아빠도 반대하고 책임지지 않는다는데 우리 사회에서 미혼모가 될 용기는 없어요. 그래서 고민 끝에 낙태를 하고 교회에서는 비밀로 하는데 마음이 무겁고 누가 알면 많이 수치스러울 거예요. 하지만 교인들도 어느 교인이 낙태를 했다고 해서 공개적으로 정죄를 하거나 따돌림을 하는 분위기는 아니에요. 종교적으로는 죄를 지었다고 여기지만 현실적으로는 드문 일도 아니라 묵인하고 있어요. 설교 시간이나 성경공부 시간에 낙태 이야기를 들으면 마음이 불편하고 주위에서 낙태는 무조건 나쁘다고 하면 나도 모르게 빨끈해서 반감이 들지만, 혼자 있을 때는 회개의 기도도 하고 같은 실수를 반복하지 않겠다는 다짐도 하곤 해요. (20대 여성)

이 인용문의 화자는 출산 후 여성의 생존 현실을 고려하지 않은 채 낙태를 반대하는 행위를 무책임하다고 비판한다. 또한 우리 사회가 미혼부의 책임은 경시하면서 미혼모에 대한 질타와 부정적 선입견을 갖고 있음을 시사한다. 낙태로 인한 성적 피해자의 대부분은 여성이다. 낙태로 인한 여성의 고통은 무엇보다 원치 않은 임신이 '몸 간수'를 제대로 하지 못한 탓이라는 인식과 생명을 포기한 이기적인 모성이라는 사회적 낙인과 자책에서 비롯된다. 이런 점에서 낙태 문제는 살인 여부에 대한 논쟁을 넘어서 무책임한 성 행위에 대한 성찰이 중요하다.

교회에서 낙태 경험은 여전히 금기지만 묵인하는 분위기에 대한 화자의 언급은 종교적 계명의 구속력을 넘어서 교인들의 낙태가 적지 않음을 암시한다. 성차별적 성 문화에서 여성들은 낙태에 대한 두려움으로 성에 대한 부정적 인식을 형성하고, 낙태로 인한 죄책감으로 낙태문제를 사회구조적인 차원에서 해결하려는 노력을 쉽게 포기하고 고립되는 경우가 많다.

교회에서 낙태 이야기를 들으면 마음이 불편해진다는 화자의 경험은 '살인하지 말라'는 성서 문자주의를 연상시킨다. 화자의 삶과 무관하게 사용되는 '살인'이라는 언어는 당사자에게 낙태에 대한 죄의식과 불안을 불러일으키는 효과가 있다. 때때로 말은 감정을 고조시키고 판단을 어렵게 할 수 있다. 연상작용으로 그 말의 개념과 전혀 다른 이미지를 불러올 수 있기 때문이다. 살인이란 말은 잔인함의 기운을 동반하고 파괴적인 감정을 유발시킨다. 사전적으로 살인이란 본인의 의지에 역행해서 저열한 동기로 사람을 죽이는 것을 뜻한다. 이런 의미가 낙태와 동일하게 사용할 수 있는지를 성찰할 필요가 있다. 사람들은 단어가 지닌 힘에 따라 생각하는 것을 잊어버리는 경우가 많기 때문이다.

다. 결혼과 이혼에 대하여

교인들은 불신자와의 결혼과 이혼에 대한 결정에서 교리적인 기준보다 현실적인 판단에 따르는 경우가 많다. 이런 결정에 대한 부담은 교회 직분을 맡은 지 오래 되고 지도자 위치에 있는 교인일수록 증가한다. 일부 교인들은 이런 상황에서 교회가 불신자와의 결혼과 이혼을 암묵적으로 용인하기보다 이와 관련된 담론을 전개하고 그에 맞는 종교 의례를 준비하는 게 신앙생활을 제대로 가르치는 것이라는 대안을 제시하였다.

교인들끼리 결혼하는 데 관심이 없었어요. 종교의 자유가 있는 대한민국에서 종교가 결혼의 조건이 되리라고 생각하지도 않았고요. 물론 종교가 달라서 가족들 사이에 갈등이 생길 수도 있겠지만 우리 집은 종교로 인한 구속이 그리 크지 않다고 여기고 있었으니까요. 하지만 결혼 상대자를 구할 때 우리 집이 우선적으로 보는 게 무슨 종교냐는 겁니다. 한 때 사귀던 사람과도 종교 때문에 헤어졌어요. 누군가는 불신자를 만나면 전도의 기회로 삼으라고 하던데 부담스럽네요. 제가 아는 사람이 다른 종교를 믿는 사람과 결혼하면서 얼마나 교인들을 의식하던지 조금 놀랐어요. 한국에서 개신교가 다른 종교에 비해 가장 배타적이라고 하던데 그걸 조금 실감하는 것 같습니다. 사실 개신교 안에서도 교단이 다르면 주로 남편의 교회로 다니는 거 같은데 이것도 일종의 종교 자유를 억압하는 건지 모르겠어요. 이 문제에 대해서 교회에서 서로 이야기하고 싶은데 기회가 별로 없네요. (20대 남성)

한국갤럽이 2014년 4월 전국(제주도 제외)의 만 19세 이상 남녀 1,500명을 대상으로 본인과 가족의 종교 일치 여부를 물은 결과, 개신교의 경우 부친과 일치율이 47%, 모친과 일치율이 56%로 나타났다. 1984년 이후 부모-자녀 종교 일치율 추이는 대체로 증가했는데 개신교는 부친 일치율과 모친 일치율이 각각 20%포인트, 13%포인트 늘었다. 기혼자(이혼, 사별 포함 1,164명, 전체 응답자의 78%)와 배우자의 종교가 일치하는 비율은 개신교 73%, 불교 68%, 천주교 56% 순이었다. 이런 결과는 부모가 특정 종교를 믿는 경우 자녀도 해당 종교를 믿는 경향이 있고, 그 자녀가 성인이 되면 같은 종교를 믿는 배우자를 찾게 될 가능성이 높음을 보여준다. 이런 점에서 앞의 인용문에 나타난 화자의 고민은 새로운 성 담론의 과제를 시사하고 있다.

이혼을 앞두고 고민이 많았어요. 이혼하고 나니까 그 전에 염려하던 일들 가운데 생각보다 가벼운 것도 있고 무거운 것도 있더라고요. 가장 오래 마음에 남는 건 이혼이 하나님이 정하신 것을 인간이 깨는 죄라는 비난이었습니다. 이혼이 사회에서 자랑이 아니듯 하나님 앞에서 칭찬받을 일도 아니지요. 하지만 이혼 안하려고 매일 미움과 불화로 살아야만 하는지, 그저 인내하고 희생을 해야 하는지 답답했어요. 이게 이기심이라고 사람들은 이야기 하더군요. 목사님은 이혼을 시대적 유행처럼 쉽게 하는 세태를 나무라셨는데 당사자들에게 쉬운 이혼이 얼마나 되겠어요? 그래도 저는 교회에서 이혼 이야기에 대해 침묵하고 지내요. 결혼이나 이혼이 사람사는 한 방식이고 제도라고 생각하면 마음이 가벼운데 종교적 의미를 부여하면 죄인이고 가정 파괴자가 됩니다. 하지만 기독교가 용서와 사랑의 종교라면 이혼한 사람들의 삶도 용서와 사랑으로 새로워질 수 있지 않을까요? 부부들이 미워하지 않고 잘 헤어지고 이혼 후에는 상처를 회복하고 살아갈 수 있도록 교회의 예식이나 기도문이 있으면 도움이 되리라는 생각도 듭니다. (30대 여성)

낙태와 마찬가지로 이혼은 교회에서 환영받지 못하는 비밀에 속한다. 인용문에서 드러나듯이 이혼 사유의 사회구조적 측면을 간과하고 개인에게만 이혼의 책임을 돌리는 것은 부당하다. 또한 "가정을 파괴한 죄인"이란 종교적 낙인은 이혼의 고통을 배가시킨다. 이에 대한 교회의 대안적 담론을 촉구하는 것이 인상적이다.

이상에서 살펴본 대로 교회 성 담론을 절충형으로 소비하는 방식은 교회의 엄격한 요구를 의식하면서도 성적 관행을 현실주의적으로 용인하는 것이다. 성과 속을 분리하여 종교적으로는 교회의 성 담론에 동조하고 현실적으로는 교회의 성 담론과 어긋나는 결정을 하는 양면성을 갖는다. 또한 성에 대한 자신의 결정이 현실적으로 합당하다고 생각하면서도 종교적 교리를 따르지 않았다는 부담감과 죄책감을 갖고 이를 해결하기 위한 종교적 명분을 모색하는 모습도 보인다.

여기서 주목되는 것은 교인들이 자신이 실행한 현실적 결정을 공개적으로 말하지 못하고 은폐하는 경향이다. 그렇게 되는 까닭은 교회에서 섹슈얼리티에 대한 금기가 강력한 힘을 발휘하기 때문일 것이다. 금기는 건드러져서도 안 되고, 금기를 건드렸다고 대놓고 발설해서도 안 된다. 그러나 공개적으로 말을 하지 않는다고 해서 행하지 않은 것도 아니다. 그렇기에 금기의 위반은 혼자만 아는 비밀에 붙여진다. 우연하게 그 비밀을 알게 된 사람은 상대방의 체면을 생각해서 자기가 아는 것을 감춘다. 이렇게 해서 섹슈얼리티 금기의 위반을 아는 사람들은 저마다 '연극'(가장)을 하게 된다. 내용 없는 애매한 언술이나 본질을 벗어나는 공허한 말로 어색한 상황을 모면하고 진실을 은폐하는 일이 금기의 표지 아래서 일어난다.

이 과정에서 사람들은 자신의 감정과 행동에 대한 진정성보다 사실이 아닌 연극에 구속당하는 삶을 살아가게 된다. 이런 이중성의 고통에서 벗어나는 길은 금기를 깨는 것이리라. 말하지 말아야 하는 이유가 무엇인지를 묻고 이제는 서로 말해야 한다. 그 결과로 인정과 신망과 체면을 잃어버리는 고통이 있을지라도 거짓된 연극은 멈출 수 있다(비에리, 2014).

(3) 저항형

저항형의 성 담론 소비 방식은 교회의 성 담론에 반발하고 심지어 교회를 이탈하기도 하는 것을 의미한다. 이 유형에서 자주 언급되는 성적 타락, 성 역할, 가정의 행복, 성폭력을 중심으로 성 담론의 소비 특성과 그 함의를 살펴보면 다음과 같다.

가. 성적 타락에 대하여

교인들은 금욕주의적 관점에서 성적 타락을 정죄하는 교회 성 담론이 영육이원론적이고 성차별적이라고 비판한다. 성과 관련해서 그 사회문화적 맥락을 도외시하고 개인의 죄에 집착하는 것도 문제로 지적한다. 나아가 전달 효과를 높이기 위해 교회 성 담론에서 말세의 징표와 죄로 인한 징벌의 상투어가 빈번하고 여성의 몸과 성을 비하하거나 부정하는 선정적 언어가 사용되는 것에 반발하고 있다.

기독교의 영육이원론과 금욕적 전통은 성 담론과 관련해서 새롭게 해석되어야 하는 과제이다. 여성신학은 영육이원론이 성적 욕망의 의미를 왜곡하고 성을 통한 사랑의 능력을 축소시킨다고 비판한다(죌레, 1991, 237). 이와 관련하여 성육신 신학을 재해석한 여성신학은 몸을 영혼을 가두는 감옥이 아니라 성육된 영으로 이해했다. 여기서 몸(Leib)은 특정 부분을 분리하여 소유하거나 지배할 수 있는 육체(Körper)가 아니다. 성을 성례전적인 것으로 해석하면 성은 '육체 안에서의 은혜의 표징'이다(죌레, 1991, 235).

영육이원론은 만물을 상호 연결하는 통전적 개념으로서의 영성을 성과 분리시키고 욕망을 제거한 관념적 영성을 추구하게 한다(Keller, 1986; Heyward, 1992). 이와 대조적으로 히브리 문화는 성을 우상화하거나 악마화하지 않고 영혼과 육체를 분리·대립시키지 않고 육체를 통해 영성을 풍요롭게 하는 것을 지향했다. 성의 부정적인 특성에만 집착하게 되면 성적 쾌락이 사랑과 영성으로 확장되는 가능성을 배제하게 된다.

이와 관련된 내용 몇 가지를 살펴보기로 하자.

이 시대의 성 문화가 과거보다 무질서하고 상업화된 것은 사실입니다. 성 개방 풍조에 따라 성 가치관도 달라지고 성 윤리도 많이 바뀌었어요. 그렇다고 이런 변화가 타락의 정점으로 세상의 끝을 보여주는 것은 아니라고 생각해요. 성 문화도 시대와 역사의 산물이니까 다양한 관점에서 보고 판단하는 게 중요합니다. 교회 설교에서 성적 쾌락을 죄악시하고 성적 타락을 지나치게 확대하면서 금욕적인 계명을 강조하는 것은 이 시대에 설득력이 적다고 생각해요. 성 과학이나 성 담론이 계속 발달하고 있는데 교회 메시지는 성경 구절을 인용한 단순한 내용을 너무 오래 반복하고 있다는 인상을 줍니다. 몸의 통전성을 가르치면서 성적 감각이나 감수성의 억제를 주장하는 것은 모순 아닌가요. 특히 비도덕적인 향락문화의 근본 원인과 책임을 주로 여성들에게 전가하는 것은 시대착오적인 관행이고요. 교회에서 개방적인 성 담론을 금기로 한다는 점을 감안할 때 현재 교회가 우선적으로 관심을 가져야 하는 것은 타락을 정죄하고 징계하는 것보다 성적 타락으로 고통받고 비인간화되어가는 현실입니다. 그래야 우리 사회의 성 문제가 놓인 정치경제적, 사회문화적 맥락을 파악하게 되고 교회가 그 안에서 고통받는 사람들을 위해 기독교 정신으로 무엇을 해야 하는지 고민하게 되지 않을까요. (30대 여성)

인용문의 화자는 교회 성 담론이 진부하고 시대착오적이라고 지적한다. "성 과학이나 성 담론이 계속 발달하고 있는데 교회 메시지는 성경 구절을 인용한 단순한 내용을 너무 오래 반복하고 있다"라는 것이다. 영육이원론을 넘어서 몸을 통전적으로 이해한다면 성적 쾌락을 배제할 수 없다는 반론이다. 살아있는 몸의 감각은 구체적인 경험을 가능하게 하고 그로 인한 느낌과 생각을 갖게 한다. 이것이 없으면 몸 안에 담지된 영성 또한 경험하기가 어렵다.

교회 성 담론에 비판적인 화자는 교회가 "타락을 정죄하고 징계하는 것보다 성적 타락으로 고통받고 비인간화되어가는 현실"에 관심을 갖고 성적 타락을 둘러싼 "정치경제적, 사회문화적 맥락을 파악"함으로써 "그 안에서 고통받는 사람들을 위해" 고민하고 일하는 것을 제안한다. 삶의 맥락을 도외시한 금욕적이고 도덕적인 성 담론의 한계를 넘어서 현실의 성 문제에 관여하는 교회의 과제를 요구하고 있다.

일부 교회에서 동성애에 관한 선언서를 발표하고 한 기독교 단체는 특별한 성적 취향(동성애)이 차별의 이유가 된다고 정치적 운동까지 했다는 걸 들었어요. 저에게도 동성애는 낯설고 그에 대해 아는 것도 적지만 최소한 그들이 당하는 차별과 억압이 죽음을 불러 올 정도로 심각하다는 것은 알고 있어요. 그들도 하나님이 주신 생명이라면 생명을 존중하고 인권을 보장하는 게 기본은 아닐까요. 낙태를 반대하는 기독교인들의 생명존중심은 왜 동성애자나 성적 소수자들에게는 해당되지 않을까 하는 생각도 들었습니다. 동성애를 병으로 치부한다면 환자를 치료하듯이 의학적 도움이 필요하지 억압하고 차별하고 폭력을 사용하는 게 해결책은 아닐 거예요. 또 동성애의 병이 전염된다는 막연한 공포와 불안으로 그들을 도외시하고 배제하는 것도 기독교 가르침과 다르다고 생각합니다. 어떤 목사님은 동성애자들이 자신의 죄 때문에 성경에 쓰인 대로 합당한 벌을 받아야 한다는데 무리가 있어요. 저는 기독교인들이 성경에 쓰여 있는 대로 사는 게 아니라 성경 해석을 통해서 의미를 발견하고 그 가르침에 따라 사는 거라고 생각해요. 성서 해석도 다양하고 특히 동성애에 대한 성서 연구도 많이 이루어지고 있기 때문에 동성애에 대한 교회의 부정적인 담론은 편파적이 될 가능성이 있습니다. 제대로 모르면 추측만 난무하고 막연한 불안감은 공격적인 행동을 유발하기 쉬운데 현재 동성애에 대한 우리 사회와 교회의 분위기가 그런 것 같아서 걱정스러워요. (20대 남성)

인용문에서 강조되는 것은 동성애자에 대한 사회적 억압과 차별, 교회의 단죄와 징벌의 부당함이다. 동성애에 대한 교회 성 담론이 성서의 문자주의에 근거하는 것을 비판하고 성서학 연구의 도움으로 성 담론이 확대되기를 기대한다. 최근 동성애에 대한 다양한 분야의 학술 모임이 늘어나고 동성애 관련한 번역본이 출간되고 있기 때문에 교인들은 이 주제에 대한 정보를 교회 밖에서 얻을 기회가 많다. 특히 동성애와 관련하여 자주 인용되는 신구약의 성구들을 분석한 성서학 저서들은 편향적인 교회 성 담론에 도전이 될 수 있다. 그 결과, 동성애에 대한 교회의 담론이 성서의 문자주의에 의존한 나머지 성서가 기록된 당시의 정치경제적 상황과 사회문화적 특성 및 언어의 변천과 번역의 오류 등을 고려하지 않은 점들이 지적되었다. 역사비평적 성서 해석으로 동성애와 관련된 특정 성구들은 동성애자들을 단죄하는 의미와 무관하다는 주장도 제기되었다(헬미니악, 2003). 신약성서에 나타난 예수와 제자들의 관계를 분석한 연구는 동성애가 성적, 종교적 의미보다는 소유 중심의 억압적인 가족제도와 결혼, 출산을 의무화하는 이성애주의 성 문화를 극복하는 주제라고 강조하였다(제닝스, 2011). 이와 같은 연구 결과들은 인용문의 화자가 지적한 대로 불확실한 "추측"과 "막연한 불안감"으로 동성애자들에게 언어적, 물리적, 사회적 폭력을 사용하는 사람들에게 성찰과 자성의 계기를 제공하게 될지도 모른다.

설교 시간에 마음이 불편할 때가 있어요. 성적 농담이나 표현이 기분을 상하게 하네요. 아무리 외모와 젊음이 평가받는 시대라지만 '늙고 쭈글쭈글한', '젊고 싱싱한' 등의 용어는 사람의 몸을 존중하는 표현 같지 않아요. 듣기에 따라 다르겠지만 나이 듦과 젊음을 분리하고 노화의 주름과 청춘의 활력을 비교하면서 외부의 시선으로 몸을 비교 평가하는 기분입니다. 우리 사회에서 여자들이 남자들보다 이런 표현에 민감한 건 성적 매력 때문이 아닌가 해요. "예쁘면 뭐든 용서가 된다", "예쁘니까 남자교인들이 좋아 하겠다"라고 무심하게 하는 말도 여성에게는 수치심을 주는데 잘 모르는 거 같더라고요. 언젠가 "기저귀 찬 여자는 설교할 수 없다"라는 말을 들었을 때 그 표현이 너무 낯설고 이상해서 당황스러웠어요. 어느 목사님이 하셨다는 "여자들도 몸 빼앗기고 빈 병 신세 되지 마십시오. 빈병 되면 엿장수 밖에는 갈 데가 없습니다. 왜 남자들이 유혹하는지 아십니까. 아직 따지 않은 콜라이기 때문"이라는 글에는 모욕감을 느낍니다. 여성의 순결을 강조하는 비유가 "쉬운 여자"나 "더러운 여자"라는 말처럼 저속하네요. 몸을 빼앗긴다는 것도 물건 취급을 당하는 것 같고요. 문득 그런 생각이 들었어요. 이렇게 성적 수치심과 모욕감을 주는 말을 아무 생각 없이 사용할 수 있다는 것은 여성과 여성의 몸을 하찮게 여기고 함부로 대하는 것과 다르지 않다는 것을. 이런 의식이 없어지지 않는 한 성적 타락도 사라지지 않을 거라고요. (20대 여성)

인용문의 화자는 여성을 비하하는 성차별적 언어와 여성의 수치심을 유발하는 성적 묘사를 비판하면서 이런 관행이 성적 타락을 유발하는 배경이 된다는 것을 지적한다. 사적 영역으로 보호되어야 할 자신의 몸이 물건처럼 평가와 소유의 대상이 되는 경험은 가부장제 사회의 여성들에게는 낯설지 않다. 성적 맥락에서 사용하는 '쉬운 여자'와 '더러운 여자'라는 상투어는 여성의 이미지를 격하시키고 여성의 성을 통제하는 기능으로 여성들의 자아 존중감을 저해한다.

나. 성 역할에 대하여

교인들은 전통적 성 역할이 가부장제 문화의 산물이기에 시대 변화에 따라 달라져야 한다고 생각하고 성서의 가부장적인 표현을 근거로 한 성 역할 고정관념을 거부한다. 전통적 성 역할에 대해 적극

적으로 도전하는 사람들은 주로 맞벌이를 하는 젊은 세대의 여성교
인들로 나타났다.

성 역할에 대한 사례를 살펴보기로 하자.

교회의 보수성은 성 역할 부분에서 실감이 납니다. 아직도 많은 여성들이 교
회에서 맡은 일은 부엌 봉사, 청소 담당, 안내 봉사, 심방 등 가정주부의 일과
비슷해요. 나이 드신 어른들이 일하시니 젊은 사람들도 같이 하고 있지만 신
이 나진 않아요. 차라리 교회의 자동차 정리나 성가대를 하고 싶은데 내 나
이의 기혼여성이 설 자리는 정해져 있더라고요. 혼자 튀고 싶지 않아서 고민
중입니다. 설교 시간에 착한 며느리 룻의 이야기를 들으면서 질문이 생겨나
요. 룻기에서 강조하는 순종이 단순히 효도 개념이라면 답답해지네요. 오늘
처럼 복잡한 삶에서 고부간의 관계는 전통적인 지배순종 관계와는 다른 것
이 되어야 하지 않겠어요? '하나님이 만드신 질서'는 그 외형을 유지하기보다
그 정신을 따르는 거라고 생각합니다. 또 효도는 시가에만 필요한 게 아니고
나를 키워주신 친정에도 중요해요. 성경 말씀이 현재 내 삶과 동떨어지지 않
으면 좋겠어요. (30대 여성)

인용문에서 주목되는 것은 교회 내 성 역할에 대한 불만과 전통적
성역할의 근거로 해석되는 성구에 대한 질문이다. 화자는 가정에서
교회로 이어지는 전통적 성 역할에 저항하면서 오늘 가정과 교회에
서 필요한 것은 성차별적인 성 역할을 넘어선 그 무엇이 되어야 한
다고 주장한다.

맞벌이 하는 주부들은 전통적인 아내 역할도, 현대적인 아내 역할도 제대로 하기가 힘들어요. 예를 들어 '외모 단장, 집 꾸미기, 남편 식성에 맞춘 음식 장만, 말 주의, 남편 기분 챙기기, 참견 말기, 남편 뜻 따르기, 낭비 않는 살림 솜씨, 매사에 인내하기, 남편의 기 살리기'는 불가능하지요. 아니 그렇게 하고 싶은 마음도 별로 없어요. 아무리 종교적인 계명이라 할지라도 이건 신앙심으로 해결될 문제가 아닙니다. 우선 가족들이 성 역할의 구분 없이 가사와 양육을 서로 돕는 게 중요하고 사회적으로도 성차별 없는 역할 분담이 제도적으로 뒷받침 되어야 해요. 가정의 평화를 유지하는 것은 주부에게 달려 있는 게 아니고 가족과 사회에 달려 있다고 이야기해야 합니다. 생존경쟁에서 고생하는 맞벌이 주부에게 위로와 힘이 되지 않는 원리적인 메시지는 공허한 소리에 불과하지요. 그래서 교회에서 젊은 여성들이 줄어드는지도 모르겠어요. (40대 여성)

인용문의 화자는 종교적 규범으로 강제하는 전통적 성 역할을 단호하게 거부하고 있다. 맞벌이를 하는 자신의 삶의 맥락이 그것을 불가능하게 만든다는 것을 지적하고 획일화된 성 역할의 의무를 신앙과 분리시킨다. 이런 입장이라면 교회 내 성 역할의 변화도 불가피하다. 이처럼 화자는 교회 성 담론에 저항하면서 교회가 맞벌이하는 여성들의 현실에 관심을 갖고 그들의 목소리를 경청해서 그들이 절실하게 요구하는 것이 무엇인지를 알아야 한다고 제안한다. 이런 욕구가 충족되지 못할 때 젊은 여성교인들이 교회를 이탈하거나 거부한다는 것이다.

교회 성 역할 담론에 반발하고 자신들의 요구를 분명하게 주장하는 젊은 세대의 사고 방식은 개인주의적이고 실리적인 특성을 보인다. 나이 든 세대가 자신이 당면한 현실의 고통을 직시하기보다 초월 세계로 도피하고 종교적 교리에 속박되는 것을, 젊은 세대는 자발적으로 포기한다. 자신의 구체적인 삶의 현실을 은폐하지 않고 종교에 대한 바람을 요구하기도 한다. 생활세계와 분리된 종교적 규범은 이들에게 구속력이 약하다. 신앙심에 대한 인정욕구마저 거부하는 이들과 교회가 연결되는 하나의 길은 경청과 소통일 것이다.

소통을 기반으로 한 생활밀착형 성 담론에서 필수적인 것은 자율성이다. 이 자율성은 종종 개인의 성적 편견이나 고정관념으로부터 자유롭지 않다. 개인의 내면 형성에 비가시적 힘으로 작용하는 사회문화적 영향을 염두에 두어야 하는 이유이다. 특히 가정과 대중매체와 종교가 개인의 성 의식과 성 태도를 형성하는 데 영향을 끼친다는 점을 고려해 볼 때 가정과 대중매체와 교회에서 통용되는 성 담론에 대한 비판적 성찰 능력이 중요하다. 자신의 성 의식이나 성 태도가 어떤 사회문화적 맥락에서 형성되고 내면화되었는가를 탐색하고 성 정체성 형성 과정에 스스로 개입할 수 있는 능력을 키워야 한다. 이런 조건에서 성 담론의 소비자들은 가정과 대중매체와 종교의 영향을 수동적으로 수용하는 것을 넘어서 성 담론을 새롭게 재구성하는 데 적극적으로 참여할 수 있을 것이다.

다. 가정의 행복에 대하여

교인들은 가족의 성차별적 위계질서를 비판하고 가족 구성원 사이의 평등한 상호관계를 추구한다. 부부 사이의 정의롭지 않은 사랑이 하나님의 섭리인지를 묻고 고령화 시대에 부응하는 새로운 가정의 의미를 모색한다.

여기서는 교회의 전통적 가족 담론에 대한 반론을 이혼과 가정폭력의 경우를 중심으로 살펴 보자.

이혼이 적지 않은 시대라고 이혼이 쉬운 것은 아닙니다. 이혼을 우상화하지 말라는 설교 말씀이 마음을 아프게 합니다. 이혼은 반드시 해야 하거나 절대로 하지 말아야 한다는 양자택일적인 문제가 아니라 살아가는 한 방식이라고 생각해요. 그래서 이혼을 두고 '가정을 깬다'는 표현은 듣기에 부담스러워요. 깬다는 것은 망가뜨리고 파괴한다는 뜻이 많잖아요. 이혼은 고통스럽지만 가정의 문제를 해결하고 다르게 살아가는 대안일 뿐입니다. 교회에서 가정의 평화를 하나님의 선물이라고 강조하는데 이혼 안 한다고 가정이 평화로운가요? 남편의 외도나 폭력으로 고통 받는 사람들에게 기도와 희생만 요구하는 것은 가정의 평화를 위한 희생양이 되라는 거죠. 가정의 평화를 위해 회개의 기도와 자기 절제가 필요한 사람은 따로 있는데. 가정은 여자의 손에 달렸다는 말로 고통 받는 여자들을 잠시 위로하고 신앙심을 고무하는 것은 아니라고 생각해요. 희생과 인내가 아무 때나 필요한 게 아니지요. 부당한 억압이나 억울한 고통을 마냥 받아들이는 것이 칭찬받을 일은 아니지요. 하나님이 그 신음과 울부짖음을 들으시고 응답하신다고 하는데 그 사이 피해자는 물론 가족들까지 병이 들면서 불화는 사라지지 않는 경우가 적지 않아요. 이건 위선적인 가정 평화가 아닐까요. 하지만 교회에서 이혼은 여전히 불편한 금기사항이고 특히 이혼남보다 이혼녀에 대한 경계심이 있어요. '여성의 본분'을 지키지 않은 여자에 대한 호기심이나 동정도 보이고요. 하지만 부부중심의 모임에서는 이혼녀에 대한 배려가 사라지고 한부모 가정이 대화 주제가 되면 이혼녀에 대한 소리 없는 질타가 생겨나지요. 예수님은 이혼에

대한 언급에서 당시 약자였던 여성을 보호하려고 하셨는데 현대에도 이혼
후 당하는 경험은 여자가 더 어려워요. 이런 배려와 사랑을 교회에서 배울
수 있으면 좋겠다고 종종 생각해요. (30대 여성)

인용문은 이혼에 대한 여성의 경험을 교회 담론과 연관해서 보여
준다. 이혼에 대한 담론이 아니라 이혼 당사자의 목소리를 듣는다는
데 의미가 있다. 이 화자는 종교적 명분으로 이혼을 금기시하는 당
위성이 종종 위선을 조장하고 현실적인 대안을 모색하는 데 방해가
된다고 지적한다. 특히 이혼 경험이 여성과 남성에게 끼치는 영향이
다르다는 것을 강조하면서 교회의 성 담론이 성 인지적 관점에서 수
정될 필요성을 시사한다.

이혼이 주는 영향이 성별에 따라 차이를 보인다는 한 예로 이혼의
유책주의(有責主義)를 들 수 있다. 이것은 혼인 생활에 잘못을 저지
른 배우자는 원칙적으로 상대 배우자에게 이혼을 요구할 수 없다는
개념이다. 여기에 비해 파탄주의(破綻主義)는 부부의 혼인관계가 사
실상 파탄이 난 경우 잘잘못에 상관없이 이혼을 청구하고 이혼을 인
정하는 것이다. 현재 유럽 일부, 미국, 일본은 파탄주의를 채택하고
우리나라는 유책주의를 인정하고 있다. 민법 제840조는 '배우자가
부정한 행위를 한 때' 등을 이혼 사유로 정하고 있는데, 이런 사유에
도 혼인생활의 파탄에 주된 책임이 있는 배우자는 원칙적으로 이혼
을 청구할 수 없다는 것이다. 유책주의의 취지는 여성을 보호하고,
가정 해체를 막는다는 데 있다. 남편이 외도 후 이혼을 요구하는 경
우가 그에 해당한다. 하지만 실질적으로 부부 관계가 파탄난 상황에

서 유책주의 때문에 혼인 관계를 정리하지 못하는 것은 개인의 행복 추구권을 침해한다는 비판과 유책주의는 혼인 파탄의 책임을 입증해야 하는 부담으로 상대 배우자의 잘못을 들춰내고 비난하는 분쟁을 격화시킨다는 주장이 제기되었다. 여성의 지위가 향상되고 경제력도 신장되는 추세에는 유책주의가 여성을 보호한다는 명분은 적절치 않다는 지적도 있다. 최근 한국의 대법원은 외도한 남편에게도 이혼 요구를 허용할지를 두고 전원합의체 판결을 시도한 바 있다.

가정폭력의 모습은 다양하지요. 최근 우리나라에서 나타나는 가정폭력의 원인은 주로 경제적 이유라고 봅니다. 기독교 계명이 아니라도 효도와 자식사랑이 강했던 한국의 가정이 돈 때문에 망가지고 부모자식이나 가족 사이에도 폭력이 오고 가는 게 가슴 아프지요. 이 문제는 고령화 추세로 더 심각해지고 있어요. 수입이 없는데 오래 살아야하니 노인들은 심각하지요. 어려울수록 가족의 사랑으로 견뎌야 하는데 요새는 사랑도 돈이 있어야 한다는군요. 교회에서 듣는 가족사랑 이야기는 좋은 말씀인데 현실감이 부족해요. 성경 말씀을 들을수록 창피하니까 그냥 흘려들어요. 언젠가 "안 주고 안 받는다"라는 신문 기사를 보았어요. 부모가 자식들에게 경제적 지원을 안 하고 대신 자식들의 노후 지원도 안 받겠다는 것입니다. 가족 간에 너무 계산적이라는 생각도 들지만 그게 가족관계를 위해 나을지도 모른다고 여겨집니다. 서로 무언가를 기대하다가 실망하고 싸우는 경우가 많으니까요. 교회도 가정의 평화나 가족 사랑을 강조하는 판에 박힌 설교만 하지 말고 현실에 도움이 되는 가르침을 주면 좋겠어요. 기독교 가정이라고 문제가 없겠어요? 그래도 믿는 사람들이니까 신앙적인 생각을 해야 하니까요. (60대 남성)

인용문은 가정폭력에 대한 남성교인의 경험담이다. 일반적으로 가정폭력의 피해자가 여성이라는 통념을 벗어나 가족 모두가 폭력 피해자라는 새로운 관점을 보여준다. 고령화 시대에 노인들이 가정에서 겪는 어려움과 고통이 구체적이고 생생하다. 그만큼 이에 관한 종교적 담론이나 도덕적 이념은 현실성이 떨어진다. 경제적 이유로 부모자식 사이에 생겨나는 폭력을 줄이는 한 대안으로 '안 주고 안 받는다'는 신문기사가 더 설득력을 가진다. 화자는 소위 '신(新)중년' 세대라는 사람들의 생활 방식에서 지혜를 얻는다. 신중년들은 건강하고 경제적 자립이 가능하고 자식보다 부부 관계를 중시하는 세대인데 2015년 우리나라에 부부 둘만 사는 6075세대(60-75세)가 300만 명에 이른다. 1985년에는 6075세대의 17%가, 2011년에는 48%가 부부끼리만 사는 것으로 나타났다. 화자는 이와 같은 가족 변화를 염두에 두고 "판에 박힌 설교"보다 "현실에 도움이 되는 가르침"을 교회에 요구하고 있다.

여기서 좀 더 생각해야 할 것은 가정폭력이 범죄라는 사회적 인식의 부족이다. 폭력은 결코 사랑의 행위가 될 수 없고, 상호성을 깨뜨린 일방적인 관계는 죄라는 인식이 사회적 공감을 얻어야 한다. 또한 가정 폭력의 가해자에 대한 책임 추궁에 집중하는 것과 아울러 가정 폭력의 피해자에 대한 관심을 갖고 사후대책을 마련할 필요가 있다. 사후대책 가운데 고려해야 하는 것은 가정폭력의 책임을 피해자(대부분 여성/약자/노인)에게 돌리는 관행이다. 이는 가부장제 사회에서 통용되는 남성/강자/젊은이 중심의 사고 방식을 반영한다는 점에서 인식의 변화를 필요로 한다. 문제는 피해자(여성/약자/노인)가 이런 관행을 내면화해서 자신의 삶을 가해자(대부분 남성/강자/젊은이)의 의도에 따라 스스로 통제하게 되는 것이다.

라. 성폭력에 대하여

교인들은 성폭력이 일어나는 삶의 맥락과 권력관계에 초점을 두고 성폭력을 불의로 인식한다. 나아가 교회에서 진행되는 성폭력 사후처리와 사전예방이 성차별적이라는 점을 비판하고 성폭력에 대한 논의를 금기시하는 관행을 벗어나 교회 성 담론의 활성화를 촉구한다.

성적 존재로 창조된 사람은 성을 통해 쾌락과 환희를 경험하고 자아를 초월하여 창조적인 생명세계에 참여하게 된다. 성적 파트너는 자신의 성적 생명력을 서로 나누면서 자기 한계를 넘어선다. 이를 통해 사람은 분리된 존재가 아니라 상호의존성을 필요로 하는 존재임을 배운다. 누군가에게 필요한 존재라는 자의식은 자존감과 인격의 근거가 된다. 하지만 성 관계에서 상처받은 사람들은 관계 맺기를 회피하거나 거부하기도 한다. 관계를 맺는 것에 대한 불안이 자리를 잡는 것이다. 이러한 불안의 이면에는 관심을 끌고자 하는 욕구와 자기애적 확인의 욕구가 깔려 있기 때문에 '관계없는 성의 소비'가 그 대안은 되지 못한다. 타인과 관계를 맺으려는 욕구를 억압하면, 타인에 대한 관심과 관계를 형성하는 능력이 상실된다. 성폭력은 성적 존재들의 상호성을 부정하고 파괴한다.

성폭력과 관련된 사례를 살펴보기로 하자.

교회 내 성폭력은 아주 불편한 진실입니다. 듣기도 말하기도 힘든 일이지요.

교회에서 만난 교인과 교인 사이, 교인과 목사 사이에서 발생한 성폭력은 종교적 금기를 넘어선 충격이고 실망입니다. 특히 목사와 교인의 성 문제는 오랜 시간 은폐되었다가 폭로되는 경우가 많아요. 모종의 추측이나 암시가 있다 해도 성폭력은 범죄니까 여성피해자의 고발이 결정적입니다. 이럴 경우 가장 난처한 것은 목사가 가해자가 되고 성범죄자가 되는 것이지요. 피해자뿐 아니라 교회 교인들도 이렇게 되는 상황에 큰 부담을 갖고 죄의식까지 느끼고 있어요. 개신교회에서 교인들이 목사에 대한 의존도가 높고 '주의 종'에 대한 인식이 지배적이기 때문입니다. 교회 성폭력의 피해자들은 대부분 목사에게 순종적이고 신앙심이 좋다고 인정받던 사람들입니다. 성적 피해의 고통보다 신앙에 대한 두려움이 더 크게 작용해서 성폭력에 대한 폭로가 지연되는 것 같아요. 교회 내 성폭행의 사후 처리는 '은혜롭게' 하기를 바라는 교회 지도부의 암묵적인 강제로 이루어지는 경우가 많아요. 세상법정과 다르게 회개와 용서로 마무리하려는 것이지요. 이 때 교회 지도부가 가장 두려워하는 게 언론 보도나 인터넷으로 교회 성폭력이 공개되는 것입니다. 주의 종을 비난의 자리로 끌어내리고 교회를 욕되게 하고 나아가 기독교의 신망을 떨어뜨린다는 거지요. 자연히 피해자의 희생이 요구되고 그렇지 않을 경우 피해자는 신앙심이 부족하거나 교회에 문제를 일으키는 사람으로 비난받게 됩니다. 그래서 성폭력 피해자는 특별한 용기와 신념이 없으면 이중, 삼중의 고통을 견디기 힘들어요. 기독교가 말하는 용서와 사랑을, 일방적인 희생과 불의를 은폐하는 방식이 아니라 하나님의 정의를 실현하는 의미로 이해해야 합니다. 그래야 많은 사람들이 용기와 의지를 갖고 성폭력 피해자와 같이 할 수 있어요. 연대하는 사람들 속에서 피해자도 스스로 일어날 수 있을 거라고 생각합니다. (30대 여성)

인용문은 목사가 교인들을 대상으로 저지른 성폭력에 대한 교인의 생각을 보여준다. 성 담론에 대한 금기 전통이 있는 종교 안에서 발생한 성폭력은 그 자체로 충격이다. 더 곤혹스러운 것은 믿음 공동체가 가해자와 피해자로 나누어져 대립하는 상황이다. 목사를 범죄자로 고발하는 심리적 부담감은 교인들의 신앙심이 좋을수록 증가하고 그만큼 폭력 사건을 회피하고 은폐하려고 한다. 이런 상황에서 사람들은 문제의 근원과 책임을 성폭력 사건을 공론화한 사람에게서 찾는다. 왜 성폭력을 거부하지 않았느냐, 미리 조심하지 않았느냐, 왜 그 사실을 오랫동안 침묵했는가라고 다그치며 피해자를 의심한다. 이렇게 피해자는 교회 공동체의 질서를 어지럽히고 기독교의 신인성을 추락시키는 일종의 가해자로 바뀔 수 있다. 그래서 화자는 무엇이 정의인지를 묻는다. 성폭력은 범죄이기 때문에 피해자의 용서보다 먼저 가해자의 죄를 밝히고 사후처리를 진행하는 것이 순서이다. 그리고 피해자가 상처와 고통을 극복하도록 시간과 배려를 제공해야 한다. 이런 일의 반복을 막기 위한 의식 변화과 제도 개선도 필요하다.

그렇다면 우리 사회에서 성폭력 피해자의 고통이 경시되고 성폭력의 예방과 사후처리에 대한 대안 모색이 소극적인 이유는 무엇일까? 무엇보다 성폭력을 인간적 실수나 단순한 성 스캔들로 인식하고 처리하는 관행이 문제일 것이다. 남성의 성적 본능에 대한 오해와 여성에 대한 지배와 폭력으로 남성적 성 정체성을 확인하게 만드는 '남성다움의 신화'가 그것이다. 또한 성폭력에 대한 사회적 대응이 가해자의 처벌 차원에서 그치게 되면 고통받는 피해자의 삶은 소외된다.

그런 점에서 인용문에서 성폭력 피해자의 사후 변화에 대한 화자의 언급은 주목할 만하다. 성폭력 피해자의 고통이 이중, 삼중으로 확대되는 현실에서도 피해자와 연대하는 사람들이 있으면, 피해자가 자기연민이나 주위의 의혹과 비난에 매몰되지 않고 다시 일어서는 일이 가능하다는 것이다. 이는 피해자를 보는 관점의 변화를 시사한다. 피해자를 희생양이나 약자로만 규정하기보다 자신의 고통을 어렵게 극복하고 새로운 성 정체성을 형성할 수 있는 주체로 인정하는 것이다. 우리나라는 1994년 성폭력처벌법, 1997년에 가정폭력처벌법을 제정하여 폭력 피해자들을 보호하는 대책을 마련했다. 하지만 사법적 조치의 이용률은 높지 않았고 성폭력 감소도 기대만큼 이루어지지 않았다. 이런 결과를 초래한 원인은 성폭력 피해자에 대한 고정관념과 피해자 자신의 수치심이 크게 변하지 않은 문화에서 찾을 수 있다. 그래서 인용문의 화자는 성폭력 피해자가 스스로 설 수 있도록 도움이 필요하다고 강조한다. 피해자의 두려움이나 요구, 환상이나 환멸을 존중하는 방식으로 피해자의 소리를 들어야 한다는 것이다. 가중되는 고통과 불안에도 불구하고 피해자가 진실을 밝힐 수 있도록 격려하고 기다리는 일이 필요하다는 것이다. 가부장제 아래서 침묵을 강요받은 여성들이 침묵을 깨뜨리는 일은 쉽지 않기 때문이다. 피해자가 성폭력을 고발하는 자신의 행위를 정의로운 일이라고 스스로 인식하게 될 때 성폭력 '피해자'는 '피해-생존자'로 변화할 수 있을 것이다.

성폭력을 당한 청소년들에 대한 미국의 한 연구는 성폭력 피해자들에게 나타내는 '순응 신드롬'을 발표했다. 순응 신드롬의 특징은 비밀-무기력-순응-폭로-철회의 5단계로 진행된다고 한다. 성폭력 피해자는 사건 초기에 침묵하며 사건을 비밀로 한다. 그 후 피해자는 자신이 사건의 진행이나 사건 이후에도 아무 것도 할 수 없다는 무기력을 경험하고 가해자가 설정하는 환경에 순응하게 된다. 이 단계에서 피해자는 가해자에게 애정표현을 할 만큼 비주체적인 상태가 되기도 한다. 하지만 어느 시점에서 피해자는 성폭력을 폭로하게 되는데, 폭로 이후의 상황 변화에 따라 다시 폭로를 철회한다. 이런 '순응 신드롬'의 모델은 성폭력 피해자가 '피해-생존자'로 다시 서는 것이 얼마나 어려운가를 드러내는 한 예에 불과하다.

우리 사회에서 성범죄의 신고는 사건 전체의 10%에 불과한데 노인대상의 성범죄는 1년에 300여 건이나 신고되고 있다. 노인대상의 성범죄는 성폭력이 젊은 여성을 상대로 일어난다는 통념을 벗어나 방어 능력이 취약하고 성폭행의 발설이 어려운 여성노인들을 대상으로 한다는 점에서 문제가 심각하다. 나이 든 여성들은 성적 수치심이 높지 않으리라는 인식도 노인 대상의 성범죄를 유발하는 한 요인으로 여겨진다.

이런 현실에서 교회 성폭력 피해자에게 가해자를 불쌍하게 여기고 눈물과 기도로 용서하라는 성 담론은 피해자에게 폭력에 대한 망각과 용서를 강제하고 죄의식을 유발하는 통제 방식이 될 수 있다. 진정한 용서와 화해는 신앙심 외에도 인내와 지혜를 필요로 하는데 그와 관련하여 성폭력의 당사자들 사이에 이루어지는 '만남' 모델도 고려해 볼 수 있을 것이다.

가해자와 피해자의 만남(대면)은 상대를 다시 보고 싶지 않고 피해자의 고통과 가해자에 대한 적대감이 사라지지 않은 상황에서도 의미가 있다. 만남으로 서로의 삶에 대하여, 상대에 대하여 더 많이 알수록, 더 이해할수록 사건의 죄와 그 책임에 대한 생각과 느낌이 세분화되고 구체화되기 때문이다. 만남에서 가해자는 건성의 말로 때우는 식이 아니라 시선과 몸짓으로 자신의 후회를 보이고 용서를 구해야 한다. 피해자는 가해자가 자신의 잘못을 인정하고 후회하고 있다는 것을 스스로 느낄 수 있어야 한다. 그럴 때 피해자도 상대에 대한 적대감을 넘어서 용서하는 마음을 준비할 수 있을 것이다. 만남에서 피해자는 사건을 이해하는 기회를 가지게 된다. 가해자의 정황과 심리를 그려보면서 이해의 폭을 넓힐 수도 있다. 가해자는 자기 죄를 인정하는 행위로 죄를 다시 성찰하게 된다. 죄를 이해하지 못한 채 그냥 지나치는 것이 아니라 죄를 인식하는 새로운 기회를 갖는 것이다. 이로써 그는 여전히 죄인이지만 그 죄가 자기 삶에 끼치는 의미는 달라진다. 성폭력 당사자들의 만남이 고통스럽지만 필요한 이유는 "이해하는 것이 용서하기 위한 전제 조건"이 되기 때문이다(비에리, 2014).

이상에서 살펴본 대로 교회 성 담론에 반발하고 저항하는 사람들은 자신의 삶의 경험을 중시하면서 교회 성 담론에 대한 자신의 생각을 공론화하려는 특징을 보인다. 그들은 자신들의 공론화 요구를 채워주지 않고 이의 제기를 묵인하는 교회에 불만을 갖고 가부장적 지배질서를 옹호하는 교회 성 담론에 비판적이다. 또한 시대 변화에 부응하는 교회 성 담론의 필요성을 강조하고 새로운 성 담론의 활성화를 위해 활동하려는 의지를 보인다.

교회 성 담론에 저항하는 일부 교인들은 자신들의 요구에 교회 지도부가 무응답과 불통으로 대응할 경우 과격한 언사로 갈등을 일으키거나 교회를 떠나는 모습을 보이기도 한다. 이와 같은 저항의 방식을 두고 볼 때 자신의 생각을 절대화하고 상대방의 견해를 전면적으로 거부하는 태도는 교회 성 담론을 재구성하는 것을 방해할 수 있다. 이런 점에서 저항의 미덕은 관용과 개방성일 것이다.

5. 소결

제3부에서는 한국교회에서 목회자들이 생산하는 성 담론이 교인들에 의해 소비되면서 나타나는 다양한 효과들을 분석했다. 이를 위해 나는 2005년 한신대학교 학술원 신학연구소에서 실시한 "한국인 가족문화 변화에 관한 실태조사" 결과를 참고하였고, 서울 소재의 교회에 출석하는 개신교인 56명을 선정하여 2013년 7월부터 12월까지 교회 성 담론에 대한 개별면담을 실시하였다. 심층면담의 참여자들은 성별, 연령별, 신앙별 기준에 따라 남자 19명, 여자 37명, 20-30대 14명, 40-50대 17명, 60대 이상 25명, 근본주의 유형의 교인 19명, 에큐메니칼 유형의 교인 24명, 여성주의 성향의 교인 13명으로 구성되었다.

심층면담의 결과, 나는 교인들의 성 담론 소비 유형을 수용형, 절충형, 저항형으로 분류하고 각 유형별 소비 효과의 특성을 다음과 같이 분석하였다.

1) 수용형의 성 담론 소비 방식은 교인들이 교회의 지배적인 성 가치관과 성 윤리를 내면화하고 맹종하는 것을 의미한다. 금욕주의

적 신앙관을 지닌 교인들은 성적 타락에 관심이 많고 성에 대한 수치심, 불안, 죄의식에 집착하는 경향이 있다. 현대의 타락한 성 문화를 말세의 징표로 받아들이고 성적 유혹과 쾌락을 죄악시하면서 이에 대한 심판을 확신한다. 이와 같은 부정적인 성 인식은 종교적 규범을 비판이나 의심 없이 수용한 결과인데 특히 여성의 몸과 성을 혐오하고 비하하는 성향이 강하게 나타난다. 교인들이 자주 사용하는 교회 안의 상투어는 교인들에게 기억조차 필요 없는 자동적인 반응을 유도하고 내면화된 성 담론을 유지하게 만든다. 성적 타락과 관련된 두려움과 불안, 죄의식은 성적 타락의 모습을 보이는 특정인을 향한 분노로 전환되는 데 동성애 문제가 이에 해당된다.

교인들은 전통적인 성 역할의 필요성을 현대 가족의 해체와 불화에서 실감하고 그 정당성을 하나님이 정하신 질서와 섭리라는 신앙적 규범에서 찾는다. 아내의 순종 의무와 책임을 하나님의 섭리로 수용하면서 여성의 도덕적 우월감과 종교적 벌에 대한 두려움을 갖는다. 성폭력에 대한 언급을 금기로 여기고 교회 내 성폭력을 '은혜롭게' 처리하는 방식을 선호한다.

교회 성 담론을 성찰이나 비판 없이 수용하고 맹종하는 특성은 성서 문자주의와 권위주의가 강력하게 작용하는 배경과 관련이 있다. 그 결과, 교인들은 한편으로는 자신에게 내면화된 성 가치관과 태도를 확신하게 되고, 다른 한편으로는 성에 대한 내적 강박으로 인해 자신의 자율성과 책임감을 상실하고 무기력한 상태를 경험하게 될 것이다.

2) 절충형의 성 담론 소비 방식은 교회의 엄격한 요구를 의식하면

서도 성적 관행을 현실주의적으로 용인하는 것을 의미한다. 이것은 성속의 갈등 속에서 성서와 종교 규범의 의미를 변용함으로써 교회가 오늘의 성문화에 적응하도록 하는 실용주의 유형과 유사한 특성을 보인다.

교인들은 혼전순결이 시대착오적 주제로 인식되는 현실을 인정하면서도 성적 방종의 세태를 우려하고 혼전순결에 대한 보수적인 담론을 지지한다. 종교적으로는 낙태를 하나님이 허락하신 생명을 죽이는 행위로 인식하면서 현실적으로는 낙태를 허용하고 있다. 불신자와의 결혼과 이혼에 대한 결정은 교리적인 기준보다 현실적인 판단에 따르는 경우가 많다. 일부 교인들은 이런 상황에서 교회가 불신자와의 결혼과 이혼을 암묵적으로 용인하기보다 이와 관련된 담론을 전개하고 그에 맞는 종교 의례를 준비하는 것을 제안한다.

이상에서 살펴본 대로 교회 성 담론을 절충식으로 소비하는 유형은 성과 속을 분리하여 종교적으로는 교회의 성 담론에 동조하고 현실적으로는 교회의 성 담론과 어긋나는 결정을 하는 양면성을 갖는다. 또한 성에 대한 자신의 결정이 현실적으로 합당하다고 생각하면서도 종교적 교리를 따르지 않았다는 부담감과 죄책감을 갖고 이를 해결하기 위한 종교적 명분을 모색한다.

3) 저항형의 성 담론 소비 방식은 교회의 성 담론에 반발하고 심지어 교회를 이탈하기도 하는 것을 의미한다. 교인들은 금욕주의적 관점에서 성적 타락을 정죄하는 교회 성 담론이 영육이원론적이고 성차별적이라고 비판한다. 성과 관련해서 그 사회문화적 맥락을 도외시하고 개인의 죄에 집착하는 것도 문제로 지적한다. 교회 성 담

론에서 말세의 징표와 죄로 인한 징벌의 상투어와 여성의 몸과 성을 비하하거나 부정하는 선정적 언어가 빈번히 사용되는 것에 반발한다. 그리고 교회가 타락을 정죄하는 것보다 성적 타락으로 비인간화되어가는 현실에 관심을 갖고 그 안에서 고통받는 사람들을 위해 일하는 것을 제안한다.

교인들은 전통적 성 역할의 변화와 가족의 성차별적 위계질서를 넘어선 평등한 상호관계를 추구한다. 부부 사이의 정의롭지 않은 사랑이 하나님의 섭리인지에 의문을 갖는다. 이에 덧붙여 가정폭력의 피해자가 여성이라는 통념을 벗어나 가족 모두가 폭력 피해자라는 새로운 관점을 제안한다. 성폭력 피해자의 고통이 가중되는 현실에서 피해자와 연대하는 정치적 힘의 필요성을 주장한다. 교회 성 담론에 반발하고 저항하는 교인들은 자신의 삶의 경험을 중시하면서 교회 성 담론에 대한 자신의 생각을 공론화하려는 특징을 보인다. 그들은 자신들의 공론화 요구를 채워주지 않고 이의 제기를 묵인하는 교회에 불만을 갖고 있지만 새로운 교회 성 담론을 형성하는 데 기꺼이 참여하려는 의지도 갖고 있다.

제4부

교회의 성 담론에 대한 이론적 설명

이 책의 제2부와 제3부에서 나는 한국교회에서 생산되고 소비되는 성 담론을 유형화하고 각 유형의 성 담론을 분석하고 설명하였다. 교회의 성 담론은 구원의 수단을 독점하고 있는 목회자들에 의해 주로 생산되며, 종교사회화 과정의 통제구조 안에서 설교와 성례전, 기도, 성서연구, 다양한 소그룹 활동 등을 통해 신도들에게 전달된다. 그들은 교회에서 섹슈얼리티가 갖는 민감성을 충분히 인지하고 있기에 섹슈얼리티에 대한 담론을 통해 이를 정교하게 관리하여 교회의 분열을 예방하고 결속을 강화하려는 전략적 위치에 선다. 이러한 전략에 따라 형성되는 교회의 성 담론은 몸과 성을 터부시하면서 섹슈얼리티에 대한 수치심, 불안, 죄의식을 불러일으키는 금욕주의 유형, 교회와 세속사회의 갈등 속에서 성적 관행을 현실주의적으로 용인하는 실용주의 유형, 전통적인 성 도덕에 종교적 권위를 부여함으로써 성의 정치학을 강화하는 도덕주의 유형 등으로 분류되는데, 나는 제2부에서 각 유형의 성 담론을 분석한 바 있다.

한국교회에서 목회자들이 생산하는 성 담론은 교인들에 의해 소비되면서 다양한 효과를 불러일으킨다. 성 담론의 소비자인 교인들은 교회 안에 묶여 있지 않고 다양한 대중매체와 인터넷을 통해 세태의 영향을 받기에 교회의 성 담론과 세속사회의 성 담론의 차이를 일상적으로 경험하면서 교회의 성 담론을 나름대로 소비한다. 그들이 성 담론을 소비하는 유형은 교회의 지배적인 성 가치관과 성 윤리를 내면화하고 맹종하는 수용형, 교회의 엄격한 요구를 의식하면서도 성적 관행을 현실주의적으로 용인하는 절충형, 교회의 성 담론에 반발하고 심지어 교회를 이탈하기도 하는 저항형 등으로 나타나며, 나는 제3부에서 각 유형을 분석한 바 있다.

이제 나는 한국교회에서 생산되고 소비되는 성 담론에 대한 선행 분석에 근거해서 성 담론의 생산과 소비에서 나타나는 문제들을 이론적으로 설명하고 그 문제들의 해결 방안을 모색하고자 한다. 제2부와 제3부에서 나는 성 담론의 생산과 소비가 종교적 사회화의 통제구조 안에서 이루어진다는 점을 강조했고, 따라서 성 담론의 생산과 소비 과정에 대한 분석은 주로 종교사회학적인 관점에서 이루어졌다. 종교적 사회화 과정은 그 자체가 종교 권력의 미세한 작용 아래서 성에 대한 종교적 지식이 형성되는 과정이고, 이렇게 해서 형성되는 성 담론이 효과를 발휘하는 과정이다. 그렇기에 교회에서 생산되고 소비되는 성 담론은 권력의 작용과 지식의 형성을 서로 결합해서 분석하는 담론이론의 빛에서 재조명되어야 한다.

이러한 문제의식을 갖고서 나는 우선 교회의 성 담론을 우리 시대의 걸출한 담론이론가인 미셸 푸코의 담론분석 방법에 따라 해부하여 교회의 성 담론에서 권력과 지식이 어떤 상호작용을 하는가를 밝힐 것이다.

둘째, 푸코의 담론이론을 급진화하여 성 정체성의 해체와 전복을 모색한 주디스 버틀러의 관점과 방법을 채용하여 교회의 성 담론이 남성 헤게모니 아래서 강제되는 이성애주의에 고착되어 있음을 지적할 것이다.

셋째, 자크 라캉의 성차 이론을 끌어들여 교회의 성 담론이 배제하거나 부차화하는 "여성적인 것"이 실제로는 가부장적 질서의 한계 너머에 있는 것을 직시하게 하고 새로운 문화를 창조하는 출발점이 된다는 것을 지적할 것이다. "여성적인 것"의 원리를 파악하는 것은 교회의 성 담론을 재구축하는 데 반드시 필요한 작업이다.

넷째, 현대 사회의 성과 사랑을 사회학적으로 분석한 울리히 벡/엘리자베트 벡-게른스하임과 앤소니 기든스의 이론을 검토해서 교회의 성 담론의 생산과 수용 사이에 어긋남이 발생하는 까닭을 분석하고, 현대 사회의 변화된 성 문화에 대응해서 교회의 성 담론을 어떻게 형성해야 할 것인가를 모색한다.

다섯째, 엘리자베스 피오렌자의 페미니스트 해석학을 끌어들여서 성서와 교회 전통에 대한 비판과 재구성을 통해 여성해방적이고 인간해방적인 성 담론의 성서적 근거와 신학적 근거를 설정하는 작업을 추구하고자 한다.

그러면 먼저 미셸 푸코의 담론 분석 방법을 끌어들여 교회의 성 담론을 해부하기로 한다.

1. 미셸 푸코: 권력과 담론

미셸 푸코는 언어가 사물에 대한 지식을 구성하는 힘을 갖는다는 것을 출발점으로 삼고서 담론과 권력의 관계를 치밀하게 분석하는 이론을 제시했고, 그의 담론분석 이론은 인문·사회과학뿐만 아니라 신학에서도 널리 활용되고 있다. 푸코는 지식의 고고학을 추구하던 시기로부터 계보학적 탐구에 몰입하던 시기에 이르기까지 담론분석의 방법을 정교하게 발전시켰고, 그 방법론에 입각해서 섹슈얼리티의 역사에 대한 방대한 연구 업적을 쌓았다.

아래서는 푸코의 담론이론의 대강을 간략하게 살피고, 그의 성 담론을 규명하여 교회의 성 담론을 이론적으로 설명하기 위한 실마리를 찾아보려고 한다.

1) 푸코는 지식이 역사를 초월하는 불변의 보편적 형식을 취하지 않고 지식을 구성하는 틀이 역사적으로 크게 변화되었다는 것에 주목하고, 지식을 구성하는 역사적 아프리오리로서의 에피스테메를 분석하는 것으로부터 그의 이론을 발전시키기 시작했다. 에피스테메는 연구자들로 하여금 연구대상을 설정하고, 개념을 구성하고, 이론을 구축하는 데 작용하는 규칙들의 체계인데, 대부분의 연구자들은 그 규칙들이 그들의 연구를 지배하고 있다는 것을 의식하지 못한다. 왜냐하면 그 규칙들의 체계는 그들의 연구 이전에 이미 당연한 것으로 주어졌기 때문이다.

푸코는 이러한 에피스테메가 역사의 각 시기에 다르게 나타나고 하나의 에피스테메와 또 다른 에피스테메 사이에 연속성이 없다는 것을 파악했다. 르네상스 시대에 지식을 구성하는 원리인 '유사성'은 고전시대의 그것인 '재현'과 완전히 다르고, 근대의 에피스테메의 핵을 이루는 '인간'과 '역사'는 '유사성'이나 '재현'과는 전혀 다른 방식으로 지식을 구성하게 만든다. 이런 점에 착안한 푸코는 각각의 에피스테메를 고고학적으로 분석하는 기법을 개발하고자 했다. 이러한 지식의 고고학은 "지식의 공간 안에서 경험적 인식의 다양한 형식들을 탄생시켰던 각 시대마다의 독자적인 배치들"[19]을 드러낸다. 그러한 배치들은 사유할 수 있는 것과 사유할 수 없는 것, 말할 수 있는 것과 말할 수 없는 것을 결정한다. 따라서 지식의 고고학은 "무엇으로부터 인식과 이론이 가능했는가, 어떤 질서의 공간에 따라 지식이 구성되었는가, 어떤 역사적 선험성에 기초하여, 또는 어떤 실증성(positivity)의 조건 속에서 사상이 출현하고 과학이 구성되고 경험이 철학에 반영되고 합리성이 형성되고 해체되며 사라질 수 있었는가를 찾아내려는"[20] 연구이다.

그러나 푸코의 고고학적 탐구는 지식을 구성하는 틀을 분석하기는 하였지만, 그러한 역사적 아프리오리를 형성하는 것이 무엇인가를 밝히는 데까지 나아가지 못했고, 바로 이러한 이론적 한계로 인하여 푸코는 고고학적 탐구로부터 계보학적 탐구로 나아간다.

2) 계보학은 질병, 지식, 성, 병원, 감옥 같은 역사적 실재의 형성과정과 배치과정을 추적하는 연구 방법이다. 푸코는 계보학적 탐구를 통하여 지식과 권력의 관계를 치밀하게 분석하는데, 이를 잘 보여주는 저서들 가운데 하나가 『감시와 처벌: 감옥의 역사』(1975)이다. 푸코는 권력이 감시와 처벌을 통하여 인간을 규율하는 방식을 분석함으로써 지식의 형성이 권력의 작용과 밀접하게 결합된다는

---

[19] 미셸 푸코, 『말과 사물』, 이규현 옮김(서울: 민음사, 2012), 19.
[20] 앞의 책, 20.

것을 입증한다.

서양에서 신체훼손이나 사형과 같은 난폭하고 잔인한 형벌은 18세기에 들어와 소멸하고 감금이나 정신적 고통을 가하는 방식으로 완화되었는데, 푸코는 이러한 처벌 기술의 변화에서 나타나는 새로운 규율 방법에 주목했다. 규율은 권력이 일상생활과 신체를 지배하는 방식이다. 규율은 권력이 요구하는 대로 인간의 신체와 그 능력을 통제하고 복종시킨다. 그 이전에 없었던 이와 같은 규율 방식이 18세기에 나타난 것은 권력이 특정한 목적에 맞도록 신체를 생산하고 길들일 필요가 있었기 때문이다. 예를 들면, 근대 공장에서 필요한 노동력을 만들어내기 위해 권력은 사람의 몸에 노동 규율을 새겨 넣고, 전쟁을 수행하는 군인의 신체를 만들어내기 위해 사람들에게 엄격한 제식훈련을 시킨다. 한 마디로, "신체 활동에 대한 면밀한 통제와 체력의 지속적 복종을 확보하며, 체력에 순종-효용의 관계를 강제하는 이런 방법이 바로 규율이다."[21] 권력은 신체를 분해하고, 재구성하며, 그 신체가 엄격하게 분할된 시간과 공간에 따라 움직이도록 규율한다. 그 규율은 신체 바깥에 있는 규칙이 아니라, 신체 내부에 새겨진 규범이다. 신체는 그 규범에 따라 권력에 순종하기에 권력은 신체에 깃든 생명을 지배하는 권력, 곧 생명권력(bio-power)으로 나타나고 정치는 생명을 지배하는 정치, 곧 생명정치(bio-politics)로 작동한다. 푸코는 생명정치학을 인간 신체의 정치적 해부학이라고 지칭하기도 하는데, 그것은 기술적 방법으로 결정된 속도와 효용성에 따라 원하는 대로 개인들을 움직이기 위하여 그들의 신체를 장악하는 방법을 규정한다. 이렇게 인간 신체를 매개로 해서 이

---

21 미셸 푸코, 『감시와 처벌: 감옥의 역사』(1975), 오생근 옮김(서울: 나남, 2011), 206.

루어지는 생명의 지배는 어느 누구에 의해 의도적으로 만들어진 것이 아니고 상이한 기원을 지니고, 산재한 지역들에서 대수롭지 않은 다양한 과정들이 맞물려서 나타난 효과이다.

권력의 요구를 몸에 새기는 훈육을 효과적으로 수행하기 위해 고안되는 것이 체계적인 감시, 규율의 규범화, 시험이다. 먼저, 판옵티콘(panoptikon)은 감시자의 시선을 감춘 채 감시당하는 사람들을 철저하게 감시하고 통제하는 효과를 만들어낸다. 감시자는 중앙에 있는 원형의 감시탑에서 감옥 둘레에 있는 수감자들을 감시할 수 있지만 수감자들은 감시자를 전혀 볼 수 없다. 이러한 감시 장치는 감시탑 안에 감시자가 없는 경우에도 감시당하는 자는 감시자의 시선이 항상 자기를 보고 있다고 여기게 만드는 효과를 갖는다. 그렇게 되면, 감시당하는 사람이 스스로 그 장치를 작동시키는 자가 된다. 그는 자기 안에 스스로 감시하는 눈을 가진다. 그는 권력관계를 내면화하여 스스로를 관찰하고 감시한다. 그 다음, 사소한 행위들을 통제하기 위해 법적 제재를 동원하지 않고, 그 행위들을 관리하고 평가하고 처벌하고 보상하는 규범을 만들어 그 규범에 따라 제재하는 방식도 훈육의 효과를 강화한다. 끝으로, 시험은 가장 단순하고 친숙한 규율의 기술이다. 시험은 권력과 지식의 관계를 가장 또렷하게 드러낸다. 이와 같은 규율의 기술들을 동원하면서 권력자는 지배의 대상인 각 사람을 감시하고 권력이 정해 놓은 규범과 규율을 수용하였는가를 점검한다.

3) 푸코의 계보학은 권력이 사회적 실재를 구성하고 지식을 생산하는 방식을 규명하는 방법을 제시한다. 사회적 실재와 지식은 자명

한 것도 아니고, 보편적이고 필연적인 것도 아니다. 사회적 실재와 지식은 담론의 산물인데, 그 담론을 지배하는 것은 특정한 국면에서 작용하는 권력들의 관계이다. 푸코가 사회적 실재의 구성과 지식의 산출에 작용한다고 본 권력은 국가폭력이나 특정한 집단이나 특정한 개인에게 귀속된 물리력이라기보다는 사회집단들이 선택하는 전략이고, 권력의 효과는 다양한 배치·조작·기술·기능에 속한 것이다. 권력은 행사되며, 사회집단들의 전략적 위치들이 빚어내는 전체적 효과이다. 푸코는 이러한 권력들을 "미시권력"으로 지칭하는데, 미시권력은 인체 구석구석에 뻗어 있는 모세혈관처럼 사회관계들의 다양한 영역과 층위를 가로질러 작용하고, 미세한 톱니바퀴처럼 작동하면서 끊임없이 새로운 상황과 실재를 만들어낸다.[22]

권력이 매끄럽게 작동하기 위해서는 거기에 적합한 사회적 실재가 구성되고 지식이 생산되어야 한다. 감옥, 병원, 군대, 학교, 공장 등이 권력이 특정한 역사의 시기에 만들어낸 사회적 실재라면, 지식은 권력의 행사를 위한 사전 동의의 장치이다. 이러한 사회적 실재의 구성과 지식의 형성은 담론의 효과이다. 담론은 권력의 작용에서 벗어날 수 없다. "모든 사회에서 담론의 형성은 특정한 과정에 의해 통제되고 선택되고 조직되고 재분배된다. 그렇게 함으로써 담론들이 가져오는 위험을 회피하고, 우연한 결과들에 대처하고, 담론에 수반되는 끔찍한 구체성을 회피한다."[23] 담론은 한 사회가 억압하고

---

22 C. Gordon, 『권력과 지식: 미셸 푸코와의 대담』, 홍성민 옮김(서울: 나남, 1991), 63: "권력의 작동 메카니즘, 즉 새롭게 변화된 권력의 모습은 마치 모세혈관과 같은 것이어서 개별자에게 미치는 권력의 효과는 개인의 육체와 행동, 태도, 그들의 담화 그리고 학습과정이나 일상생활의 구체적인 곳에까지 미치게 된다. 이러한 메카니즘 안에서 권력은 위에서 아래로 전달된다기보다 사회에 널리 확산되는 방식을 취하게 된다."
23 미셸 푸코, 『담론의 질서』, 이정우 해설·옮김(서울: 중원문화, 1993).

자 하는 것을 체계적으로 배제하는 역할을 수행한다. 그러한 배제는 세 가지 유형으로 나타나는데, 하나는 금지이고, 또 다른 하나는 구별과 거부이고, 마지막 하나는 진리와 거짓의 대비이다. 이러한 배제의 장치를 작동시키는 담론이 생산하는 지식은 보편타당하고 영구적인 진리일 수 없다. 오히려 그 지식은 헤게모니를 유지하고 강화하려고 피지배자의 동의를 얻기 위해 만들어지는 이데올로기에 가깝다. 그러한 이데올로기는 참과 거짓의 어느 한 편으로 배치하기 어렵고, 그 효과를 부정하기는 더더욱 어렵다. 담론을 통해 형성되는 지식도 마찬가지이다. 거기서 문제가 되는 것은 진리의 효과이다. "과학성과 진리를 어떻게 선을 그어 구분할 것인가가 아니라 진리도 거짓도 아닌 담론 안에서 진리의 효과가 어떻게 생산되는가 하는 문제를 역사적으로 파악해야만 한다."[24]

담론이 진리의 효과를 일으킨다면, 담론의 생산과 소비는 사회에서 권력관계를 유지하기 위해 반드시 필요하다. 이와 동시에 담론의 생산과 소비가 권력관계를 매개로 해서 이루어진다고 한다면, 권력관계로부터 벗어난 지식의 생산은 있을 수 없다.[25]

4) 권력과 담론의 관계를 가장 극적으로 보여주는 영역은 성 담론이다. 성 담론에서 생산되는 지식은 담론의 진리 효과가 얼마나 강력하게 나타나는가를 보여준다. 예를 들면, 고대 그리스에서 가장

---

24 C. Gordon, 앞의 책, 151.

25 이기형, "담론분석과 담론의 정치학: 푸코의 작업과 비판적 담론분석을 중심으로," 『언론과 사회』 14/3(2006.8), 121: "담론은 사회내의 불평등하고 불균등한 권력관계를 반영하며, 언어와 상징, 기호, 이데올로기를 통해서 지배적인 권력관계의 유지나 피지배자들의 동의를 구하는 데 필수불가결하게 사용되는 요소라고도 할 수 있다."

고상한 행위로 여겨졌던 동성애는 기독교의 세계에서 사악한 행위로 금지되었고, 오랫동안 담론의 영역에서 추방되었던 성은 근대 세계에 들어와 담론의 중심을 차지하게 되었다. 푸코는 근대에 들어와 성 담론이 활성화되고 성에 대한 지식이 엄청나게 생산되는 맥락을 계보학적으로 분석하고자 했다.

근대 사회에서 성 담론은 권력이 가장 정교하게 작용하고 권력의 전략이 집중되는 영역이 되었다. 권력은 성을 억압하지 않고, 끊임없이 성 담론을 부추기고, 성에 대한 지식을 만들어왔는데, 그것은 인간의 삶을 지배하고 통제하기 위한 것이다. "권력관계에서 성적 욕망은 가장 눈에 안 띄는 요소가 아니라, 가장 많이 술책에 이용될 수 있고, 가장 다양한 전략들을 위해 거점 또는 연결점의 구실을 할 수 있는 까닭에 오히려 도구로 이용될 가능성이 가장 큰 요소 중의 하나이다."[26] 그렇기 때문에 성 담론을 부추기는 권력의 다양한 전략을 알아내는 것은 근대 사회에서 인간의 삶을 규율하고 통제하는 방식을 파악하기 위해 반드시 수행해야 할 작업이다. 이와 관련해서 푸코는 "어떤 형식 아래, 어떤 수로를 통해, 어떤 담론을 따라 권력은 가장 미묘하고 가장 개인적인 행동에까지 미끄러지듯이 스며드는가, 어떤 과정이 권력으로 하여금 희귀하거나 거의 감지할 수 없는 욕망의 형식들에 영향을 미치게 하는가, 어떻게 권력이 일상적 쾌락에 침투하여 그것을 통제하는가?"를 묻고, "이 모든 것은 거부·폐색·자격박탈 뿐만 아니라 선동과 강화의 효과까지도 불러일으키는, 요컨대 권력의 다형적 테크닉들"이라고 대답한다.[27]

---

26 미셸 푸코, 『성의 역사 1: 앎의 의지』, 이규현 역(서울: 나남출판, 2004), 28f.
27 앞의 책, 32. 번역본을 약간 수정하였음.

근대 사회에서 성 담론은 개인이 근대적 주체로 탄생하는 데 결정적인 역할을 하였다. 담론이 갖는 진리 효과를 염두에 둔다면, 성은 담론의 대상이 되면서 진리의 문제와 결합된다. 성의 진리는 두 가지 방식으로 생산된다. 하나는 성애의 기술(ars erotica)이고, 또 다른 하나는 성 과학(scientia sexualis)이다. 인간에게 가장 은밀한 영역인 성에 대한 지식을 추구하는 성 과학에서 가장 중요한 것은 고백의 테크놀로지이다. 이 고백의 테크놀로지가 개인을 근대적 주체로 탄생시키는 효과를 빚어낸다. 근대적 주체인 개인은 자기 자신에 대한 진실을 고백하는 진리의 담론을 통해 그 자신의 진실성과 존재의 정당성을 보장받는다. 그것은 근대 이전에 인간이 공동체적 관계의 체현이었던 것과는 전혀 다른 존재 방식이다.[28]

그런데 성 담론이 애초부터 권력의 은밀하고 미세한 작용과 불가분리적으로 결합되어 있음을 상기한다면, 성의 진리는 성 담론의 정치적 효과일 뿐이다. 성의 진리에 따라 근대적 개인이 형성하는 성적 정체성도 철저하게 정치적이다. 성적 정체성이 정치적 정체성이라는 것은 다음과 같은 푸코의 명제에 각인되어 있다. "내 이론의 전제는 개인이 선험적인 정체성을 갖지 않는다는 것이다. 개인의 정체성이란 신체 위에, 행동 위에, 그리고 욕망 위에, 가해지는 권력관계의 부산물에 불과한 것이다."[29]

5) 근대 사회에서 성은 네 가지 전략을 통해 철저하게 통제되어 왔다. 첫째, 여성의 육체를 히스테리의 장소로 간주하기, 둘째, 성교

---

[28] 앞의 책, 75f.
[29] 앞의 책, 34.

육을 통해 수음하는 아이를 통제하기, 셋째, 맬더스의 이데올로기에 따라 산아제한을 실천하여 생식행위를 사회적으로 관리하기, 넷째, 도착적 쾌락을 추구하는 것을 정신병리학적으로 변태로 처리하기 등이 그것이다.[30] 근대의 성 과학에 근거한 네 가지 통제전략을 통하여 인간의 몸은 "성적인 육체"로 탄생하고 권력에 의해 길들여진다.

이와 같은 네 가지 통제전략은 근대 사회가 성립되면서 성이 왜 정치적 관심의 핵심이 되었는가를 설명한다. 근대 사회는 인간의 신체를 규율하고, 인구를 통제하는 두 가지 장치 위에 정교하게 구축되었다. 인간의 신체를 규율하는 장치를 통하여 개인은 권력의 지배 아래 들어가고, 인구를 조절하는 장치를 통해 집단은 권력에 의해 관리된다. 바로 이와 같은 신체의 규율과 인구의 통제는 모두 성을 매개로 해서 이루어진다. 성은 규율과 통제의 교차점이다. 바로 이 때문에 근대 사회에서 성은 정치적 주제가 되는 것이다.[31]

6) 지식의 생성과 권력의 작용이 불가분리적으로 결합되어 있고, 담론이 진리 효과를 갖는다는 푸코의 통찰은 담론분석에서 유념할

---

30 앞의 책, 118f.

31 앞의 책, 156: "정치적 쟁점으로서의 성이 취하는 중요성을 이해할 수 있는 것은 바로 이러한 배경에서이다. 삶에 근거를 둔 모든 정치적 기술체계가 전개되어 온 역사에서 성이 두 중심축의 연결점에 위치하기 때문이다. 한편으로 성은 육체의 규율, 곧 체력의 훈련·강화·배분과 에너지의 조절 및 경제체계에 결부되고, 다른 한편으로는 그것이 유도하는 광범위한 모든 결과 때문에 인구의 조절에 적용된다. 성은 두 가지 범주 안으로 동시에 편입된다. 그것은 무한히 세밀한 감시, 끊임없는 통제, 지극히 꼼꼼한 공간적 구획정리, 무한한 의학적 또는 심리학적 검사, 육체에 대한 모든 극소권력을 야기할 뿐만 아니라, 대대적인 조치, 통계학적 추정, 사회 전체와 하나의 전체로 파악된 여러 집단들을 대상으로 하는 개입을 불러일으키기도 한다. 성은 육체의 삶과 동시에 인류라는 동물종의 삶에 대한 접근의 수단이다."

것이 무엇인가를 시사한다.

담론분석에서는 본질주의적이거나 근본주의적인 입장이 들어설 여지가 없고, 어떤 지식을 절대화하는 관점도 허용될 수 없다. 담론분석은 사회적 실재와 지식이 담론의 효과라는 구성주의적 관점을 취하기 때문에 사회적 실재와 지식이 구성되는 맥락과 구성 과정에서 작용하는 권력 작용을 계보학적으로 파악하고자 한다. 그것은 사회적 실재와 지식의 구성과정을 해체해서 그 실재와 지식이 자명하거나 당연한 것이 아님을 깨닫도록 돕는 작업이다. 그렇게 함으로써 사회적 실재와 지식을 대안적으로 구성하고자 하는 의지와 전망을 가질 수도 있을 것이다.

그러나 담론이론은 일단 사회적으로 확립된 담론이 인간의 사유 지평과 의미 형성을 제약한다는 측면도 강하게 부각시키는 특성을 갖는다. 담론의 질서 안에서 인간의 사유 지평이 열리고, 담론의 개입에 의해 인간의 경험이 의미를 갖게 된다. 담론은 인간이 만들어 내는 것이지만, 일단 담론이 만들어지면 담론 자체가 인간의 의미 형성을 지배하고 권력을 행사할 수도 있다. 담론은 사물에 대한 인간의 지식을 구조화하고 사물에 대한 파악과 해석의 틀을 규율하고, 인간이 알 수 있는 것과 알 수 없는 것, 인간이 말할 수 있는 것과 말할 수 없는 것을 결정하기까지 한다. 이런 점에서 인간은 담론의 외부를 갖기 어려운 존재이다.

담론의 진리 효과는 일종의 헤게모니 효과라고 말할 수 있는데, 이러한 효과가 있기 때문에 학교나 교회는 특정한 담론을 수용하고 그것에 충실한 주체를 양성할 수 있다. 그러한 주체들은 담론에 담겨 있는 사고방식과 지식을 매우 효과적으로 습득한다. 그들은 담론을 자발적으로 내면화하여 담론의 수용자가 되는 것이다.

인간이 생산하고 소비하면서 그 효과가 미치게 되는 담론은 매우 다양하다. 담론은 언어, 이야기, 문서, 시각적 기호와 이미지, 청각적 이미지와 음악 등으로 표현되고, 사물이나 현실에 대한 인식이나 재현이나 주장을 담고 있다. 따라서 말과 글과 기호와 이미지로 표현되는 텍스트와 발화가 모두 담론을 이룬다고 볼 수 있다. 일상적이고 사적인 대화, 회사 서류, 정부 문서, 정부 포고령, 법정 판결문, 신문 사설, 평론, 기고문, 연설문, 전문가 진단서나 소견서, 설교 등과 같이 의미의 형성과 전달, 권력의 작용이 일어나는 다양한 형태와 형식의 담론들이 있는 것이다.[32]

7) 권력과 지식의 관계에 초점을 맞추어 담론 분석의 방법을 제시한 미셸 푸코는 한국교회의 성 담론을 체계적으로 분석하기 위한 유력한 수단을 제공하고 있는 것으로 여겨진다. 그의 분석 방법에 힘입어 제도교회에서 생산되고 소비되는 담론의 효과를 종교사회학적 문맥을 넘어서서 인문학적 맥락에서 성찰할 수 있게 된다. 나는 푸코의 담론 분석 방법이 교회의 성 담론을 분석하는 데 기여하는 점을 몇 가지로 정리하고자 한다.

첫째, 푸코가 말하는 담론의 진리 효과는 제도교회의 담론을 분석하는 데 결정적인 열쇠를 제공한다. 교회의 담론은 제도교회의 안팎에서 정교하게 작동하는 미시권력들의 작용으로부터 자유롭지 않다. 이미 제2부에서 나는 종교사회학적 관점에서 제도교회가 제도

---

[32] 이에 대해서는 이기형, 앞의 논문, 109f.를 참조하라.

적 존립의 확보와 안정, 그리고 성장에 일차적인 물질적 이해관계를 갖고 있고, 이러한 제도교회에서 구원의 수단을 독점하고 담론을 생산하는 주체인 목회자들은 제도교회의 물질적 이해관계를 실현하는 가운데 그들의 교회 내 헤게모니를 유지하고 강화하는 데 일차적인 이해관계를 갖는다는 것을 설명한 바 있다. 또한 동시에 교회 내 헤게모니 세력은 교회 바깥의 정치적 헤게모니 세력과 동맹을 구축하여 정치적 지배세력의 정당성 확보와 종교적 지배세력의 사회적 권위를 서로 강화하려고 한다는 점도 지적한 바 있다. 이런 점들을 감안할 때, 제도교회에서 선포되고 시행되는 설교와 성례, 하나님 앞에 올리는 기도문들, 하나님께 헌신과 헌금을 바치며 아뢰는 말씀들, 봉헌, 교회학교와 구역 모임 등 여러 교회 기관들에서 시행되는 교육, 교회의 각급 회의들에서 의제를 상정하기 위한 제안 설명들, 교회의 업무를 수행하기 위한 안내 지침들, 교인들의 행동과 제스처 등에 관한 세밀한 가르침들, 교회의 가르침에 거역하는 신도들에 대한 재판 등등, 지극히 다양한 형태와 내용을 갖는 교회 담론들이 제도교회의 물질적 이해관계와 교회 내 헤게모니 세력의 이해관계를 매개로 해서 아주 미세하게 조정되고 관리된다는 것은 조금도 놀라운 일이 아니다. 교회에서 시행되는 모든 교육과 교인들을 규율하기 위한 모든 지침은 교회 지도부에 의해 꼼꼼하게 검열되고 철저하게 통제된다. 이렇게 생산되는 교회 담론을 매개로 해서 목회자들은 교인들을 향한 통치의 리더십을 매끄럽게 구현한다. 따라서 교회 담론은 지식과 권력이 서로 매개해서 진리 효과를 일으키는 전형적인 본보기들 가운데 하나로 간주되어야 할 것이다.

둘째, 오늘날 종교를 사적인 일로 간주하고 공론의 장에서 종교적 세계관에 근거하여 담론을 전개하는 것을 적절하지 않다고 생각하는 경향이 있지만, 이러한 자유주의적 관점은 실제로 종교가 공론의 장을 가로 지르며 헤게모니적 담론의 주체로 활동한다는 것을 제대로 설명하지 못한다. 한국의 보수적인 교회들이 생산하는 담론의 가공할 힘은 2008년 대선에서 "장로 대통령"의 프레임 설정이나, 북한을 사탄시하는 담론 프레임, 친미반공 담론 프레임 등에서 여지없이 입증된 바 있다. 설사 이러한 담론들이 지식인들이나 심지어 기독교인들에 의해 우스꽝스러운 것으로, 현실을 교묘하게 왜곡하고 특정한 세력의 이해관계를 보이지 않게 관철시키게 만드는 장막으로 여겨지고 비판된다고 하더라도, 정치적 헤게모니 세력과 동맹을 맺고 있는 제도교회의 헤게모니 세력이 끊임없이 생산하고 전달하는 담론들은 무시할 수 없는 영향력을 행사하고, 실제로 그 담론들에 포섭되는 사람들에게 현실에 대한 그럴 듯한 설명과 미래에 대한 설득력 있는 비전을 제시하고 있는 것처럼 여겨지기까지 한다. 따라서 이러한 교회 담론은 헤게모니 투쟁의 장에서 경쟁하는 여러 담론들 가운데 하나로 여겨질 수밖에 없다.

셋째, 교회 안에서 구원의 수단인 하나님의 말씀을 선포하고 성례를 집행하는 목회자들이 생산하는 담론은 교인들에게 엄청난 영향력을 발휘한다. 목회자의 설교가 회중 가운데 살아계신 하나님의 말씀을 회중에게 그대로 전달하는 것으로 여겨진다는 것을 생각한다면, 구원의 수단을 찾아서 교회에 참여하고 있는 사람들에게 그 말씀이 갖는 힘은 상상할 수 없을 만큼 크다는 것을 쉽게 인정할 수 있을 것이다. 더구나 목회자가 은연중에 강조하는 하나님의 심판은 목회자가 제시하는 구원의 질서에 관한 담론에 이의를 제기할 수 없게 만들기 십상이다. 목회자의 말씀이 반복해서 전달된다는 것을 감안한다면, 그들의 담론은 가랑비에 시나브로 흠뻑 젖듯이 사람들의 의식과 행동을 속속들이 지배하는 효과를 가지게 된다. 비록 그 담론이 상투성을 띨 경우가 많고, 케케묵은 고리타분한 내용으로 점철되어 현실적합성을 상실하는 경우라 해도, 그 담론이 설정하는 프레임 자체가 갖는 힘은 신도들이 그 프레임을 깨뜨리고 그 바깥으로 나가기 어렵게 만들 만큼 충분히 강력하다.

넷째, 교회에서 생산되는 성 담론의 효과는 교회 안팎에서 작용하는 미세한 권력의 작용들을 감안할 때 비로소 제대로 평가될 수 있을 것이다. 하나님이 세상을 창조할 때부터 암컷과 수컷을 분리했기에 성별의 분리를 신성한 질서로 못 박고, 이성애적 결혼을 하나님이 설립한 황금의 질서로 선포하고, 여성적인 것을 은폐해서 바깥으로 드러나지 못하게 하는 것을 신성한 규율로 삼고, 성적인 유혹을 사탄의 유혹으로 정형화하고, 남성에 대한 여성의 굴복과 순종을 여성에게 부여되는 미덕으로 칭송하고, 결혼 관계 이전까지를 포함한 순결의 의무를 지킬 것을 신성한 계명으로 선포하고, 동성애, 간음, 혼전 순결의 상실, 수간 등을 죽음의 벌로 규율하는 것 등등은 교회의 성 담론이 갖는 보수성을 드러내는 것만이 아니다. 그러한 성 담론이 교회를 통치하고, 교회 통치를 매개로 해서 세상을 규율하는 데 어떤 효과를 발휘하는가를 물어야 한다. 교회의 성 담론은 교회 안팎에서 남성 헤게모니 아래서 이성애주의를 가장 강력하게 옹호하는 정치적 효과를 발생한다는 것이 중요한 것이다.

2. 주디스 버틀러: 정체성의 해체와 전복

주디스 버틀러는 미셸 푸코의 강력한 영향 아래서 성과 젠더의 계보학을 탐구함으로써 성의 정체성과 젠더의 정체성에 대한 담론의 억압적 성격을 드러내고 정체성의 해체라는 급진적인 전략을 제시한다.

이러한 버틀러의 성 담론은 페미니즘의 역사에서 매우 독보적인 위치를 차지하고 있다. 초기의 페미니즘이 자유주의적인 남성과 여성의 동등성을 주장하거나 "제2의 성"으로 폄하되는 여성적인 것을 초월하려는 노력(시몬느 보부아르)으로부터 출발하였다면, 1970년대 이래로 페미니스트들은 여성적인 것의 정체성과 특성, 혹은 여성적인 것의 원리에 따라 사회와 세계를 재구성하려는 전략을 추구했다. 페미니스트들 가운데서는 이와 같은 성과 젠더의 정체성을 추구하는 것이 본질주의적 함정에 빠질 위험이 있다는 우려의 목소리가 나오기도 하였으나, 성차별이 제도화되어 있는 가부장제 문화가 지속되는 한, 여성적인 것의 정체성을 추구하는 것은 전략적 본질주의로 옹호되어야 한다는 의견(루스 이리가레, 가야트리 스피박)이 설득력을 발휘했다. 버틀러는 이와 같은 본질주의 혹은 전략적 본질주의에 정면으로 도전하면서 정체성을 해체하는 대안적 성 담론을 제시하고자 했다.[33]

---

[33] 이에 대해서는 이명호, "젠더 트러블과 성차의 윤리,"『안과밖』21(2006.10), 91-95를

버틀러의 성 담론은 정체성 범주를 해체한 뒤에 수행성 개념과 우울증적 동일시 개념을 통해 성 담론을 재구성하는 방식으로 기획되어 있다. 아래서는 이를 하나하나 조금 깊이 들여다보기로 한다.

1) 버틀러는 남성과 구별되는 여성의 정체성을 안정된 범주로 삼는 여성주의 정치학을 토대주의(fundamentalism)의 함정에 빠져 있다고 비판하고, "여성주의적 주체의 정체성은 여성주의 정치학의 기초여서는 안 된다"라고 주장한다.[34] 여기서 여성 주체의 정체성을 앞세운 여성주의 정치학에 대한 버틀러의 비판을 깊이 다룰 필요가 있는 것은 아니지만, 몇 가지는 짚을 필요가 있다. 왜냐하면 정체성 정치에 대한 거부는 성과 젠더의 정체성 범주를 해체하고 전복하려는 버틀러의 기획의 배경이 되기 때문이다.

버틀러가 정체성의 정치를 비판하는 이유는 무엇보다도 먼저 그러한 정치가 여성의 정체성으로 설정된 경계 바깥에 있는 사람들을 배제하고 그들을 대변할 수 없기 때문이다. 여성을 주체로 하는 정치는 여성과 남성의 대립을 전제로 하는데, 이렇게 대립을 설정하게 되면 남성의 범주와 여성의 범주에 속하지 않고 남는 잉여를 거의 무의식적으로 배제하는 결과를 낳는다는 것이다. 그 다음, 여성의 정체성이 일관성과 통일성을 갖는다는 발상은 한 사람 한 사람의 여성이 정치적이고, 경제적이고, 사회적이고, 문화적인 맥락들이 교차하는 장에서 구체적으로 형성된다는 점을 놓칠 수 있다는 것이다. 마지막으로 여성주의적 정치가 여성 정체성을 토대로 삼은 뒤에야

참조하라.

[34] Judith Butler, *Gender Trouble and the Subversion of Identity*(New York: Routledge, 1990), 6.

비로소 활성화될 수 있다는 발상은 여성 정체성을 전제하지 않아도 여성들이 인종 문제, 환경 문제, 가난의 문제, 성폭력의 문제 등 현대 사회의 다양한 문제들에 대응해서 운동을 펼치고 여러 세력들과 연합해서 공동으로 활동할 수 있다는 엄연한 현실을 외면할 수 있다는 것이다.

여성의 정체성을 여성주의 정치의 전제로 삼을 필요가 없다는 버틀러의 판단은 현대 세계에서 정체성의 범주가 여성 해방과, 여기서 한 걸음 더 나아가 인간 해방의 걸림돌이 될 수 있다는 통찰에 근거하고 있는 것 같다.

2) 버틀러가 정체성이라는 범주에 반기를 드는 것은 여성의 정체성이 마치 여성의 속성이나 자연적 특성인 것처럼 당연하게 여겨지는 것이 문제라고 보기 때문이다. 여성의 정체성을 이루는 핵심 요소인 섹스와 젠더가 자연적 범주나 존재론적 범주가 아니고 단지 구성의 산물이라고 한다면, 여성의 정체성으로 여겨져 왔던 바로 그것은 전혀 다른 방식으로 재구성되고 전혀 다른 의미를 가질 수도 있을 것이다.

물론 여성주의의 역사에서 섹스과 젠더는 서로 개념적으로 구별되었다. 시몬느 보부아르가 "제2의 성"을 이론적으로 구성한 이래로 섹스는 생물학적으로 주어진 것이고, 젠더는 문화적으로 구성된 것으로 여겨져 왔고, 섹스와 젠더가 일대일로 대응하지 않는다는 것도 상식적인 것으로 받아들여졌다. 버틀러는 바로 이처럼 당연하게 받아들여지는 통념에 의문을 제기하고 이를 비판적으로 넘어서고자 한다.

우선, 버틀러는 인간의 몸을 섹스에 따라 남성의 몸과 여성의 몸으로 구별하는 것과 젠더를 남성 정체성과 여성 정체성으로 구성하는 것 사이의 불연속성을 인정하면서도 "왜 우리는 젠더를 남성/여성의 이원적인 범주로 사고하는가?"를 묻는다. 섹스와 젠더가 서로 다른 의미 맥락을 갖는다고 한다면 젠더가 성별(sex)의 이원성을 따를 까닭이 없다. 그러나 젠더 정체성을 주장하는 사람들은 젠더의 이원성을 당연한 것처럼 여긴다. 물론 가부장제 문화에서 남성다움과 여성다움은 문화적 규범 아래서 강제로 형성된 것으로 설명되고 있지만, 문제는 남성과 여성의 범주적 경계 바깥의 것을 체계적으로 배제하는 권력의 작용을 파악하지 못하고 그것을 비판적으로 성찰하지 못한다는 것이다. 버틀러는 그러한 체계적 배제의 중심에 동성애를 금기시하는 이성애중심주의가 있다고 보고, 이성애중심주의의 문화적 강제가 섹스의 이원론에 의해 당연시되었다고 비판한다.

따라서 버틀러가 정체성 이론에 대한 그 다음 비판이 섹스를 이원론적으로 구성하는 것에 초점을 맞추는 것은 논리적으로 당연하다. 그는 섹스를 생물학의 영역, 곧 자연의 영역에 놓고 자연의 영역을 문화의 영역으로부터 배제하는 발상 자체를 문제로 삼는다. 자연은 문화의 표면이며, 따라서 자연은 문화에 의해 각인된다. 이러한 관점에 따르면, 섹스는 자연적으로 주어진 사실이 아니라, 문화적으로 구성된 것으로 간주되어야 한다. 바로 이 맥락에서 버틀러의 폭탄 같은 발언이 이어진다. "'섹스'라는 언어적 허구는 이성애적 욕망의 축을 따라 정체성의 생산을 제한하려는 강제적 이성애 체계에 의해 생산된 범주이다."35 '섹스'가 생물학적 사실이 아니라, '젠더'와 마찬

---

35 앞의 책, 26.

가지로 역사적으로 구성된 것이라면, '섹스'는 애초부터 '젠더'이다. '섹스'와 '젠더'의 구분은 더 이상 의미가 없고, 따라서 더 이상 그렇게 구분할 필요도 없다.[36] 그럼에도 불구하고 '젠더'와 구분되는 '섹스'라는 범주를 계속 사용한다면, 그것은 '섹스'를 담론 이전의 것, 문화 이전의 것으로 되돌려 놓고 다시 자연화하려는 불순한 의도를 갖는 것으로 비판되어야 한다.

젠더의 이원성이 이성애의 강제 아래에서 담론적으로 유지되는 환상이라는 것은 버틀러가 "젠더 존재론의 정치적 계보학"을 통하여 도달한 결론이다.[37] 이러한 계보학적 분석을 시도하고 있다는 점에서 버틀러는 미셸 푸코의 충실한 제자라고 할 만하다. 그것은 "내 이론의 전제는 개인이 선험적인 정체성을 갖지 않는다는 것이다. 개인의 정체성이란 신체 위에, 행동 위에, 그리고 욕망 위에, 가해지는 권력관계의 부산물에 불과한 것이다"[38]라는 푸코의 명제를 상기하는 것만으로도 분명히 알 수 있다. 계보학적 분석은 이제까지 당연하게 여겨져 왔던 범주를 해체하는 효과를 가져 온다. 어떤 범주를 해체한다는 것은 "그러한 범주의 구성 과정과 그러한 범주를 이론의 요건이나 전제로 취하는 것의 정치적 의미와 효과"[39]를 비판적으로 파악하는 것을 뜻하는데, 그러한 작업은 새로운 정치적 상상력을 갖기

---

36 앞의 책, 7: "섹스의 불변적 성격이 문제시된다면 섹스라 불리는 이 구성물은 젠더만큼이나 문화적으로 구성된 것이다. 섹스는 이미 언제나 젠더이고, 그 결과 섹스와 젠더의 구분은 구분이 아니게 된다."

37 앞의 책, 33.

38 미셸 푸코, 『성의 역사 1: 앎의 의지』, 34.

39 J. Butler, "Contingent Foundation: Feminism and the Question of 'Post modernism'," S. Benhabib/J. Butler/D. Cornell/N. Fraser, *Feminist Contentions* (New York: Routledge, 1995), 36.

위해 반드시 필요하다.

3) 섹스와 젠더의 구분을 무의미한 것으로 만들고 젠더 정체성의 안정성을 부정하는 버틀러는 젠더가 사회적으로 구성되었다고 주장하는데, 이러한 주장을 뒷받침하는 것이 바로 수행성 이론이다.

버틀러는 젠더를 이해할 때 본질주의적 발상을 단호하게 거부한다. 젠더는 어떤 내적 본질이 외부로 표현된 것으로 볼 수 없다는 것이다. 젠더의 정체성이 구성되는 것이라면, 그것은 구성 과정 이전에 이미 있었던 것일 수 없고, 오직 구성 과정의 결과로 간주될 수밖에 없다.[40] 이러한 정체성의 구성을 설명하기 위해 버틀러는 수행성 개념을 도입한다. '수행성'은 '수행'과는 구별되는 개념이다. '수행'은 수행자를 전제한다. 그것은 수행자가 수행을 통해 형성하는 것이 이미 그 안에 있는 무엇인가를 전제로 한다는 발상으로 이어질 수 있다. 버틀러는 이러한 발상이 본질주의적 오류를 이끌어낸다고 보고, '수행자'를 전제하지 않는 '수행성' 개념을 이끌어 들인다. '수행자' 없는 '수행성'은 마치 유령의 장난 같이 여겨지지만, 그것은 푸코가 담론의 '진리효과'를 개념화하면서 선구적으로 제시한 관점이다. 이러한 관점을 갖고서 버틀러는 젠더가 무엇인가를 다음과 같이 설명한다.

젠더는 명사도 아니고, 떠돌아다니는 속성도 아니다. 왜냐하면 젠더의 실체처럼 보이는 외양은 일관성을 유지하도록 강제되는 규제적 실천에 의해 수

---

[40] Judith Butler, *Gender Trouble and the Subversion of Identity*, 25: "젠더 표현 배후에 젠더 정체성은 존재하지 않는다. 정체성은 그것의 결과라고 말해지는 '표현들'에 의해서 수행적으로 구성된다."

행적으로 생산된 것이기 때문이다. 젠더의 내적 진실이 구성된 것이고, '진정한' 젠더가 몸의 표면에 각인된 환상이라면, 젠더는 진리도 아니고 허위도 아니다. 그것은 단지 안정된 정체성에 대한 담론이 낳은 진리 효과일 뿐이다.[41]

젠더가 수행적으로 생산된다는 것은 젠더가 시간을 두고 서서히 구성되는 정체성이며, 행위의 양식화된 반복에 의해 형성된다는 뜻이다. 엄격한 규율의 틀에 갇혀서 말과 행동, 제스처를 반복하면서 젠더 정체성을 갖는 자아라는 환상이 빚어지는데, 그것은 결국 수행성의 효과에 불과하다. 이렇게 젠더가 제도 속에서 엄격하게 규율되는 양식화된 실천의 효과로 구성되었다고 해서, 젠더가 아무 의미가 없거나 인위적 개입에 의해 흩어져 버리는 신기루 같은 것이라는 뜻이 아니다. 오히려 젠더는 마치 단단한 껍질에 의해 보존되는 실체인 것처럼 제도 속에서 작용한다. 젠더가 사회적 구성물임을 강조하는 것은 젠더가 바로 그렇게 구성되는 데 없어서는 안 될 것으로 작용한 것이 무엇인가를 드러내 보이고자 한다는 뜻이다.

버틀러는 젠더의 규제적(konstitutuve) 구성이라는 말을 사용함으로써 젠더는 '그 무엇'이 없으면 구성되지 않는다는 방식으로 질문을 던지고 바로 그것이 '무엇'인가를 묻는다. 버틀러에 따르면, 그것은 남성의 헤게모니 아래서 작용하는 이성애적 강제이다. 남성의 헤게모니 아래서 이성애적 강제가 작용하면서 섹스의 이원성이 자연적 사실로 설정되고, 섹스의 이원성에 따라서 젠더의 정체성이 이원적으로 구성되었다는 것이다.

---

[41] 앞의 책, 136.

4) 버틀러는 가부장제 사회에서 강제되는 이성애가 수용되는 심리적 기제를 설명하기 위해서 지그문트 프로이트와 자크 라캉의 정신분석학을 활용하면서 "우울증적 동일시" 이론을 제시하고 있다. 이 이론을 통해 버틀러는 주체의 형성 과정에서 근친상간의 금기 이전에 동성애 금기가 있었다는 것을 지적하고, 이성애가 우울의 징후를 동반할 수밖에 없다고 주장한다.

버틀러의 우울증적 동일시 이론은 프로이트가 1917년에 쓴「애도와 우울증」이라는 에세이에서 애도와 우울증을 서로 구별한 데 근거를 두고 있다. 프로이트에 따르면, 애도는 사랑의 대상을 상실하였을 때 그 대상을 향한 리비도를 회수하여 자기 자신 안에 투사하였다가 그 대상을 자기 자신으로부터 분리시키는 과정이다. 애도의 결과, 사랑의 대상은 주체의 내부에 남지 않고 외부 세계로 방출된다. 그러나 우울증은 사랑의 대상에 대한 리비도를 회수하는 과정에서 그 대상이 주체의 몸에 합체되어 주체의 에고에 자리를 잡기 때문에 대상의 상실에 대한 슬픔을 극복하지 못하는 상태이다.[42] 프로이트는 이러한 생각을 발전시켜「에고와 이드」라는 논문에서 우울증을 앓는 에고는 "몸의 에고"라고 규정하고 "그것은 표면의 실체일 뿐만 아니라, 그 자체가 표면의 투사"라고 설명했다.[43] 버틀러는 바로 이 설명에 기대어 우울증적 동일시를 개념화한다. 사랑했던 사람의 상실을 경험하면서 에고는 그 타자를 자신의 구조 안에 통합하여 그

---

[42] S. Freud, "Mourning and Melancolia," The Standard Edition of Complete Psychological Works of Sigmund Freud XIV, ed. and tr. by James Stratchey (London: Hogarth, 1975), 245f.

[43] S. Freud, "Ego and the Id," The Standard Edition of Complete Psychological Works of Sigmund Freud XIV, 26.

타자의 속성을 취하고, 모방의 마술적 행위를 통해 그 타자를 "존속"시킨다는 것이다.[44]

이렇게 우울증적 동일시를 개념화한 뒤에 버틀러는 인간이 자아를 형성하는 오이디푸스 단계에서 동성애 금기가 근친상간 금기에 앞선다는 주장을 내건다. 정신분석학은 오이디푸스 단계에서 어린 아이는 이성애적 근친상간의 법을 받아들여 동성인 부모와 동일시하면서 자아를 형성한다고 설명해 왔지만, 버틀러는 동성 부모에 대한 어린이의 애착이 금지되어 이성애적 성향이 형성되고 난 뒤에야 비로소 이성애적 근친상간이 금지되어 동성 부모와 자신을 동일시하는 과정이 진행된다고 설명한다. 동성 부모에 대한 사랑을 강제로 상실할 수밖에 없는 어린아이는 그 사랑의 대상을 자신의 에고에 포개어 놓고 그 대상을 무의식적으로 모방하고, 바로 그러한 모방의 에고가 근친상간 금지의 법 아래서 본격적으로 동성 부모와 자신을 동일시한다는 것이다. 그렇다면 버틀러가 말하는 우울증적 동일시는 이중의 부정을 통하여 인간의 성적 정체성이 인간의 몸에 새겨지는 과정이다.[45]

버틀러의 우울증적 동일시는 젠더 정체성이 금지의 효과라는 것을 정신분석학적으로 설명하고자 하는 것이지만, 엄밀하게 말하면 그것은 이성애적 정체성을 정상적인 것으로 확립하기 위해 동성애를 금기시하는 가부장적인 제도 규범의 실증성을 폭로하기 위한 고도의 전략적 판단이다. 프로이트와 라캉의 정신분석학이 근친상간의 금지를 통해 인간의 섹슈얼리티가 이성애적으로 형성된다고 본

---

[44] Judith Butler, *Gender Trouble and the Subversion of Identity*, 70.
[45] 앞의 책, 48ff.

다고 분석한 버틀러가 그러한 정신분석학이 가부장제를 옹호하는 규율담론의 일종이라고 비난한 것은 이러한 전략적 판단과 무관하지 않다. 버틀러는 남성의 헤게모니 아래서 이성애주의적 강제가 작용하면서 동성애를 사회에서 축출하고 비정상화하는 것을 당연시해서는 안 된다고 주장한다. 이 점에서 이명호의 다음과 같은 지적은 문제의 핵심을 정확하게 찌르고 있다고 할 것이다.

> 버틀러가 근친상간 금기에 선행하는 동성애 금기를 라깡 정신분석학이 억압하는 무의식으로 읽어내면서 동성애 금기가 이성애적 젠더를 구성하는 제도적 매트릭스의 하나임을 지적하는 것은 이성애적 젠더 정체성 속에 이미 동성애적 욕망이 '부인된 애착'(disavowed attachment)으로 들어와 있음을 밝힘으로써 이성애적 젠더의 불확정성을 노출시키기 위해서이다.[46]

5) 버틀러는 젠더와 구별되는 섹스마저 담론의 효과라고 주장함으로써 젠더 정체성을 구성하는 강제를 정치적으로 비판할 수 있는 관점을 제시한다. 정체성의 담론이 여성해방과 인간해방의 무기가 되는 것이 아니고, 도리어 그 담론의 효과로 인해 남성 헤게모니 아래서 이성애주의적 독재가 강화될 수 있다는 것을 지적하고 있는 것이다. 인간이 성적 정체성을 갖는 주체가 된다는 것은 주체의 구성을 지배하는 담론의 질서에 포획되고, 그 질서에 담겨 있는 규범의 지배에 종속된다는 것을 뜻한다. 바로 이 점을 지적한 것이 버틀러의 큰 업적이다. 담론이 갖는 진리효과를 주목한다면, 성 담론이 여성과 남성의 성을 규율하고 통제하는 방식을 분석해 낼 수 있을 것

---

46 이명호, "젠더 트러블과 성차의 윤리," 103.

이다.

　그렇다면 정체성의 언어에 포획되지 않는 주체를 해방적으로 구성할 수 있을까? 이러한 질문을 더 날카롭게 벼린다면, 성적 정체성의 문제에 국한하지 않고, 해방적 주체의 구성이 가능한가를 물어야 할 것이다. 그것은 이제까지 성찰되지 않고 무의식적으로 수용되었던 담론의 질서를 갱신하는 주체를 구성하는 일일 터인데, 담론이론의 틀에서 그것이 가능한가는 대답하기 매우 어려운 과제이다. 주체를 설정하려고 하자마자 이미 그 주체의 경계 바깥에 외부를 설정하고 그 외부와 구별된 무엇인가를 주체에 기입하지 않으면 안 되기 때문이다. 그런데 그것은 담론에 의하여 형성되는 구성적 외부이고, 오직 담론의 효과로서 형성된 외부이다. 따라서 그 외부의 독자적인 실재성은 없다. 버틀러에게는 기존의 문화적 강제가 작용하는 담론의 효과를 차단해서 인간과 세계를 새롭게 구성할 수 있는 담론의 외부는 성립되지 않는다. 설사 담론의 경계설정이 예상치 못하게 해체되어 담론이 갱신되는 가능성을 꿈 꿀 수는 있겠지만, 담론의 내부로부터 담론이 갱신되는 일이 가능할까?[47] 담론을 갱신하기 위해서는 담론의 질서 바깥에서 담론의 질서를 뒤흔드는 외부, 혹은 담론의 질서에 완전히 흡수되지 않고 남는 잉여를 발견하여야 하고, 그것에 관한 이론을 전개하여야 할 것이다. 버틀러에게는 그러한 외부와 잉여에 대한 이론이 성립될 수 없다.

　버틀러가 말하는 성적 정체성은 서양 근대의 성 장치에 의해 구성된 섹슈얼리티이다. 그는 이러한 섹슈얼리티의 역사성을 보편적인

---

[47] 이 질문에 관련해서 J. Butler, "For A Careful Reading," S. Benhabib/J. Butler/D. Cornell/N. Fraser, Feminist Contentions, 139를 보라.

섹슈얼리티의 논리로 포장한다. 우울증적 동일시 이론이 그런 역할을 한다. 그는 젠더와 구별되는 섹스가 항구적으로 문화적 구성에 내맡겨져 있다는 논리를 구축함으로써 성차(sexual difference)가 성 담론 외부에서 성 담론을 갱신할 수 있는 가능성을 보지 못한다. 정신분석학이 말하는 성차는 버틀러가 예리하게 분석한 문화적 구성물로서의 정체성의 차이와는 다른 의미 맥락을 갖고 있다. 정신분석학은 성차(sexual difference)가 문화(상징질서)의 탄생과 더불어 발생하지만 모든 문화와 역사적 시대를 망라해서 유지되는 일종의 상수 역할을 한다고 본다. 그러한 성차는 생물학적 근거로 환원되는 것도 아니고, 문화적 구성으로 환원되는 것도 아니라고 본다. 정신분석학에서 성차는 담론의 효과가 아니라, 인간이 상징적 질서 안에서 살아가기 시작하면서 문화를 형성하고 해체하고 재구성하는 데 작용하는 일종의 규제적 원리이다. 남성적인 것과 여성적인 것의 구별은 담론의 질서 바깥에 엄연하게 실재하는 것을 포착하게 하는 열쇠가 된다는 점에서 담론의 외부를 단지 담론구성적 외부로 설정할 수밖에 없는 담론이론의 한 딜레마를 해소할 수 있게 하는 것은 아닐까? 이에 대해서는 나중에 라캉의 성차 이론에서 검토할 것이다.

6) 이제까지 살펴본 버틀러의 '정체성의 해체와 전복' 담론은 몇 가지 점에서 한국교회의 성 담론을 비판적으로 음미하도록 자극한다.

첫째, 젠더는 물론이고 섹스까지도 역사적으로 구성된다고 보는 버틀러는 남성 헤게모니 아래서 이성애주의가 강제적으로 작용함으로써 섹슈얼리티의 현실이 체계적으로 왜곡되고 이성애주의의 경계 너머에서만 제대로 포착되는 퀴어 주체의 현존을 상상할 수조차 없게 만든다고 비판한다. 이러한 버틀러의 지적은 이성애적 질서의 억압적 성격을 드러내고 그 질서에 의해 체계적으로 배제되는 사람들의 권리를 인정하도록 만드는 효과가 있다. 실제로 섹슈얼리티에 대한 사람들의 인식과 태도가 시대마다 다르게 형성되었고, 섹슈얼리티가 시간과 공간에 따라 급변해 왔다는 것을 생각한다면, 버틀러의 견해는 섹슈얼리티를 둘러싼 헤게모니 투쟁에서 충분히 의미가 있다.

버틀러의 관점에서 볼 때, 교회가 세상과 인간의 창조에 관한 담론을 통해서 하나님이 성별의 이원론적 질서를 설립하였다고 강조하고 성별 이원론을 신학적 상수로 만드는 것은 문제가 많을 것이다. 어쩌면 교회는 젠더 정체성의 해체와 전복에 관한 버틀러의 주장에 겸손하게 귀를 기울여야 할런지도 모른다. 교회 담론의 영향 아래서 수행적으로 형성되는 사람들의 젠더 정체성은 이원론의 틀에 구속되고, 그러한 정체성을 당연시하는 교인들에게 동성애는 비정상적인 것으로 여겨지고, 퀴어의 현존은 정체성의 병적인 혼란으로밖에 여겨지지 않을 것이다. 동성애자들과 퀴어들은 하나님의 신성한 질서를 교란하는 자로 여겨져서 회개를 하고 병적인 비정상성에서 벗어나지 않고서는 교회의 울타리 안에 머물 수 없다고 생각될 것이다. 그러나 그들도 하나님의 형상이고, 예수 그리스도 안에서 똑같이 은혜에 빚진 사람들이라고 한다면, 그때는 어떻게 할 것인가? 그들도 예수 그리스도 안에서 아무런 공로나 대가 없이 하나님과 바른 관계를 맺게끔 부름을 받고 있는 사람들이라고 한다면, 젠더와 성의 정체성에 대한 딱딱한 담론을 고집하면서 그 사람들을 구원의 질서 바깥으로 내몰아서야 되겠는가? 예수 그리스도 안에서 나타나는 은혜의 현실을 출발점으로 삼는 교회는 배제와 차별과 억압의 효과를 자아내는 성과 젠더의 정체성에 대한 담론을 해체하고 이를 근본적으로 새롭게 구성하자는 버틀러의 제안을 받아들이는 데별 어려움이 없을 것 같기도 하다.

둘째, 버틀러의 역사적 구성주의는 강점도 있지만, 약점도 있다. 버틀러는 정체성이 수행성의 산물이라고 보고, 이성애의 한계를 넘어서서 다양한 정체성이 수행적으로 형성될 수 있다고 주장한다. 이와 관련해서 버틀러는 패러디적 수행성의 효과를 강조한다. 사람은 패러디적 수행성을 통해서, 다시 말하면 흉내와 모방을 반복함으로써, 섹스와 몸에 새겨지는 효과로서 정체성을 가면처럼 바꾸어가며 쓸 수 있다는 것이다. 인간의 성적 정체성은 남성 정체성이나 여성 정체성으로 고정되지 않으며, 남성과 여성의 어느 것에도 정박하지 않고 유동하는 정체성이 형성될 수 있다는 것이다. 패러디적 수행성의 효과로서 다양한 성 정체성이 형성될 수 있다는 주장은 그 나름대로 정치적 영향력을 갖지만, 성 정체성의 다양화가 갖는 영향력은 지극히 제한적이다. 성 정체성을 가면처럼 교체해가면서 파티를 즐기는 것만 갖고서는 인간이 형성한 사회에서 너무나도 생생하고 끔찍하게 펼쳐지는 배제와 차별과 억압의 현실을 바꿀 길이 없다. 버틀러가 남성 헤게모니 아래서 이성애주의적 강제로 인해 형성된 성 정체성 담론을 해체하고 전복하기 위해 선택한 전략은 담론적 실천에 머물러 있기 때문에 생생하고 끔찍한 현실의 대립과 폭력은 그 담론의 외부로 설정되지 못하고 사실상 마치 실재하지 않는 것인 양

묻혀버릴 수 있다. 논리의 구성상 버틀러의 수행성 이론은 이러한 막다른 골목을 벗어나기 어렵게 되어 있다.

바로 이 때문에 성 정체성 담론의 본질주의적 폐쇄성을 넘어서는 것은 물론이고 버틀러의 구성주의적 성 정체성 담론의 대안부재의 함정을 빠져나가기 위해서는 성 담론의 새로운 구상이 필요한 것으로 보인다. 나는 라캉의 성차 이론에서 새로운 담론 형성의 계기를 찾을 수 있지 않을까 생각한다.

3. 자크 라캉의 성차 이론

앞에서 분석한 바와 같이, 버틀러는 젠더와 성이 그 본질이나 실체가 없는 역사적 구성물에 불과하고, 끊임없이 새롭게 구성되고 새로운 의미가 부여될 수 있다고 본다. 한 마디로, 그는 젠더와 성의 역사적 구성주의를 극단으로까지 밀어붙이고 있는 것이다. 이러한 역사적 구성주의는 이성애만을 정상화하는 문명의 허구를 폭로하고, 젠더와 성의 차이에 근거한 지배와 차별의 문명을 급진적으로 해체할 수 있는 전망을 갖게 한다. 이것이 역사적 구성주의의 강점이다. 그러나 만일 여성과 남성의 성차가 역사적 구성주의의 가능한 근거가 되면서도 그것에 앞서서 문명에 내재하는 배제와 차별과 억압의 원리를 설명하는 코드로 본다면, 그러한 성차는 어떻게 파악되어야 하는가? 그것은 성차가 문명을 구성하는 원리와 관련되어 있을 뿐만 아니라 문명 그 자체에 균열을 내어 문명 너머로 나아가게 하는 격자의 구실을 한다는 뜻이 아닐까? 바로 이러한 질문에 제대로 답하기 위해 검토하여야 할 이론이 라캉의 성차이론이다.

라캉은 남성과 여성의 성차(sexual difference)가 역사의 어느 시점에서 어떤 문화적 맥락에서 발생한 것이기는 하지만, 그 원초적 현실이 일단 발생한 뒤에는 시간과 공간을 넘어서서 유지된다고 생각했다. 인간이 자연으로부터 문화로 진입하여 상징적 소통을 하는 주체로 존재하게 된 이래로 성적 욕망과 충동에 대응하는 방식의 차이에서 남성적인 것과 여성적인 것이 분화되었고, 인간이 상징계 안에서 상징적 질서에 따라 살아가는 한, 이러한 성차는 사라지지 않는다는 것이다. 이러한 라캉의 주장을 제대로 이해하기 위해서 그가 전개하는 정신분석학 이론을 끌어들여야 하는데, 여기서는 그 이론을 상세하게 설명할 수 없기에, 꼭 필요한 몇 가지 측면만을 최소한도로 살피고자 한다.

1) 라캉은 인간이 성장하면서 자기중심성에서 벗어나 서로 복잡하게 얽혀있는 관계들의 망에 들어가 살게 된다고 본다. 자기중심적인 어린아이는 거울단계에 있다. 그는 거울에 비친 자신의 이미지가 자신의 진짜 모습이라고 믿는다. 이렇게 이미지가 실재인 것처럼 오인하는 데서 출현하는 것이 상상계이다. 어린아이는 자신에게 젖을 주는 어머니가 그에게 필요한 모든 것을 가지고 있는 존재로 상상하고, 그에게 절대적인 사랑과 관심을 요구한다. 어린아이는 어머니와 강한 유대감을 갖고 있고, 어머니와 자기 자신을 상상적으로 동일시한다.

그러나 이러한 상상적 동일시는 지속될 수 없다. 어린아이는 어머니 역시 무엇인가를 요구하는 존재, 무엇인가를 결핍한 존재임을 의

식하고, 그러한 어머니의 결핍을 채워주는 누구인가가 있다고 생각
한다. 그것이 바로 상상적 아버지이다. 상상적 아버지의 출현에 극
도의 불안을 느끼게 되는 어린아이는 어머니가 필요로 하는 것을 채
워주는 존재가 되는 것을 상상한다. 어머니의 욕망을 자신의 욕망으
로 삼아 그는 어머니에게 결핍된 팔루스가 되고자 한다. 그러나 상
상적 아버지는 그것을 금지하고, 어머니가 필요로 하는 바로 그것을
어린아이에게서 거세하고, 어린아이로부터 어머니의 젖가슴을 박탈
한다. 라캉은 오이디푸스 시기의 핵심을 이루는 이 거세와 박탈을
통하여 어린아이는 상상계에서 벗어나 상징계로 진입한다고 설명한
다. 그것은 어린아이가 근친상간의 금지라는 아버지의 상징적 법을
받아들여 상징적 질서 안으로 들어선다는 것을 뜻한다. 이제 어린아
이는 그의 욕구를 충족시켰던 원초적인 대상을 상실한 채 상징을 매
개로 해서 소통하는 관계들의 망상구조 안에서 주체로서 살아간
다.[48]

2) 상징계에서 살아가기 시작하는 인간은 자신의 육체적 실재로
부터 소외된 존재이다. 소쉬르의 구조언어학에 기대어 라캉은 실재
로부터 분리된 주체가 다른 주체들과 구별되는 것은 실재와는 무관
하고 오직 언어이미지의 차이 때문이라고 본다.[49] 주체는 실재의 결

---

[48] 자크 라캉, 『정신분석의 네 가지 근본 개념』, 자크-알랭 밀레 편/맹정현·이수련 옮김
(서울: 새물결, 2008), 37. 여기서 라캉은 클로드 레비-스트로스의 토템 기능에 관한 이
론을 끌어들여 아버지의 상징적 법이 갖는 기능을 설명한다. "모든 경험 이전에, 모든
개별적 연역 이전에, 심지어는 사회적 욕구로 귀결될 수 있는 집단적 경험늘이 새겨시
기 이전에 무언가가 이 장을 조직하고 그것의 최초의 역선(力線)들을 그어놓았습니다.
이것이 레비스트로스가 토템 기능의 진리로서 보여주었던 기능, 토템 기능의 [다양한]
외관을 축약시키는 [진리의] 기능, 바로 일차적인 분류의 기능입니다."

여이고, 따라서 텅 비어 있다. 그 비어 있는 공간을 채우는 것이 언어이다. 주체는 남자, 여자, 남편, 부인, 아들, 딸, 교수, 학생 등등으로 불리고, 이미 형성되어 있는 의미의 논리에 따라 기표로서 형성된다. 그것은 주체가 실재와 무관한 기표이미지로 존재한다는 뜻이고, 기표가 주체에 앞서서 존재하는 상징체계 안에서 주체의 위치를 배정한다는 것을 의미한다.[50] 그 위치는 주체에게 내면화되어, 마치 그것이 자신에게 본래 속해 있었던 것처럼 여기게 되고, 주체는 그 자신을 형성한다. 기표가 본래 자기 자신인 것처럼 무의식적으로 생각하는 것이다. 실재로부터 분리된 주체는 이렇게 해서 무의식적 주체가 된다.

이렇게 보면, 주체는 어떤 본질이나 실체가 아니다. 주체는 기표를 통하여 언어의 망상구조 안에서 상징적으로 구성된다. 주체는 상징계와 그 작용에서 비롯된 효과이다. 예를 들면, 여자와 남자가 기표라면, 그 기표들은 논리적으로 여자와 남자의 생물학적 특성이나 실체와는 무관하다. 그러나 주체의 구성이 임의적이고 우연적이라고 해서 주체가 자신의 언어적, 담론적 구성으로부터 언제든지 자유롭게 벗어나서 자신의 실재로 되돌아갈 수 있는 것은 아니다. 주체는 오직 새로운 담론의 틀을 설정함으로써만 자기 자신을 상징적으

---

49 소쉬르의 기호학에서 하나의 기호는 하나의 사물과 하나의 이름을 일대일로 결합한 것이 아니라, 하나의 청각적 이미지와 하나의 개념을 결합시킨 것이다. 청각적 이미지는 물리적 사물에서 나는 소리가 아니라, 그러한 소리의 정신적 흔적이고, 개념은 사물에 대한 심리적 표상이다. 소쉬르는 청각적 이미지를 기표(시니피앙)로 지칭했고, 사물에 대한 표상을 기의(시니피에)로 지칭했다. 따라서 언어기호는 기의와 기표를 결합한 것이고, 언어기호가 가리키는 것은 사물 그 자체가 아니다. 이에 대해서는 페르디낭 드 소쉬르, 『일반언어학 강의』, 최승언 옮김(서울: 민음사, 2006), 제1부, 제1장, 제1절을 보라.

50 자크 라캉, 『정신분석의 네 가지 근본 개념』, 372.

로 재구성할 수 있을 뿐이다. 바로 이 대목에서 라캉은 담론의 진리 효과를 말하는 푸코와 버틀러의 주장을 정신분석학적으로 뒷받침하고 있다고 볼 수 있다. 그러나 라캉은 두 이론가들과 끝까지 같은 궤도 위에서 움직이지는 않는다.

실재로부터 분리되어 상징계 속에서 자신을 형성하는 주체에게 실재는 감추어져 있다. 그러나 실재는 없어지지 않는다. 상징계는 이러한 실재를 완전히 포괄하고 포획하지 못한다. 실재는 끊임없이 되돌아와 상징계를 뒤흔들고 상징계를 불안정하게 만들 수 있다.

3) 라캉에게서 주체는, 이미 말한 바와 같이, 어린아이가 상상계를 벗어나 상징계에 들어설 때 비로소 탄생한다. 이렇게 탄생하는 주체는 본래 그에게 가장 중요하다고 상상했던 것이 자기로부터 분리(Spaltung)된 존재이고, 자신의 실재로부터 소외되는 자기분열을 겪은 존재이다. 그 주체에게서 거세된 것이 그 주체에게는 빈 곳으로 남는다. 그 빈 곳은 어린아이에게서 강제로 분리되었던 것, 어린아이가 상실한 최초의 대상에 관련되어 있다. 그것은 어머니의 젖가슴처럼 어린아이의 생물학적 욕구뿐만 아니라 그에게 절대적으로 필요한 모든 것, 이를테면 그에 대한 헌신, 관심, 사랑 등의 요구를 들어준다고 상상되었던 어떤 것이다. 라캉은 상상계에서 어린아이가 갖고 있는 욕망의 기표를 상상적 팔루스(φ)라고 했다. 그러나 상징계에 들어서면서 그의 육체적 실재가 욕망하는 팔루스는 거세당했다. 자신의 욕구를 충족시켜 주었던 모든 것을 거세당한 채 상징계에 들어선 주체는 자신이 요구하는 것을 채워줄 또 다른 대상을 찾게 되는데, 그 요구는 거세 이전에 어린아이에게 충족감을 주었던

바로 그것에서 비롯된다. 라캉은 바로 그것을 가리켜 '대상 a'라고 칭했다.[51] '대상 a'는 어린아이가 그의 것이라고 상상했던 것을 빼앗긴 데서 비롯된 결핍감을 채워주는 그 무엇이기는 하지만, 그것이 무엇인가는 분명하지 않다는 것을 시사한다.[52] 그것도 그럴 것이 거세와 분열을 통해 어린아이가 상실한 것은 상징계의 외부로 옮겨져서 그것이 무엇인가를 정확하게 파악할 수 없게 되었기 때문이다. 따라서 라캉은 '대상 a'가 베일에 감추어져 있다고 말한다.

자신의 실재로부터 분리된 주체는 '대상 a'를 통하여 자신의 욕망을 충족하고자 하지만, 그것은 오직 환상적 충족일 뿐이다. 그것이 환상적 충족이라는 것은 주체가 '대상 a'를 욕망한다는 것이 무엇을 뜻하는가를 조금만 생각해도 분명해진다. '대상 a'를 향한 주체의 욕망은 주체가 무엇인가를 결핍했다는 것을 알려주며, 그 결핍된 것을 채움으로써 주체가 완전함과 충만함을 추구하고자 한다는 것을 실증한다. 그러나 주체가 얻고자 하는 바로 그것은 상징계 안에서는 실재로서 존재하지 않는다. 상징계는 실재와 무관한 단편적이고 우연적인 기표들의 연쇄망에 불과하기 때문이다. "대상 a가 상징적 거세와 관계되는 한, 대상 a는 최초의 결여 상태를 회복하고자 하는 주체의 욕망이다. 이는 실재 그 자체로서의 존재성을 인정받기 위한 주체의 욕망을 드러낸, 말하자면 환상의 기표이다."[53]

---

[51] 앞의 책, 131.

[52] 문장수, "쟈크 라캉의 주체 개념," 「철학논총」 56(2009), 402: "라캉은 대타자 안에 숨어 있는 가장 알 수 없는 핵심, 즉 대타자의 욕망 안에 숨어 있는 수수께끼를 지시하기 위해 '대상 a' 또는 보다 정확히 '소타자 대상'이라는 용어를 고안했다." 라캉에게서 대타자는 어머니이다.

[53] 권순정, "라캉의 환상적 주체와 팔루스," 「철학논총」 75(2014), 40.

4) 주체가 기표를 통하여 상징체계 안에서 그 위치를 배정받는다고 한다면, 주체의 위상학에서 결정적인 역할을 하는 기표는 무엇인가? 라캉은 그것을 팔루스라고 규정한다. 어린아이가 오이디푸스 시기를 거쳐서 상징계에 진입할 때, 어린아이에게서 거세되어 분리된 팔루스는 주체를 성적 주체로 형성한다. 팔루스는 생물학적인 의미의 페니스가 아니다. 만일 팔루스를 페니스로 축소시킨다면, 여성과 남성의 성차는 생물학적으로 결정되고 말 것이다. 어린아이가 상징계에 들어오면서 이미 팔루스를 상실하였기 때문에, 그가 생물학적으로 남자 성기를 달고 있든, 여자 성기를 달고 있든, 팔루스가 없기는 마찬가지이다. 상징계에서 팔루스는 단지 기표일 뿐이다. 그런데 기표는 그 빗금 아래 모든 것이 미끄러져 들어오게 하는 힘을 가졌다. 오직 기표의 규제 아래서 기의가 효과를 갖게 되는 것이다. 팔루스가 기표라면, 기표로서의 팔루스와 결합하는 방식에 따라서 성적 주체의 차이가 발생하고 여성적인 것과 남성적인 것의 의미가 형성된다. 이러한 라캉의 통찰은 "남근은 기의가 갖는 효과들을 온전히 명명할 수 있는 기표다. 왜냐하면 기의가 갖는 효과들이 이미 기표에 의해 규제되기 때문이다."[54]는 명제에 담겨 있다.

이미 앞에서 말한 바와 같이, 상징계에서 자신의 실재로부터 분리된 주체는 동시에 팔루스를 상실한 주체이다. 상상계에서 어린아이는 팔루스를 가진 존재로서 쾌락을 완전히 충족시키는 상태, 곧 희열(jouissance)을 향유하였다. 그러나 상징계 안에 들어오면서 주체는 바로 그 팔루스를 결여한 존재이기에 상징계에서 팔루스를 찾아

---

54 자크 라캉, "남근의 의미작용," 『자크 라캉 욕망이론』, 권택영 엮음, 제2판 제4쇄(서울: 문예출판사, 2012), 279.

나서고 팔루스를 통하여 자신의 결핍을 채워 완전한 쾌락을 향유하고자 한다. 따라서 팔루스는 주체의 환상적 욕망의 기표인 것이다.

라캉은 팔루스를 향유하는 방식에 따라 남성과 여성의 성차가 발생한다고 분석하고, 이를 성 구분 공식으로 정리했다. 그의 성 구분 공식은 일단 남성 파트와 여성 파트로 나뉘고, 각 파트는 일반명제와 특수명제로 나뉜다. 이를 도식화하면 다음과 같다.

	남성	여성
특수명제	$\exists x \, \overline{\Phi x}$	$\overline{\exists x} \, \overline{\Phi x}$
일반명제	$\forall x \, \Phi x$	$\overline{\forall x} \, \Phi x$

위의 공식에서 기호 $\forall$는 모든 구성요소를 아우른다는 것을 뜻하고, 기호 $\exists$는 예외를 가리킨다. 기호 Φx는 팔루스를 뜻한다. 기호 $-$는 바(bar) 표시, 곧 부정을 뜻한다.

남성 일반명제 $\forall x \, \Phi x$는 모든 x가 팔루스라는 기표 아래 있다는 뜻이다. 이것은 팔루스를 소유하여 쥬이상스를 향유하고자 하는 주체를 남성적인 것에 배치한다는 것을 의미한다. 남성 특수명제 $\exists x \, \overline{\Phi x}$는 거세되지 않은 예외적인 존재 x가 있다는 뜻이다. 그것은 팔루스를 가지고 있는 원초적인 아버지이다. 그 아버지는 상징계의 법을 초월한 절대적 존재이다. 이 예외적인 아버지는 근친상간의 금기를 적용받지 않는 자로서 모든 여성들에 대한 접근과 제한 없는 쥬이상스를 독점한다. 그는 거세를 당하는 대신에 아들들에 의해 살해당한다. 인류가 문명의 단계로 이행하는 과정에서 일어난 부친살해의 원초적 기억은 그 살해당한 아버지가 끊임없이 되살아나서 아들들에게 쥬이상스를 향유할 것을 명령하도록 변주된다. 이러한 원초적 아버지의 신화는 상징계 안에서 팔루스를 소유하여 완전한 쥬이상스를 향유하고자 하는 남성적 욕망을 묘사한다. 바로 이 원초적인 아버지의 예외를 인정하는 조건 아래서 성립되는 상징계는 하나의 전체로서 표상되고, 남성적인 것은 이러한 상징계의 경계 안에서 '대상 a'를 통해 남근적 주이상스를 누리고자 한다.

이에 반해 여성 특수명제 $-\exists x\, -\Phi x$는 거세되지 않은 예외적인 x는 없다는 뜻이고, 이것은 팔루스의 기표에서 벗어나는 여성은 없다는 뜻이다. 여기서 한 가지 먼저 짚고 넘어가야 할 것이 있다. 그것은 기표로 표기되는 주체는 오직 거세된 주체일 뿐이고,[55] 여성을 가리키는 기표는 없다는 것이다. 상징계에서 여성은 오직 지워지는 존재로서만 여성으로 표시될 뿐이다. 그렇기 때문에 라캉은 "대문자 여성으로 지칭되는 여성 같은 것은 없다."[56]고 말함으로써 여성 일반을 가리키는 기표를 사용할 수 없다고 말하는 것이다. 바로 그렇기 때문에 여성 특수명제 $-\exists x\, -\Phi x$는 남성 일반명제 $\forall x\, \Phi x$와 비슷한 내용인 듯이 보이지만, 그 뜻은 판이하게 다르다. 남성 일반명제는 '모든' 남성에 해당하지만, 여성 특수명제는 여성 일반에 해당되는 것이 아니라, 한 사람 한 사람의 여성에 개별적으로 관련된다. 라캉이 남성에 해당하는 기호 $\forall$를 대신해서 기호 $-\exists$를 사용한 것은 바로 이를 나타내기 위한 것이다. "따라서 이 명제는 여성 '일반'이 거세에 종속되어 있다고 말하기보다 '개개' 여성이 거세에서 벗어나는 경우는 없다."[57]는 뜻이다. 여성 일반명제가 부정적 전칭($-\forall$)을 사용하는

---

[55] 라캉은 빗금을 그은 S로 이 주체를 표기한다.

[56] 자크 라캉, "신, 그리고 그 여성의 '회열'," 『자크 라캉 욕망이론』, 297.

[57] 이명호, "여자는 무엇을 원하는가?: 라캉 정신분석학이 여성의 몸에 대해 말해주는 것

것도 이 때문이다. 여성 일반명제 -∀x Φx는 모든 x가 팔루스라는 기표 아래 종속되는 것은 아니라는 뜻이다. 상징계에 들어선 모든 여성 주체가 팔루스의 기표 아래 놓이는 것은 아니라는 말은 상징을 매개로 한 의미체계로는 여성적인 것을 완전히 포괄할 수 없다는 뜻이다.[58] 상징계가 성립하면서 상징계가 포괄하지 못하게 된 것, 상징계를 그 안에 포괄하면서도 마치 상징계의 외부처럼 상징계에 알려지지 않는 것이 실재계인데, 이 실재계가 사라지지 않고 끊임없이 되돌아오는 한, 상징계가 모든 것이 아니라고 보고 상징적 팔루스를 대면하는 주체가 있는 것은 당연하다. 라캉은 바로 이러한 주체를 여성적인 것에 배치한다.

이러한 라캉의 성 구분 공식에 따르면, 남성적인 것은 상징계에 매몰되어 상징계 안에서 팔루스를 완전하게 소유하고자 하는 주체를 가리키고, 여성적인 것은 상징계가 전부가 아님을 드러내는 주체를 가리킨다. 물론 여성적인 것에 배치되는 주체에게는 두 가지 선택이 가능하다. 하나는 스스로 팔루스가 되는 것을 선택하는 것이다. 그렇게 되면 그 주체는 임신을 통하여 자신이 결여했던 팔루스를 통하여 주이상스를 향유한다. 그것은 남성적인 것의 위치에서 향유하는 환상적 주이상스 이외에 다른 것일 수 없다.

또 하나의 선택은 대타자를 결핍하고 있는 주체[59]가 되는 것이다. 상징계에서 대타자는 언어를 매개로 해서 성립되는 상징적 질서 그

들,"『라깡과 현대정신분석』4/1(2002.12), 172f.

58 이에 대해 조운 콥젝, "성과 이성의 안락사,"『성관계는 없다』, 슬라보예 지젝 외(서울: 도서출판 b, 2005), 124: "상징계는 여성의 현실을 구성하는 데 실패하는 것이 아니라, 좀더 분명히 말해 여성의 존재를 구성하는 데 실패한다. 좀더 정확하게 하자면, 실패하는 것, 불가능해지는 것은 존재 판단의 표시이다."

59 라캉은 이러한 주체를 대타자 O에 빗금을 친 주체, S(Φ)로 표기하였다.

자체이다. 여성적인 것이 대타자를 결핍하고 있는 주체의 자리에 선다는 것을 가리킨다면, 그것은 무엇을 의미하는가? 상징계를 하나의 전체로 보는 관점에서 볼 때, 여성적인 것은 그 전체에 들어오지 않고 그 외부로 배제되는 영역일 것이며, 따라서 여성적인 것은 상징계에서는 '낯선 것'일 수밖에 없고, 어떤 방식으로도 '표현될 수 없는 것'이다. 여성적인 것은 상징계 안에서 팔루스를 완벽하게 즐기고자 하는 남성적인 것의 환상을 넘어서는 곳에서, 남성적인 것이 추구하는 것과는 전혀 다른 쥬이상스의 가능성이 드러나는 곳에서 비로소 나타난다. 그것은 여성적인 것이 상징계의 구조와 법에 갇혀 있는 주체를 해방시킬 수 있다는 것을 시사한다. 상징계를 지배하는 전체성의 논리에 균열을 내고 그 틈으로 새로운 것을 실험할 수 있는 가능성이 여성적인 것에서 열린다는 뜻이다. 대타자를 결여하고 있는 주체의 자리에 섬으로써 실재계를 향한 문을 열게 되는 것이다.

라캉의 성 구분 공식에서 남성은 상징계에서 팔루스를 소유하고자 하는 존재이다. 팔루스를 장악하고 향유하고자 하는 것이 남성적인 것의 속성이다. 그것이 완벽성의 이름인 한에서, 남성적인 것은 전체로서의 상징계의 질서이다. 여성적인 것은 상징계 안에 있는 주체이기는 하지만, 상징계에 의해 완전히 포괄되지 않고, 그 외부를 가리키는 낯선 것의 이름이다.[60]

이리가레이와 버틀러는 라캉이 팔루스를 중심으로 성차를 설명하는 방식에 크게 반발했다. 여성이 팔루스가 된다는 라캉의 어법은 여성을 남성의 욕망의 대상으로 설정하는 발상을 전제한다고 비판하기도 한다.[61] 그러나 라캉은 팔루스를 소유하고자 하는 것과 전적

---

[60] 자크 라캉, "남근의 의미작용," 285.

으로 대비되는 여성적인 것의 원리를 드러내는 데 초점을 맞추고 있다. 상징계에서 팔루스는 결핍의 기표이다. 결핍이 충족을 요구한다는 점에서 팔루스는 욕망의 기표이기도 하다.[62] 팔루스는 근친상간 금지를 명령하는 아버지의 법에 의하여 상징계로 가지고 들어오지 못하고 실재계에 버리고 들어왔던 주이상스를 향한 원초적인 열망이다. 상징계에 발을 들여놓은 모든 사람은, 그가 남성이든, 여성이든, 이 열망을 갖고 상징계에서 팔루스를 추구하는 주체로 살아간다. 그와 같은 욕망을 갖고 있는 사람들은 생물학적 차이에 관계없이 남성적인 것의 영역에 배치된다. 주체가 상징계에서 팔루스를 갖고자 열망하는 것은 실재성을 회복해서 자신의 고유성을 되찾고자 하는 노력이지만, 상징계에서는 오직 그 열망이 환상적으로 충족될 수밖에 없기에 그것은 헛된 노력이다. 여성적인 것은 상징계의 틈을 열고서 가장 실재적인 것을 향해 나아갈 수 있는 가능성의 이름이기에, 여성적인 것은 가장 실재적인 것을 자기 자신의 고유성으로 실현하고자 하는 열망이다.[63] 따라서 대타자를 결핍한 주체가 된다는 것은 가장 실재적인 것을 향유하고자 하는 무의식적 열망을 환상적으로 향유하지 않고 실제로 향유하는 존재가 되고자 한다는 것을 의미한다.

---

[61] Luce Irigaray, *This Sex Which Is Not One*, tr. by Catherine Porter(Ithaca: Cornell University Press, 1985), 90f.; Judith Butler, *Gender Trouble and the Subversion of Identity*, 58.

[62] 이런 의미에서 라캉은 욕망을 "순수한 결핍이 갖는 힘"으로 규정한다. 자크 라캉, "남근의 의미작용," 281.

[63] 이명호, 앞의 논문, 174: "상징계의 불가능성을 드러내는 실재계를 직접적으로 대면한다는 것은 상징계의 언어로는 접근할 수 없는 영역으로 빠져나가는 것을 의미한다. 그것은 상징적 언어의 제약을 받지 않는 상징적 질서 '너머'로 나가는 것을 말한다."

5) 라캉의 성 구분 공식은 여성적인 것과 남성적인 것의 차이가 팔루스가 가리키는 성적 욕망과 충동에 대한 대응의 차이에서 비롯된다는 것을 설명한다. 그것은 엄밀한 의미에서 정신분석학적 관점에서 시도된 논리적 구분일 뿐, 생물학적 구분이 아니다. 이와 같은 정신분석학적 성차는 섹슈얼리티가 담론의 효과로 언제든지 새롭게 구성될 수 있다는 역사적 구성주의와는 다른 의미를 갖는다. 정신분석학적 성 구분은 상징적 의미구조 속에서 살아가는 주체들이 언제 어디서든 피할 수 없이 맞닿는 성차(sexual difference)의 현실을 설명하는 장치이다. 남성적인 것과 여성적인 것의 성차는 문명의 불만을 인지하고 문명을 재구성하고자 하는 관점과 원칙에 관련되어 있다.[64] 상징적 우주의 전체성을 고집한다면, 언어를 매개로 해서 구축되는 인위적인 질서들과 규칙들과 법들의 지배 아래서 이루어지는 배제와 차별과 억압으로부터 근본적으로 해방될 수 있는 전망을 갖지 못하게 될 것이다. 상징적 지배질서에 의해서 체계적으로 구축되어 보이지 않게 되고, 언명될 수 없게 되고, 설명될 수 없게 된 실재는 징후로서 출몰할 뿐 실재의 문제를 해결할 길이 없을 것이고 해결이 끝없이 지연될 것이다. 중세 사회 깊은 곳에서 나타나는 균열의 실재를 덮어버린 것이 생사람을 마녀로 몰아 죽이는 상징적 장치였듯이, 현대 사회의 한복판에서 벌어지고 있는 균열과 대립의 실재를 보이지 않게 하는 상징적 질서들이 얼마나 강력한 헤게모니 효과를 동반하고 있는가?[65] 상징계 안에서 욕망의 충족을 완벽하게 추구

---

[64] 이에 대해서는 조운 콥젝, 같은 글, 123: "여성에 대한 모든 역사적 구성에 도전할 수 있으려면 그것은 오직 여성의 개념이 존재할 수 없음을, 그것이 상징적 질서 내에서는 구조적으로 불가능함을 승인함으로써만 가능하다."

[65] 이에 대해서는 "영-제도"라는 클로드 레비-스투로스의 개념적 장치를 갖고서 성적 차

하려는 문명은 페티시즘(fetishism)에 빠져든다. 팔루스는 고정되지 않는 기표이기에 팔루스를 결핍한 주체가 욕망하고 그 욕망을 충족시키기 위해 끝없이 찾아나서는 대상은 상징계에서 전혀 포착할 수 없는 것의 환상, 곧 다양한 페티쉬일 수밖에 없다. 물질주의, 성공주의, 반공주의, 가부장주의, 권위주의 등등은 페티시즘의 몇 가지 현상형태일 뿐이다. 여성적인 것은 바로 이러한 페티시즘을 넘어서서 상징계에 의해 구축된 실재를 드러내고 그 실재를 통해 진정한 주이상스를 향유하고자 하는 욕망의 이름이다.

6) 이제까지 살펴본 라캉의 성차 이론이 한국교회의 성 담론을 성찰하는 데 시사하는 함의는 다음과 같이 정리할 수 있다.

첫째, 라캉은 남성 헤게모니 아래 있는 문화(상징계)의 문제를 인식하고 그 문제를 해결하기 위해 여성적인 것의 원리를 출발점으로 삼아야 한다는 것을 설득력 있게 밝히고 있다. 남성적인 것은 상징계의 외부를 설정하지 않는 방식으로 하나의 전체적인 지배의 질서를 구축하고, 그 질서에 부합하지 않고 그 질서를 교란하는 것을 그 질서의 외부로 쫓아내어 버린다. 이렇게 질서 바깥으로 내쫓긴 것은 상징계 안에서는 더 이상 기억되지도 않고, 인식되지도 않고, 설명되지도 않는다. 여성적인 것은 상징적 질서에 의해 개념화되지 않고 그냥 거기에 남아 있는 것을 가리킨다. 바로 그렇기 때문에 여성적인 것은 상징적 질서가 설정하는 한계를 넘어서 있는 존재를 가리키

이의 실재를 설명하는 슬라보예 지젝, "성적 차이의 실재,"『성관계는 없다』, 246-254를 참조하라.

고, 상징적 질서에 균열을 내고, 그 질서 바깥으로 쫓겨난 것을 포착하고자 하는 존재의 이름이다. 라캉은 남성적인 것과 여성적인 것의 차이를 문명 형성과 재구성의 원리적 차이로 제시하였고, 여성적인 것의 원리를 따를 때 비로소 상징적 질서 바깥으로 구축된 트라우마의 실재를 인식하고 그 트라우마를 불러일으킨 문제들의 중핵을 근본적으로 처리하고자 하는 용기를 가질 수 있다는 것을 보여준다. 오직 그러한 용기를 가진 사람들만이 새로운 세상을 열 것이다. 그러한 사람들은 상징을 매개로 해서 형성된 지배질서에 의문을 표시하고, 그 질서 너머를 꿈꾸는 불온한 사람들일 것이다.

남성적인 것의 원리에 따라 형성된 세계에는 교회도 속한다. 교회는 상징적 질서를 형성하는 핵심 기구이고, 그것을 떠받치고 있는 기둥이다. 교회는 남성적인 것의 원리를 구현하고 있는 가부장적 질서를 하나님 아버지의 이름으로 정당화하고 강화한다. 오직 그러한 질서의 유지를 통해서만 교회가 제도적 안정을 유지하고 발전할 수 있기 때문이다. 가부장적 질서로 나타나는 남성적인 것의 지배는 교회에서 여성적인 것을 부차화하고 지배 질서에 굴복하고 순응하는 위치에 붙박아 있을 것을 요구하고, 그렇지 않을 경우에는 사탄시하여 교회의 질서 바깥으로 파문한다. 파문은 남성적인 것의 지배에 순응하지 않는 것을 교회의 바깥으로 내어 보내고 교통 금지의 낙인을 찍는 것을 의미한다.

그러나 여성적인 것은 역사상 남성적인 것의 가장 강력한 질서로 나타난 팍스 로마나 체제에서 십자가에 못 박혀 죽은 자를 끌어안고 슬퍼하는 어머니에게서 가장 극명하게 드러나지 않는가? 그 어머니는 지배 질서가 용인하지 않고, 지배 질서 바깥으로 배설물처럼 버려지는 가장 낮은 인간과 하나가 됨으로써 지배 질서 전체를 거부하고 있지 않는가? 하나님은 십자가에 달리기까지 끝없이 낮아진 바로 그 인간이 되어서 지배 질서에 의해 포착될 수도 없고, 설명될 수도 없는 부활의 사건을 일으키지 않았는가? 그 사건을 해석하면서 그분이 상징적 지배질서의 한계 너머로 나아가서 지배의 전환이 이루어지는 새로운 세상을 만들라고 촉구한다고 생각하지 않는다면, 그 어떤 다른 해석과 생각이 가능하겠는가?

교회는 바로 이러한 예수 사건을 기억에서 지우지 말고 끊임없이 기억으로 불러내고, 하나님이 십자가에 못 박혀 죽임을 당한 바로 그 트라우마를 직시하는 자리에 서야 할 것이다. 그것이 여성적인 것의 원리에 충실하게 교회를 갱신하고, 더 나아가 교회를 통하여 세상을 바꾸는 일의 출발점일 것이다.

둘째, 여성적인 것은 여성의 신체나 감정, 여성의 그 어떤 특성에서 비롯되는 것이 아니다. 그러한 통념은 라캉의 이론에서 허락되지 않는다. 남성적인 것의 원리를 구현하는 주체들이 성별의 차이가 없듯이, 여성적인 것의 원리에 따라 생각하고 행동하는 주체들도 성별의 차이를 넘어선다. 상징계의 틀에 갇혀서 욕망을 실질적으로 충족하지 못하고 단지 '대상 a'를 통해 욕망의 결핍을 환상적으로 충족하는 세상과는 전혀 다른 세상이 가능하다는 것을 놓치지 않는 사람이라면, 그가 여성이든, 남성이든, 여성적인 것의 원리를 깨닫고 있다고 말할 수 있다. 여성적인 것에 충실한 사람은 성서가 말하는 새 사람일 것이다. 성서에서 새 사람은 그리스도 안에서 새롭게 태어나는 사람이다(엡 4:22-24; 참조. 고후 4:16). 그리스도 안에 여자와 남자가 없다고 하는 성서의 말씀(갈라 3:28)은 남성적인 것의 기표가 지배하는 상징계의 질서 너머를 가리키는 것이 아닐까? 남성적인 것의 지배 아래서 여성적인 것이 개념적으로 구성될 수조차 없을 만큼 철저한 여성차별과 배제와 억압의 현실에 균열을 내고서 새로운 세상에 대한 비전을 갖는 새로운 존재는 남자와 여자의 구별을 넘어서는 존재라는 뜻이 아닐까?

이러한 질문을 실마리로 삼고서 가부장적 질서에 고착된 교회의 지배적인 성 담론을 해체하기 위해 고심할 필요가 있을 것이다. 설사 한 번에 그 질문에 대한 대답을 얻지 못할지라도, 그러한 질문의 제기는 이미 교회의 이원론적 성 담론을 막다른 골목으로 몰아넣는 효과를 발휘할 수 있기 때문이다.

셋째, 라캉의 성차 이론에 기대어 남성적인 것과 여성적인 것의 차이가 문명 형성 원리의 차이라고 강조하는 것만으로는 현재 한국 사회와 교회의 성차별 현실에 대해 눈을 감게 할 염려가 있다는 것을 지적할 필요가 있다. 상징적 지배질서를 유지하는 권력의 문제를 시야에서 놓치지 않아야 한다. 남성적인 것의 지배가 몸의 표면에 새겨진 여성들의 삶의 현실을 낱낱이 기록하고, 남성적인 것의 문화 속에서 여성들의 몸에 나타나는 징후들을 들여다보면서 여성들이 그들의 몸과 마음에서, 그들이 살아가고 있는 가부장적 문화 한복판에서 트라우마의 실재에 맞부딪치면서 먼저 움직이기 시작해야 한다는 것을 강조할 필요가 있다. 왜냐하면 여성적인 것의 결핍으로 인해 가장 큰 고통을 당하는 사람들은 가부장제 문화에서는 누구보다도 먼저 여성들이기 때문이다. 그들이 상징적 지배질서에 의해 덮이지 않는 실재의 함성을 가장 먼저 듣고 그 실재의 문제들을 풀기 위해 가장 강력한 저항에 나설 것이다. 이런 점에서 여성들은 상징적 지배질서의 한계 너머를 포착하는 더 많은 민감성과 더 많은 특권을 지니고 있다고 말해도 좋을 것이다.

4. 울리히 벡/엘리자베트 벡-게른샤임과 앤소니 기든스: 성 담론의 사회학적 맥락

현대 사회에서 섹슈얼리티는 중대한 국면에 처해 있다. 사람들이 서로 사랑하는 방식이 변화하고, 성을 향유하는 방식이 바뀌고, 가족을 형성하고 유지하는 방식이 달라지고 있다. 섹슈얼리티를 둘러싸고 나타나는 변화의 현상을 기록한 목록은 끝이 없다. 이성애, 동성애, 양성애, 퀴어, 섹스중독, 독신, 혼외동거, 혼외출산, 자유로운 결혼과 이혼, 별거, 한부모 가족, 입양 가족, 혼합 가족, 다인종, 다문화 가족, 장거리 사랑 등등 전통 시대에 금기시되었거나 별로 들어 보지 못했던 성과 사랑, 그리고 가족의 형태들이 나타나 정상성을 요구하고 있기 때문이다.

이러한 변화들을 관찰하고 분석하면서 울리히 벡과 엘리자베트 벡-게른샤임은 현대 사회에서 사랑이 위험한 것이 되었다고 진단했고, 앤소니 기든스는 성과 가족과 에로티시즘에 대한 성찰적 기획이 필요하다고 역설했다.

1) 날로 복잡해지고 통제하기 어렵게 되어 가고 있는 현대 사회를

"위험사회"로 규정한 울리히 벡과 엘리자베트 벡-게른샤임은 현대 사회에서 사랑이 위험한 것이 되었다고 분석했다. 사랑이 사랑으로 결합한 사람들에게 안정을 주지 않고 그들을 도리어 위험에 빠뜨리고 있다는 것이다. 사랑이 사람들을 위험에 빠뜨리는 까닭은 사랑이 전통 사회에서처럼 공동체적 유대나 가족적 유대에 더 이상 강하게 결속되지 않고, 산업 사회에서처럼 사회적 의무에 구속되지 않고, 개인들의 친밀한 관계로 축소되었기 때문이다.

전통 사회에서 사람은 공동체적 관계의 체현이었으니 사람과 사람의 관계가 개인과 개인의 관계일 수 없고, 성을 매개로 한 사람들 사이의 결합이 공동체적 규범 아래 놓여 있었다는 것은 더 강조할 것이 없다. 공동체적 유대로부터 풀려난 개인들이 자유 계약에 바탕을 두고 기업과 공장을 위해 노동을 하게 된 임노동본위의 산업사회에서는 사람들이 자유의사에 따라 결혼하게 되었으나, 이 경우 남편은 돈벌이 노동을 하고, 아내는 남편의 노동력을 재생산하고, 자식을 낳고, 가족들을 돌보는 가사노동에 종사하는 성별 분업의 의무를 다하지 않으면 안 되었다. 결혼은 생계부양과 사회적 재생산의 의무에 구속되어 있었던 것이다. 그러나 이미 지난 세기부터 여성들은 가정의 울타리로부터 벗어나 돈벌이 노동을 할 수 있는 기회를 얻게 되었고, 시장에 의해 개인으로 단련되는 가운데 더 많은 자기계발과 더 많은 독립적인 삶을 향유할 수 있게 되었다. 이로써 부르주아적 가정을 모델로 하는 여성과 남성의 성별 분업 방식에 근본적인 변화가 이루어지고, 사회적 지위와 기회를 둘러싼 여성과 남성의 대립이 격화되었다. 여자들과 남자들은 가족의 울타리 바깥으로 옮겨져서 철저하게 개인화 되는 과정이 진행되었다. 울리히 벡과 엘리자베트 벡-게른샤임은 이러한 과정을 "사회의 개인화"로 규정하고, 그 사회에서는 "사랑과 가족과 개인적 자유 사이에 이해관계가 충돌"한다고 분석했다.[66]

전통적인 공동체적 유대와 사회적 재생산의 의무로부터 벗어난 여자들과 남자들은 더 많은 자유를 얻게 되었지만, 자유로운 개인들로 서로 만난 사람들의 관계를 어떻게 형성할 것인가는 매우 힘든 과제로 떠올랐다. 개인들 사이의 관계를 친밀감으로 묶기 위한 성적 접합은 지루함과 식상함의 장벽을 넘기 힘들고, 육체적, 감각적, 정서적 능력의 한계는 낭만적 사랑이 신화임을 얼마 지나지 않아서 드러낸다. 그렇게 되면, 파트너들은 한 눈을 팔거나, 많은 경우 별거와 이혼에 이르게 된다. 이혼산업이 붐을 이루고, 연속적 결혼(serial marriage)이나 파트너를 계속 바꾸되 파트너와의 성적 독점을 유지하는 기간제 단혼(monogamy in instalments)이 확산된다.[67] 울리히 벡과 엘리자베트 벡-게른샤임은 현대 사회에서 사랑과 가족이 처한 이와 같은 위험을 다음과 같이 통렬하게 묘사한다.

사랑은 우리에게 안정감을 가져다주겠다고 유혹해 놓고는 말과 달리 이처럼 함정에 빠트리고 마는 것이다. 따라서 우리는 주관성에, 오직 주관성에만 의지할 수밖에 없게 되지만 외부의 의무에 전혀 구속되지 않을 때 이러한 주관성은 순식간에 독단적이고 잔인한 것이 되고 만다. 연인들은 스스로의 법률을 창조하지만 사랑이 주는 마술적 힘이 날아가 버리고 자기 이해가 중심 무대를 차지하자마자 무법상태에 문을 열어 주게 된다. 사랑은 두 사람이 아무

---

⁶⁶ 울리히 벡/엘리자베트 벡-게른샤임, 『사랑은 지독한, 그러나 너무나 정상적인 혼란: 사랑, 결혼, 가족, 아이들의 새로운 미래를 향한 근원적 성찰』(서울: 새물결, 1999), 22, 27.
⁶⁷ 앞의 책, 152f.

런 유보 없이 서로를 열 것을 요구하는데, 이렇게 함으로써 상대방에게 사용될 수 있는 친숙함이라는 사악한 도구를 상대방에게 넘겨주게 된다. (시장에서 개인들로 단련되는) 사람들은 사랑을 스스로의 입법자로 재창조함으로써 사랑을 자신의 견해와 이해에 뜯어 맞춘다. 이것이 바로 우리가 이해심 많고 자비로운 「신약성서」의 하나님뿐만 아니라 질투심 많고 도저히 이해하기 힘든 「구약성서」의 하나님도 함께 겪게 되는 이유이다.[68]

사랑이 사람들을 위험에 처하게 만드는 이러한 상황은 어떻게 극복되어야 하나? 이러한 질문이 울리히 벡과 엘리자베트 벡-게른샤임으로 하여금 『사랑은 지독한, 그러나 너무나 정상적인 혼란』이라는 책을 쓰게 만들었지만, 그들은 무척 포괄적인 두 가지 답변을 내어놓고 있을 뿐이다. 하나는 과거로 돌아가서 해법을 찾을 수 없다는 것이고, 또 다른 하나는 "자유로우면서도 동시에 지속적으로 서로 함께 사는 새로운 방식"을 찾아야 한다는 것이다.[69] 그들은 그것이 여성과 남성의 역할을 넘어서서 파트너들이 서로 우정을 나누는 모델이라고 본다.

우정과 같은 재미없는 개념도 부활되어야 한다. 사랑처럼 매혹적이고 위험한 것이 아니라 정직하게 생각을 나누는 두 사람 사이에서 의도적으로 추구되는, 따라서 더 오래 지속되는 신뢰할 만한 파트너 관계로서의 우정 말이다. (…) 바꾸어 말해 개인으로서 살아가는 데 적합하고 삶의 비참함과 광기를 피하기 위한 어떤 가까운 관계를 형성하려고 노력하여야 할 것이다. 한

---

[68] 앞의 책, 334.
[69] 앞의 책, 184.

가지 사항은 특기할 만하다. 즉 가까운 동시에 독립적으로 되는 것, 사람들에게는 다른 사람들과 함께 있는 것 이상으로 홀로 있는 것이 필요하다는 사실을 감안하여야 하는 것이 그것이다.[70]

울리히 벡과 엘리자베트 게른샤임-벡이 제시하는 이와 같은 대안은 결혼과 이혼이 시리즈처럼 반복되어도 가족을 해체해서는 안 된다는 관점을 밑바탕에 깔고 있다.[71] 적어도 파트너들이 결혼 생활을 하면서 아이들을 낳았을 경우에는 아이들의 양육과 교육, 그리고 사회 진출을 뒷받침하는 것이 마땅하다는 가치판단이 전제되어 있는 것이다. 이런 점에서 이 두 사람이 제시하는 대안은 은연중에 이성애 가족을 기본적이고 정상적인 모델로 삼고 있다고 말할 수 있을 것 같다.

2) 앤소니 기든스는 울리히 벡과 엘리자베트 벡-게른샤임과 마찬가지로 현대 사회에서 성과 사랑이 사회적 의무와 구속으로부터 벗어났다고 진단하고, 이러한 현상을 "조형적 섹슈얼리티의 창조"라고 규정한다. "재생산, 친족관계, 그리고 세대 등에 오래 전부터 통합되어 있던 관계로부터 끊어져 나온 섹슈얼리티의 탄생은 지난 몇 십 년간의 성 해방을 가능케 하였던 전제조건"이었다는 것이다.[72] 기든스는 이러한 조형적 섹슈얼리티를 창조하는 데 결정적인 역할을

---

[70] 앞의 책, 284.

[71] 앞의 책, 260.

[72] 앤소니 기든스, 『현대 사회의 성·사랑·에로티시즘: 친밀성의 구조변동』(서울: 새물결, 1999), 66. '조형적'이라는 낱말은 '탄력적이고 유연한'이라는 말로 옮기는 것이 더 좋을 것이다.

한 것이 완전한 피임이었다고 본다. 여성들이 임신의 공포로부터 해방되면서 섹슈얼리티가 사회적 재생산의 고리로부터 완전히 벗어나게 되었다는 것이다.

그는 조형적 섹슈얼리티의 한 형태로 "순수한 관계"를 주목하고 있는데, 현대 사회에서 "순수한 관계"는 과거와는 전혀 다른 의미를 갖는다. 전통 사회에서 "순수한 관계"는 여성의 경우 처녀성을 보존하고, 남성의 경우에는 치기어린 에피소드적 섹슈얼리티를 묵인받은 상태에서 파트너들이 만나는 것을 의미했다. 그러나 현대 사회에서 "순수한 관계"는 파트너들이 현재 맺고 있는 관계가 각 파트너가 그 이전에 맺었던 모든 관계들, 심지어 성적 관계와 그 이력으로부터 완전히 벗어난 관계를 가리킨다. 이러한 관계의 특성은 상대방에게 전적인 헌신을 요구한다는 데 있다.[73] 관계를 지속하기 위해 그 관계에 헌신할 것을 요구할 때, 그 관계가 금방 불안정하게 되리라는 것은 불을 보듯 뻔하다.[74] 울리히 벡과 엘리자베트 벡-게른샤임이 사랑을 "위험"에 빠뜨린다고 분석한 바로 그것이 절대적 헌신을 요구하는 관계를 파탄에 이르게 하고, 만남과 헤어짐이 가볍게 이어지는 상황이 벌어지는 것이다.

전통 사회에서 가족을 꾸리는 일과 무관하게 표출되었던 카사노

---

[73] 앞의 책, 111: "순수한 관계란 사회적 관계가 그 자체를 목적으로 – 즉 개인이 다른 사람과 나누는 지속적인 교제에서 파생될 수 있는 것들을 목적으로 – 시작되는 상황을 말한다. 순수한 관계는 그것이 그 관계에 들어가 있는 각 개인에게 충분한 만족을 준다고 당사자 모두가 생각하는 한에서만 지속된다. (…) 반복하지만, 순수한 관계는 친밀성의 일반적 재구성의 일부이다. 그것은 이성애적 결혼이 아닌, 섹슈얼리티가 가질 수 있는 또 다른 맥락에서 출현한다. 다소 우연하게 일어난 일이긴 하지만, 순수한 관계는 조형적 섹슈얼리티의 발전과 병행한다."

[74] 앞의 책, 225ff.

바 식의 "열정적 사랑"이나 부르주아적 가정에서 남성 헤게모니 아래서 고착된 성별 분업을 은폐하는 역할을 했던 "낭만적 사랑"은 현대 사회에서는 성과 사랑이 처한 위기를 해결하기 어렵다. "열정적 사랑"과 "낭만적 사랑"이 남성과 여성의 차이를 전제로 한 "투사적 동일시"의 산물이라는 점을 파악한다면, 그러한 유형의 사랑은 "순수한 관계"가 쉽게 빠져드는 피로와 권태, 상대방을 향한 의심, 알 수 없는 이유로 인하여 휩싸이는 질투와 시기의 벽을 넘어서기가 쉽지 않다.

현대 사회에서 섹슈얼리티가 처한 심각한 위기에 대응해서 기든스는 "제도적 성찰성"을 강화할 것을 주문한다. 그가 말하는 "제도적 성찰성"은 미셸 푸코가 말하는 담론의 진리 효과를 맞받아치기 위해 정교하게 고안된 장치이다. 의식하기 어려운 미시적인 권력 작용이 지식을 형성하고 사회를 규율하는 효과를 담론효과로 분석하는 푸코의 작업이 일리가 있다는 것을 인정하면서도 기든스는 제도적 강제를 인식하고서 개인이나 집단들이 선택하는 성찰적 행위를 중시한다. 바로 그러한 성찰적 행위들이 새로운 담론을 생산하고, 그 담론이 제도를 새롭게 형성할 수 있게 한다는 것이다. 담론의 질서 안에서 반복되는 행위만 강조할 것이 아니라, 성찰적 기획에 따라 선택되는 행위의 효과를 주목하라는 뜻이다.[75]

이와 같은 제도적 성찰성을 도구로 삼고서 사회 문제를 분석하고 해결책을 찾고자 하는 기든스는 현대 사회에서 나타나는 "순수한 관계"의 한 형태에 주목한다. "합류적 사랑"이 그것이다. 합류적 사랑은 열정적 사랑이나 낭만적 사랑과는 다르다. 그것은 무엇보다도 투

---

75 앞의 책, 67f.

사적 동일시의 산물이 아니다. 서로 다른 기원과 지형을 거쳐 온 물줄기들이 서로 합류하듯이 서로 다른 경험과 삶의 이력을 갖고 있는 사람들이 서로 다름을 충분히 인정하면서 상대방을 향해 자신을 열어 보이고 관계를 맺게 하는 바로 그것은 "투사적 동일시의 대립물"[76]이다. 합류적 사랑은 특정한 파트너의 운명적인 만남을 전제하지 않고, 그 특별한 사람과 맺는 사랑이 영원할 것이라는 환상을 갖지도 않고, 그 사랑이 유일무이하다고 스스로를 기만하지도 않는다. 합류적 사랑을 맺는 파트너들은 받은 만큼 돌려준다는 현실적인 원칙에 따라 감정을 주고받고, 성적인 열정에 휩싸이기보다는 관능의 기술(ars erotica)을 파트너 관계에 끌어들여 성적 쾌락의 상호 성취를 파트너 관계의 유지나 해소를 좌우하는 요소로 만든다.[77] 더욱 더 주목할 것은 합류적 사랑이 이성애적 관계뿐만 아니라 동성애적 관계까지 포괄할 수 있다는 것이다. 이것은 합류적 사랑이 동성애적이거나 양성애적인 경향을 갖고 있다는 뜻은 물론 아니다. 그러나 타자의 특성을 인정하는 데서 출발하는 합류적 사랑은 이성애의 규범적 강제를 성찰적으로 넘어설 수 있는 가능성을 이미 그 안에 품고 있다.[78] 현대 사회에서 탄생한 조형적 섹슈얼리티의 한 양상인 합류적 사랑은 별거와 이혼, 그리고 재결합을 정상화하는 효과를 갖는다. 별거와 이혼, 그리고 재결합이 빈번하게 일어나기 때문에 합류적 사랑이 나타나는 것이 아니라, 그 반대이다. 합류적 사랑은 "순수한 관계"를 맺을 수 있는 자율적 주체들이 위기에 처한 성과 사랑과 에로티시즘의 미래를 성찰적으로 전망할 수 있도록 자극한다.

---

[76] 앞의 책, 116.

[77] 앞의 책, 117.

[78] 앞의 책, 118.

이러한 전망을 갖고서 기든스는 현대 사회에서 성과 사랑과 에로 티시즘 같은 친밀성의 영역을 어떻게 다룰 것인가 하는 문제를 보다 보편적인 관점에서 고찰하고 있다. 이 질문에 대한 그의 대답은 "사적 영역의 민주화"이다. 개인의 친밀성 영역을 민주주의적으로 형성하라는 뜻이다. 그는 데이비드 헬드(David Held)의 논의에 기대어 민주주의가 "개인들 간의 '자유롭고 평등한 관계'를 보호하는 것"[79]과 관련이 있다고 전제하고 이를 뒷받침하는 것이 "자율성의 원칙"이라고 주장한다. 자율성의 원칙을 실현하기 위해서는 조건들이 마련되어야 하는데, 그 조건들은 세 가지이다. 하나는 "어떤 의사결정을 내릴 때 동등한 영향력을 행사할 수 있는 평등"이 보장되어야 한다는 것이다. 또 다른 하나는 공적인 의사결정 과정에 참여할 수 있는 기회를 제공하여야 한다는 것이다. 마지막 하나는 공적인 토론이 공개적으로 이루어져야 한다는 것이다. 기든스는 바로 이러한 자율성의 원칙이 친밀성의 영역에서도 실현되어야 한다고 보고, 합류적 사랑이 자율성의 원칙을 구현하는 하나의 모델이라고 제시한다.

합류적 사랑이 이미 시사하는 바와 같이, 친밀성의 영역에서 마주 대하는 파트너들은 무엇보다도 먼저 서로를 자율적 주체로 인정하여야 한다. 자율성은 타인의 능력을 존중하는 데서 출발하기 때문에 타인의 잠재성 개발이 자신에게 위협이 되지 않는다는 것을 받아들이게 한다. 자율성은 각자가 서로 구별되는 개인임을 인정하는 데서

---

[79] 개인들 간의 자유롭고 평등한 관계를 보호하기 위해서는 ① "사람들이 자신들의 잠재성을 개발하고 개성을 표현할 수 있는 상황의 창출," ② "정치적 권위와 강압적 권력의 자의적인 남용으로부터의 보호," ③ "개인들이 자신의 사회활동이 이루어지는 조건들을 결정하는 데 참여할 것," ④ "가용한 자원을 개발할 수 있는 경제적 기회의 확대"가 필요하다. 이에 대해서는 앞의 책, 292를 참고하라.

출발하기 때문에 개인성의 경계를 허물어뜨리고 서로 투사하고 동일시하는 강박에서 벗어나게 한다.[80] 그 다음, 상대방의 독립적인 견해와 개인적 성향을 있는 그대로 인정하는 것이다. 그렇지 않을 때, 상대방을 감정적으로 학대하거나 상대방에 대한 폭력을 행사하기 쉽다. 친밀성의 영역이 아주 쉽게 불투명한 폭력의 지배를 받을 수 있다는 것을 감안한다면, 상대방을 존중할 뿐만 아니라 동시에 자기 자신을 상대방에게 개방하는 소통 능력을 발휘할 수 있어야 한다.[81] 끝으로, 공개성의 요구에 충실하여야 한다. 친밀성의 관계는 신뢰를 근거로 해서만 돈독하게 유지될 수 있다. 상대방에 대한 신뢰는 상대방의 개인적 존엄성을 인정하는 데서 출발한다. 그러나 서로 평등한 관계를 유지하고 있는 관계에서 상대방이 취한 행동의 이유를 물을 때에는 그 이유를 밝히지 않으면 안 된다. 상대방에게 선의의 행동을 기대하는 것은 친밀한 관계의 당연한 전제이다. 그 기대가 충족되지 않는다고 생각할 때 그 이유를 묻고 거기에 대한 답변을 듣는 것은 반드시 필요하다.[82]

기든스가 합류적 사랑을 친밀성의 영역에서 제도적 성찰성을 구현하는 하나의 모델로 본 것은 매우 중요한 의미를 갖는다. 합류적 사랑은 자율적 주체들의 상호 인정과 상호 존중에 근거한 에로틱한 관계이다. 그것은 또한 관능의 활용을 파트너 관계에 끌어들임으로써 타인을 배려하고 자신의 몸과 마음과 정신을 절제하는 방식으로 성적 에너지를 사용할 수 있게 한다. 그것은 페니스 삽입 중심의 에로티시즘을 전복하는 엄청난 변화이다. 그보다 더 중요한 것은 합류

---

80 앞의 책, 297.
81 앞의 책, 298.
82 앞의 책, 299.

적 사랑이 이성애적 관계로 나타날 뿐만 아니라 동성애적 관계와 양성애적 관계로도 표현된다는 것이고, 현대 사회가 그것을 정상적인 것으로 수용하기 시작했다는 것이다. 이 점에서 합류적 사랑은 남성 헤게모니 아래서 이성애적 강제가 제도적으로 더 이상 전면적으로 관철되지 않는다는 것을 보여주는 표지이다. 그 동안 이성애적 강제가 동성애나 양성애를 비정상적인 것으로 배제하고 금기시해 온 것만이 문제였던 것이 아니라, 바로 그러한 제도적 강제가 관철되는 가부장제 질서가 여성적인 것의 발현을 억압해 왔다는 것이 더 큰 문제이다. 가부장제가 여성적인 것의 실재를 부정하고 불온시하는 방식으로 성과 사랑과 가족의 규범을 제정하였다는 것을 기억한다면, 합류적 사랑의 모델을 놓고서 현대 사회의 조건들 아래서 탄생한 "순수한 관계"를 개인과 집단의 성찰적 기획 아래서 어떤 친밀성의 제도로 구체화할 것인가를 심각하게 고려할 필요가 있을 것이다.

3) 이제까지 살펴본 울리히 벡/엘리자베트 벡-게른샤임과 앤소니 기든스의 성 담론에 대한 사회학적 맥락이 한국교회의 성 담론을 성찰하는 데 시사하는 함의는 다음과 같이 정리할 수 있다.

첫째, 그들이 분석하고 있는 "위험"에 처한 성과 사랑, 혹은 손쉽게 파탄에 직면하는 "순수한 관계"는 서구 사회에서는 환상이 아니라 이미 엄연한 현실로 자리잡고 있는 것이 분명하다. 물론 신자유주의적인 가난이 확산되고 직업의 기회와 생활의 안정성이 근본적으로 위협받고 있는 서구 사회에서도 가정을 형성하고 지키기가 어렵게 되었고, 가정의 울타리를 걷어치우는 것은 더더욱 어렵게 되었다. 그러나 "순수한 관계"는 그곳에서는 일상의 풍경을 이루고 있다. 여기에 비해 한국 사회는 성과 사랑, 에로티시즘에 관한 한 보수적이지만, 성과 사랑에 대한 낭만주의적 환상이 깨진 것만은 분명하다. 또한 기든스가 말하는 "합류적 사랑"이 기이하지 않게 여겨질 만큼 한국 사회에서 성 문화가 성숙했다고 말할 수는 없지만, 그러한 사랑에 대한 요구가 한국 사회의 일각에서 나타나고 있다는 것을 인정할 필요가 있다. "합류적 사랑"에 대한 욕망이 기독교인들에게까지 스며든다면, 그것은 한국교회에 큰 도전이 될 것이고 그 욕망은 교회의 지배적인 성 담론이 효과를 발휘하지 못하게 할 것이다.

둘째, 앞에서 언급한 현대적 성과 사랑의 위기가 한국교회의 성 담론 생산자들에게는 어떤 의미로 인식되는지를 살피는 일은 중요하다. 이 책의 제2부에서 한국 개신교회에서 생산되는 성 담론을 분석한 결과, 담론의 생산자들에게 현대적 성과 사랑의 위기는 쾌락을 우상화하는 비도덕적인 죄로 인식되고 있다. 그래서 성 담론에서 강조되는 것은 금욕과 도덕적 헌신이라는 전통적이고 고착된 종교적 규범이다. 현대 사회의 성적 위기가 "사랑이 전통 사회에서처럼 공동체적 유대나 가족적 유대에 더 이상 강하게 결속되지 않고, 산업 사회에서처럼 사회적 의무에 구속되지 않고, 개인들의 친밀한 관계로 축소되었"다는 사회학적 원인에 대한 언급은 생략되거나 배제되었다. 또한 현대 사회에서 성 관계와 가족의 파탄을 억제하는 데 필수적인 것으로 전통적 성 역할의 당위성을 강조하고 그것이 임노동 본위의 산업사회에서 이데올로기화된 성별 분업이라는 역사적 맥락을 무시한다. 오히려 전통적 성 역할을 시대의 흐름에 영향을 받지 않는 불변하는 원리, "하나님이 만드신 질서"로 규정하고 있다. 이런 관점에서 교회 성 담론은 현대 사회에서 사회적 의무와 구속으로부터 벗어난 성과 사랑의 위기를 기든스가 지적한대로 "임신의 공포로부터 해방"된 부도덕한 여성들의 문제로 집중시킨다.

셋째, 현대적 성과 사랑의 위기는 교회 성 담론의 소비자들에게 보다 절실한 일상의 문제로 인식된다. 그들은 다양한 성 경험과 사생활의 비밀을 교회에서 금기로 유지하면서 "전통적인 공동체적 유대와 사회적 재생산의 의무로부터 벗어나 자유로운 사람들의 관계를 어떻게 형성할 것인가"하는 힘든 과제를 안고 살아가기 때문이다. 성과 사랑의 관계에서 "가까운 동시에 독립적으로 되는 것"을 이루는 "육체적, 감각적, 정서적 능력"을 제대로 배우고 함양하지 못한 채 성적 금욕과 성 도덕성을 강요받기 때문이다. 이 책의 제3부에서 한국 개신교회에서 소비되는 성 담론을 분석한 결과, 일부 소비자들은 교회 성 담론을 그대로 수용해서 성과 사랑의 질서와 가정의 평화를 얻었다고 평가하고(담론 소비의 수용형), 다른 일부 소비자들은 교회 성 담론의 진부함과 비현실성을 지적하면서 시대 변화에 부응하는 종교적인 대안을 요구하였다(담론 소비의 저항형). 이렇게 다르게 나타나는 성 담론의 소비 유형에 내포된 심리적 기제를 살펴보면 전자의 경우는 전통적 성과 사랑의 문화가 시대를 초월하는 하나님의 섭리라는 것을 내면화함으로써 현대적 성과 사랑의 위기를 하나님의 심판과 연결하는 데서 오는 두려움과 불안을 갖게 된다. 후자의 경우는 소비자들이 자신의 경험을 중시하고 교회 성 담론이 추상적이고 원론적인 수사학으로 현존 지배체제와 가부장적 지배질서를 용호하는 것에 실망하고 체념하면서 새로운 담론에 대한 일말의 기대감을 갖는다. 한 신앙공동체 내부에서 발생하는 담론 소비의 다양성은 담론 생산자와 소비자, 담론 소비자와 소비자 사이에 소통의 필요성을 반영한다.

넷째, 울리히 벡/엘리자베트 벡-게른샤임과 앤소니 기든스의 성 담론은 교회로 하여금 현대 사회에서 위기에 처한 성과 사랑의 대안을 제시하도록 경각심을 준다. 앞에서 언급한대로 한국교회가 현대적 위기 상황에 대응하는 방식은 가부장제 가족을 옹호하고 이와 관련한 여성의 순종과 순결을 유지하는 것을 종교적 규범으로 정당화하는 것이다. 앞의 두 사회학자들의 성 담론과 한국교회의 성 담론이 담론을 생산하고 소비하는 자리와 목표에서 차이점을 보인다고 하더라도 당대 성 담론의 사회학적 맥락을 공유하는 것은 의미가 있을 것이다.

현대 사회에서 급속히 진행되는 가족 해체 현상을 살피면서 울리히 벡과 엘리자베트 벡-게른샤임은 가족이라는 제도보다 관계 방식의 새로운 변화에 관심을 갖는다. "자유로우면서도 동시에 지속적으로 서로 함께 사는 새로운 방식"으로 "여성과 남성의 역할을 넘어서서 파트너들이 서로 우정을 나누는 모델"이 그것이다. 이미 유럽에서 일반화된 동거를 포함하여 결혼과 이혼에 대한 개방적인 관점을 시사하고 있다. 가부장제 가족에서 중시하는 성 역할의 고정관념을 넘어서서 위계질서를 거부하는 우정의 관계를 강조한다. 울리히 벡과 엘리자베트 벡-게른샤임은 역사적인 특정 제도 안에서 통용되고 강제되는 규범이나 질서의 힘이 약화되고 있기 때문에 이러한 새로

운 시대 상황에 부응하는 유연한 관계 방식을 형성할 것을 제안하고
있다. 이러한 제안은 가족 내 성 역할과 여성의 순종을 기반으로 해
서 전통적 지배 방식을 고수하는 한국교회의 성 담론에 수용되기 어
렵기는 하지만 신앙공동체의 성 인식에 작은 균열을 만드는 역할을
할 수 있다. 그런 점에서 한국교회는 "제도적 강제를 인식한 개인이
나 집단들이 선택하는 성찰적 행위가 새로운 담론을 생산하고, 그
담론이 제도를 새롭게 형성할 수 있게" 하는 것이 필요하다. "담론의
질서 안에서 반복되는 행위만 강조할 것이 아니라, 성찰적 기획에
따라 선택되는 행위의 효과를 주목"해야 한다는 것이다.

이보다 한국교회에 더 큰 자극이 되는 것은 기든스가 제안한 "순
수한 관계"일 것이다. "그 이전에 맺었던 모든 관계들, 심지어 성적
관계와 그 이력으로부터 완전히 벗어나고 상대방에게 전적인 헌신
을 요구하는 관계"는 그 실현성이 얼마만큼 가능한지는 별도로 하더
라도 여전히 여성의 순결에 가치를 부여하고 보수적인 성 인식이 지
배적인 한국교회에 낯선 충격이기도 한다. 기든스가 염려한대로 "순
수한 관계"가 아니더라도 사랑을 둘러싼 "쉽게 빠져드는 피로와 권
태, 상대방을 향한 의심, 알 수 없는 이유로 인하여 휩싸이는 질투와
시기"가 현대 한국 사회에서 날로 증가하는 추세이고 사랑하는 상대
방에 대한 "전적인 헌신"의 가치에 대한 신뢰가 점차 사라지고 있기
때문이다.

여기에 비해 기든스의 "합류적 사랑"의 개념은 시대적 흐름과 소
통하면서 교회 성 담론의 변화를 모색하게 만드는 설득력을 갖는다.
"합류적 사랑"의 관계 방식은 "서로 다른 경험과 삶의 이력을 갖고
있는 사람들이 서로 다름을 충분히 인정하면서 상대방을 향해 자신

을 열어 보이는 관계"와 "자율적 주체들의 상호 인정과 상호 존중에 근거해서 자율성의 원칙을 구현하는 에로틱한 관계"를 의미한다. 다소 추상적인 원리이긴 하지만 이론적으로는 이성애 사랑이 보이는 "투사적 동일시"의 강박을 극복한다는 점과 사랑하는 사람들 사이에 작용하는 권력관계를 비판한다는 점이 주목된다. 한국교회는 이에 관한 신학화 작업과 실천적 과제를 통해서 성 담론을 보다 풍성하게 발전시킬 수 있을 것이다.

5. 페미니스트 신학: 의심의 해석학

페미니스트 신학은 성서와 교회의 가부장제를 비판하고 여성주의적 관점에서 대안을 모색하는 작업이다. 이 신학하기의 동기는 여성에 대한 가부장제의 억압과 통제를 경험하고 이에 저항하는 여성운동에서 촉발되었다. 현실 경험으로부터 제기된 여성들의 신학적 물음과 비판의 초점은 교회 성 담론의 기반을 이루는 성서 읽기와 성서 해석으로 모여진다. 성서를 어떤 관점으로 읽고 해석하는가에 따라 성서에 대한 증언은 여성 억압적 담론을 혹은 여성 해방적인 담론을 생산할 수 있기 때문이다. 또한 특정한 관점으로 성서를 해석한 담론에 여성들이 어떻게 반응할 것인지에 따라 해석의 권위도 평가될 것이다.

여기서는 교회의 전통적 성 담론에 도전하는 "의심의 해석학"의 입장을 폴 리꾀르와 엘리자베스 피오렌자를 중심으로 살펴봄으로써 성 담론 연구의 시사점을 얻고자 한다.[83]

1) 현대 해석학에서 성찰과 해석의 관계를 규명하는 일은 성서에 대한 성찰적 해석을 모색하는 데 큰 의미가 있다. 이와 관련하여 고전적인 업적을 남긴 폴 리꾀르는[84]자신의 "의심의 해석학"에서 "실존의 진리"를 추구하였다. 그는 이 진리가 직관적으로 인식되는 것이 아니고 자아의 외화(Entauesserung)와 재획득(Wiederaneignung)이 하나되는 성찰을 통해 얻을 수 있다고 보았다. 그에게 성찰이란 "실존의 추구와 존재하고자 하는 우리의 바람을 증언하는 텍스트들을 통하여 그 추구와 바람을 자신 자신의 것으로 획득하는 일"이다.[85]

성찰은 "실존의 진리"를 추구하는 일이 기록된 작품들에 대한 해석을 통하여 시작된다. 성찰과 해석의 이 관계로부터 해석학이 대결하는 것은 "거짓 의식"이다. 이 거짓 의식은 한편으로는 "자기인식의 나르찌스적 외람됨"으로, 또 다른 한편으로는 자기인식의 객관화와 절대화로 나타난다. 리꾀르는 이러한 거짓 의식과의 대결을 이데올로기 비판이라고 정의하고, 이데올로기 비판을 핵심으로 하는 자신의 해석학을 "의심의 해석학"이라고 불렀다.

이러한 해석학적 관점에서 리꾀르는 존재론적 의미 부여와 망상 비판을 연결시켜 고찰하였다. 현상학적 종교철학과 심리분석적 망상 비판은 "실존의 진리"를 추구하는 데 결정적인 의미를 갖는다. 리꾀르는 먼저 종교 현상과 그 대상의 연관을 종교적 지향성으로 규정

---

83 임희숙, 『기독교 근본주의와 교육』(서울: 동연, 2010).

84 리꾀르의 해석학이 신학적 언어이론에 미친 영향에 대해서는 Franz Prammer, *Die philosophische Hermeneutik Paul Ricoeurs in ihrer Bedeutung fuer eine theologische Sprachtheorie* (Insbruck/Wien, 1988), 139-150을 보라.

85 P. Ricoeur, *Hermeneutik und Psychoanalyse: Der Konflikt der Inter pretationen II* (Muenchen, 1974), 212.

하고 이를 현상학적으로 서술한다. 이러한 절차는 "풍부한 상징들"의 껍질을 벗겨내고 거룩한 것을 다시 회상하기 위해 필요하다. 그런 다음에 리꾀르는 종교 현상을 "그 원인, 그 근원 혹은 그 기능"과 연결 짓고 종교 현상이 망상, 곧 억압된 바람의 현상 형태임을 밝히고, 종교 현상은 억압된 것을 다시 불러낸다고 설명한다. 이 두 가지 관점에서 볼 때 실존의 진리는 망상들의 가면을 벗겨내고 거룩한 것을 똑바로 바라볼 때에만 인식될 수 있다.

망상 비판은 은폐의 메카니즘 속으로 깊이 파고 들어가 그 메카니즘의 가면을 벗기는 일이다. 비판의 과제는 "표현들의 암호를 푸는 것"[86]이다. 이와 관련해서 비판은 "진짜 말(Parole), 진리의 새로운 왕국을 위한 지평"[87]을 열어 놓지만, 그 자체로서는 존재와 진리의 지평이 아니다. 리꾀르는 이 지평이 오히려 상징들을 통하여 열린다고 본다. 상징들의 진리, 곧 "의미를 부여하려는 의도의 충만성"은 실존이 지향하는 거룩한 것과 관련되어 있다. 그러나 상징들의 진리로서의 거룩한 것은 오직 "비신화화" 과정을 거칠 때에만 드러난다. 한 마디로, 존재와 진리를 추구하는 길을 걷는 사람은 진리가 비판을 통하여 드러나는 일을 경험한다.

리꾀르의 주장대로 해석은 자기 성찰로 가는 하나의 길이며 "실존의 진리"는 오직 자기 성찰을 통해서만 얻을 수 있다. "실존의 진리"를 향한 길에서 일단 억압된 것에 관한 망상은 해체되어야 한다. 그래야 거룩한 것이 계시될 수 있기 때문이다. 이 점에서 리꾀르는 종교성의 본질적인 측면을 꿰뚫어 보고 있다. 자기성찰이 없다면 거룩

---

86 앞의 책, 68ff.
87 앞의 책, 69.

한 것의 계시는 아무런 의미가 없다.

2) 리꾀르가 의식철학의 한계 안에서 "나르찌스적 해석학"을 구축하려고 시도하는 것에 비하여 피오렌자는 '성찰된 경험'을 해석학의 출발점으로 삼는다. "경험"이라는 개념은 자연 신학에 대한 칼 바르트의 비판 이후 신학적 논의에서 오랫동안 제한적으로 다루어지다가[88], 최근에 많은 주목을 받고 있다. 여성 신학은 경험 개념에 대한 다양한 입장들은 제안하고 있는데[89], 특히 피오렌자는 "경험"의 해석학적 의미를 강조한다.

그녀는 여성신학의 해석적 전략을 7단계로 제안했는데, 경험과 사회적 상황의 해석, 지배에 대한 분석, 의심의 해석학, 윤리적 신학적 평가의 해석학, 기억과 재구성의 해석학, 상상의 해석학, 변혁의 해석학이 그것이다.[90] 이와 같이 피오렌자의 "비판적인 페미니스트 해석학"은 "정치적, 개인적으로 성찰된 해방 경험들과 억압 경험들"[91]로부터 출발한다. 피오렌자는 경험을 비판적 해석학의 출발점으로 삼는 이유를 다음과 같이 설명한다. "각각의 역사 서술은 과거

---

88 Annette Noller, *Feministische Hermeneutik: Wege einer neuen Schriftauslegung* (Neukirchen-Vluyn, 1995), 153: "경험을 둘러싼 신학 내부의 논쟁은 제2차 세계대전 이래로 성서와 신학전통, 그리고 특히 죄인의 인의와 같은 근본적인 신학적 관점의 수용에서 엿볼 수 있는 신학적 기본 합의의 틀에서 움직여 왔다."

89 Annnette Noller는 위의 책에서 E. S. Fiorenza, R. M. Ruetger, L. M. Russel, E. Motmann-Wendel의 해석학적 입장들을 분석하고 있다.

90 Elisabeth Schüssler Fiorenza, *Rhetoric and Ethic: The Politics of Biblical Studies* (Minneapolis: Augsburg Fortress Press, 1999), 39-44.

91 E. S. Fiorenza, *Zu ihrem Gedaechtnis: Eine feministisch-theologische Rekonstruktion der christlichen Urspruenge, aus dem amerikanischen Englisch uebersetzt von Christiane Schaumberger*, 2. Aufl. (Muenchen, 1993), 66.

에 대한 하나의 선택적 관점이다. 역사적 해석은 언제나 현재의 문제 설정과 현재의 세계관에 의해 규정되며, 현재의 정치적 관심들과 지배구조들에 의하여 그 조건이 부여"[92]되기 때문이다.

그래서 역사에 대한 접근은 자신의 이론적 전제들과 정치적 입장을 비판적으로 성찰하고 이를 명료하게 할 때에만 성공적으로 이루어진다. 만일 역사에 대한 접근이, 주어져 있는 것을 정당화하기 위하여, 전제조건들에 대한 검토 없이 가부장적 규범들 아래서 이루어진다면, 이러한 규범적 장치들은 해석학에 대한 의혹을 잠재우고 해석학을 수정할 수 없도록 만들 것이다. 피오렌자는 이 점을 "안경"[93]의 비유로 설명했다. 정당화하는 규범적 해석 장치들로 인해 이제까지 감추어져 온 억압의 경험들과 해방의 경험들을 재발견하고 이 경험들을 정치적, 개인적으로 성찰하기 위해서는 새로운 "안경"이 필요하다는 것이다[94]. 그 한 예로 "의심의 해석학"은 지배자 중심의 언어와 매체가 억압과 배제를 당한 집단들의 실상과 행위들을 어떻게 왜곡하고 잘못 재현하는지에 주목함으로써 지배자 중심의 문헌과 해석이 지닌 이데올로기적 기능을 제거해야 하는 것을 의미한다.

3) 성서 또한 역사 서술의 선택성에서 벗어나 있지 않다는 점에서 "남성중심적인 가부장제 문화와 역사의 부산물"[95]이다. 성서에는 여

---

[92] 앞의 책, 16.

[93] 앞의 책, 25. 이 비유를 활용하면서 피오렌자는 토마스 쿤의 "파라다임 전환"이라는 개념을 끌어들인다.

[94] 해방경험들과 억압경험들에 대한 정치적 성찰은 억눌린 자들을 편드는 당파성을 전제한다. 참여적인 관점은 이러한 당파성에서 비롯된다. E. S. Fiorenza, 앞의 책, 66.

[95] 앞의 책, 14. 성서를 가부장적 문서로 성격화하고 비판적 성서 읽기를 옹호하기 위하여 피오렌자는 E. C. Stanton을 다음과 같이 인용한다:"1. 성서는 중립적인 문서가 아

성에 대한 남성의 지배를 정당화하고 이를 당연한 규범으로 보는 해석 모형들이 있다. 이러한 성서를 무비판적으로 해석하면, 이러한 남성들의 지배 요구들을 절대화할 수 있다. 그러므로 "정치적, 개인적으로 성찰된 해방 경험들과 억압 경험들"은 "성서 해석의 적절성과 성서의 권위 요구를 평가하는 규준"으로 자리잡아야 한다는 것이다. 이런 점에서 성서에 대한 피오렌자의 "비판적인 페미니스트 해석학"은 "억눌린 사람들을 편드는 당파성"을 필수적으로 요구한다.[96]

"경험"을 규준으로 규정함으로써 피오렌자는 텍스트로서의 성서는 더 이상 "원형"(Archetyp)이 아니라 단지 "주요 유형"(Prototyp)이라고 본다. 원형은 "변경될 수 없는 무시간적 모델을 확정짓는 이상적 형식"을 뜻하지만, "주요 유형"은 "구속력 있는 무시간적 모형 혹은 원칙"을 의미하지 않는다. 주요 유형은 "그 자체의 변화를 향하여 비판적으로 열려 있다."[97] 이런 입장에서는 역사 속에 한번 등장한 관계들이 성서의 이름으로 영원한 것으로 둔갑할 수 없다. 주요 유형으로서의 성서는 새로운 현실을 지향하면서 과거와 현재 사이의 비판적이고 성찰적인 대화를 나눌 때 오늘 여기서 생생하게 되살아난다. 성서를 고정된 신비적 모델로 규정하지 않는 관점은 "교회의 사회사적 상황의 변화하는 조건들 아래서 성서를 수용하고, 문제를 제기하고, 사회적-교회적 구조들과 개념적-신학적 구조들을 혁신하는 동적인 과정을 평가할 수 있게 한다. 오직 이러한 '구조적 변형'

니라, 여성들의 해방 투쟁을 거역하는 정치적인 문서이다. 2. 그 까닭은 성서가 하나님을 본 적이 없고 하나님과 더불어 이야기를 나누어 본 적이 없는 남성들의 인장(印章)을 지니고 있기 때문이다."

96 앞의 책, 66.
97 앞의 책, 67.

안에서, 그리고 그것을 통하여 성서와 성서 공동체는 새로운 사회적 요구들과 신학적 인식들에 응답할 수 있고, 새로운 사회적, 교회적 구조들을 만들고 발전시킬 수 있다"라는 것이다.[98]

4) 피오렌자는 기존의 성서 해석을 교리적-근본주의 패러다임, 과학적-실증주의 패러다임, 포스트모던 문화적 패러다임으로 분류하고 대안적 패러다임으로 수사적-해방적 패러다임을 제안한다.[99] 이런 패러다임의 전환에서 그녀는 성서가 특정 상황과 맥락에서 어떤 의미를 부여하고 어떤 기능을 하는가라는 해석의 윤리에 주목한다. 그와 관련하여 피오렌자가 제기하는 질문은 다음과 같다: 성서는 현재 주류를 이루는 정치, 법, 과학, 의학, 공공 정책을 지지하거나 도전하는데 어떻게 사용되고 있는가? 지배적 이해관계를 옹호하거나 도전하는데 성서는 어떻게 사용되고 있는가? 성서는 사회문화적, 정치적, 종교적 변혁을 위해 어떻게 사용되고 있는가? 성서 본문은 공적 담론과 그에 속한 집단의 특성을 드러내는 데 어떻게 사용되고 있는가? 성서는 특정한 사람들의 주변화와 차별을 합리화하는 불의한 담론에 어떻게 사용되고 있는가? 그리고 성서가 제시하는 희망과 사회적 비전은 무엇인가?

이런 관점을 갖고 피오렌자는 교리적-근본주의 패러다임, 과학적-실증주의 패러다임, 포스트모던 문화적 패러다임을 비판하는데 여기서는 그 주안점만 살펴보기로 하자. 먼저, 교리적-근본주의 패러다임은 성서를 문자주의를 기반으로 한 사실적 진리로 주장한다. 성

---

98 앞의 책, 67f.

99 엘리자베스 피오렌자/정애성 옮김, "패러다임 전환하기: 성서학의 에토스", 『시대와 민중신학』 제6호(2000.8), 174-215.

서는 영감으로 기록된 하나님의 말씀이기에 문자적 오류가 없을 뿐 아니라 이데올로기나 특수성을 초월한다는 것이다. 그 결과 성서 본문과 그 해석에서 작용하는 이해관계를 모호하게 만들고 "신앙을 삶의 방식이 아닌 지적 동의로 환원"시키고 "하나님에 대한 신앙이 아니라 성서에 대한 믿음을 증폭"하게 만든다.

이 패러다임은 전 지구적 불평등과 신식민주의의 온갖 폐해, 생태계 위기까지 현대적 문제가 복합적으로 번져가는 상황 안에서 불안을 경험하는 사람들에게 한편으로는 말세의 징조인 악과 죄, 하나님의 심판을 강조하고, 다른 한편으로는 선택받은 의인들의 성공과 구원의 확신을 약속한다. 철저한 이원론적 구조로 성서 본문을 가장 많이 인용하는 근본주의자들은 세상과 무관한 종교 분리주의를 주장하면서도 현대 사회의 도덕적 타락을 가져오는 집단들, 곧 동성애자들, 인본주의자들, 페미니스트들, 자유주의자들을 악의 무리로 구분하고 적대감을 갖는다. 이런 전략을 통해 교리적-근본주의 패러다임은 오늘 제도화된 종교 안에서 지배적인 위치를 계속 유지하고 있다.

그 다음, 과학적-실증주의 패러다임은 근대 합리주의에 기반한 객관성과 가치중립성을 중시하는 성서 탐구로 해석의 보편성을 주장한다. 자료들로 사실과 증거를 입증하는 성서 수사학은 "종교적, 사회정치적, 신학적인 것과의 연관성 일체를 비학문적인 것으로 거부"한다. 피오렌자는 이런 입장이 그 수사학 자체가 연관된 사회정치적, 교회적 이해관계와 역사적 입지를 은폐하는 것이라고 비판한다. 또한 이 패러다임은 두 가지 점에서 근본주의 패러다임과 유사성을 갖는다고 보았는데, 하나는 개인주의적이고 상대적인 근대성과 실증적 기술적 에토스를 가짐으로써 전 지구적 불의와 위기에 대해 무관심하고 냉담하다는 것이다. 다른 하나는 자신들이 속한 사회정치적 상황과 분리됨으로써 과학적 확실성을 성취한다고 믿는다는 것이다.

마지막으로 포스트모던 문화적 패러다임은 성서 본문을 신적 계시나 역사적 사실을 보여주는 자료와 증거로 여기지 않고 상징 세계를 해석하는 담론들로 이해한다. 상징 세계는 다양한 의미를 산출한다는 점에서 이에 대한 역사적, 종교적 의미 부여와 해석은 다양할 수밖에 없는데, 이 패러다임의 관심은 역사적 지식의 수사학과 상징적인 의미 체계에 있다. 그 결과 성서 본문에 대한 풍부한 의미화 작업과 상대화 경향이 확산되었다. 하지만 포스트모던 문화적 패러다임은 성서 본문이 형성된 그리고 현재 사용되는 것의 사회역사적 상황에 연계되는 것을 거부한다.

이상과 같은 비판적 성찰에서 피오렌자는 성서 해석의 수사적-해방적 패러다임을 제안하였다. "수사학적 분석과 탐구의 수사학으로 성서 본문의 해방적 의미와 현재의 성서 해석을 평가"하려는 것이 이 패러다임의 목표다. 이는 정의와 복지를 위한 개인적, 사회적, 종교적 변혁을 지향하는 것과 다르지 않다. 이를 위해 피오렌자는 성서 본문을 수사학적 담론으로 이해하고 그것이 특정 상황에서 보여주는 설득과 논쟁의 기능에 주목하면서 윤리적이고 정치적인 의미를 발견하고자 한다. 현재 사용되는 성서 해석이 청중의 이해와 해석, 저자의 의도와 전략들과 어떤 방식으로 조우하는지를 드려내려고 한다. 나아가 수사학의 사회역사적 특성을 고려하여 성서 해석의 공공성과 정치적 책임을 필수적으로 요구한다. 이와 같은 맥락에서 성서는 비판적 공적 담론의 기능을 수행하게 되는데 피오렌자는 이 과정에 참여하는 주체로 서구 백인 엘리트 남성들로부터 타자로 배제되어온 사람들을 초대한다. 이들이 자신들의 경험과 억압 받는 다른 집단들에 대한 지식으로 지배 문화를 비판하고 다양한 목소리를 냄으로써 다름에 대한 인식을 확산시켜야 한다는 것이다.

5) 피오렌자는 비판적 해석학으로 성서를 생생하게 되살아나게 하면서 인지적 차원과 제도적 차원에서 주어진 구조들을 변혁하는 일에 초점을 둔다. 변혁 과정에서 이제까지 잊혀 왔고 때때로 은폐되어 왔던 성서의 해방 전통과 결별할 필요는 없다. 오히려 그러한 전통은 더 이상 잊혀서는 안 되고, 도리어 재구성되고 활성화되어야 한다. "성서적 공동체"는 이 전통 안으로 끌려 들어간 공동체이다. 또한 변혁의 시도는 역사적으로 규정되어 있는 상황 속에서 구체적 인간들의 경험과 거기서 비롯된 요구들을 제대로 다룰 수 있어야 한다. 오직 그렇게 할 때에만 성서적 공동체는 성서의 해방 전통을 이어가고 이 전통과 새로운 삶의 기획을 결합시킬 수 있다.

피오렌자의 비판적 페미니스트 해석학은 가부장제의 인지적, 정치적 극복에 초점을 맞추고 있지만, 그 해석학은 이 특수한 주제 영역에만 국한되지 않는다. 억눌린 사람들을 편드는 당파성을 옹호함으로써 피오렌자는 그녀가 창안한 해석학의 적용 가능성을 크게 확대시켰다. 그녀는 성서 문자주의의 강박으로부터 벗어나 정치적으로, 개인적으로 성찰된 해방 경험들과 억압 경험들을 출발점으로 삼는 새로운 성서 읽기를 향한 길을 열었다.

6) 이제까지 살펴본 "비판적 페미니스트 해석학"이 한국교회의 성 담론을 성찰하는 데 시사하는 함의는 다음과 같이 정리할 수 있다.

첫째, 한국교회의 성 담론은 성서 해석과 자기 성찰의 상호관계를 배제하거나 망각하고 있다는 점에서 비판받아야 할 것이다. "실존의 진리"를 향해 가는 '나'는 나르찌스적 자기주장에 빠져들지 않으면서도 해석 과정 안으로 들어갈 수 있다. 오랫동안 성 담론이 금기시되어 온 교회 전통에서 성 담론의 생산자나 소비자 모두 자신이 성적 존재로서 갖고 있는 경험과 자기 성 정체성에 대한 성찰을 성서 해석에 반영하지 않고 있다. 자신의 성 경험과 가치관이 특정 문화의 지배 관계에서 어떤 영향을 받았는지를 비판적으로 검토하고 성찰해야 한다. 또한 교회 성 담론에서 인용하는 성서 본문이 자신들에게 어떤 의미를 전달하고, 그것이 그들의 삶의 맥락에서 어떤 의의를 갖고 있는지를 스스로 물어야 한다. 그렇지 않을 때 진리는 타자에 의해 규정되는 낯선 것으로 머물 뿐이다.

한국교회의 성 담론에서 지배적인 성서 문자주의는 비판적인 성서 읽기를 허용하지 않는다. 성서 문자주의는 성서를 읽는 사람들을 자신의 경험과 바람, 욕구와 관심으로부터 소외시키고 생활 세계로부터도 소외시킨다. 성서 텍스트에 대한 문자적인 부연 설명은 설교자가 자기 자신과 자신의 생활 세계 경험들을 성찰하면서 시도하는 해석이 아니다. 문자주의의 강력한 영향 아래서 형성된 교회의 상투어들(Schablonen)은 특정 상황과 장면에 자극을 받으면 신자들의 현실 지각을 미리부터 규정하는 괴력을 발휘하기도 한다.[100]

---

[100] 상투어(Schablonen)의 언어 파괴에 대한 심리분석적, 언어이론적 연구에 대해서는

둘째, 한국교회의 성 담론은 인간의 다양한 경험들, 곧 의심, 불안, 절망, 희망, 강박, 억압 등을 성서 해석에 접목하여 이를 표현할 수 있는 기회를 제한하고 있다. 삶의 경험들을 성찰해야 해석 공동체는 다양한 관점과 방식으로 성서를 접하고 성서의 메시지를 비판적, 성찰적으로 받아들이게 된다. 성찰된 경험들을 통해 매개되지 않을 경우 성서의 메시지는 아무런 힘을 발휘하지 못한다. 이런 모습은 제3부에서 분석한 교회 성 담론 소비의 저항형에서 잘 드러나고 있다. 다음의 몇 가지 예화가 자신들의 절실한 경험과 유리된 성서 해석에 대한 안타까움과 불만을 보여준다.

"성경 말씀이 현재 내 삶과 동떨어지지 않으면 좋겠어요."

"생존경쟁에서 고생하는 맞벌이 주부에게 위로와 힘이 되지 않는 원리적인 메시지는 공허한 소리에 불과하지요. 그래서 교회에서 젊은 여성들이 줄어드는지도 모르겠어요."

"교회도 가정의 평화나 가족 사랑을 강조하는 판에 박힌 설교만 하지 말고 현실에 도움이 되는 가르침을 주면 좋겠어요."

성서는 누구나 문자주의에 매이지 않고 경험과 성찰을 통해 해석할 수 있어야 한다. 해석의 권위를 남성에게만 허용하게 되면 여성의 경험은 은폐되고 배제되기가 쉽다. 성적 자유와 욕망에 대한 남

A. Lorenzer, Sprachzerstoerung und Rekonstruktion: Vorarbeiten zu einer Metatheorie der Psychoanalyse, 2. Aufl.(Frankfurt am Main, 1976), 113ff.를 보라.

성의 경험과 여성의 경험은 다름에도 불구하고 성서 해석에서 남성의 경험만 규범과 가치판단의 기준으로 인정하는 것은 정의롭지 못하다. 한국교회의 성폭력 담론이 관련 성서 본문의 선택과 해석에서 남성중심적인 평가와 폭력 피해에 대한 구체성이 결여되는 성향을 보이는 것이 그 대표적인 모습일 것이다.

셋째, 한국교회의 성 담론은 교회에서 통용되는 상투어를 반복해서 사용함으로써 담론 소비자들의 의식을 고착시키고 비판과 성찰 능력을 제약하는 효과를 불러일으키고 있다. 교회의 상투어들은 교회와 담론 생산자들의 권위를 강제하고 담론 소비자들이 특정한 상황과 장면이 연출되면 자극과 반응의 원리에 따라 비판과 성찰 없이 생각하고 행동하게 만든다. 이를 극복하기 위해서 담론 참여자들은 성찰된 경험들과 거기서 비롯된 관점을 형성함으로써 이제까지 불투명하게 남아 있었던 경험들과 생활 세계의 연관을 인식할 수 있어야 한다. 중요한 것은 권위 구조들에 주목하고 강박의 메카니즘을 명료하게 인식하는 것이다.

한국교회의 상투어들에 대한 "의심의 해석학"은 특정 언어의 사용이 자신에게 부당한 요구나 강요를 한다는 느낌이 들면 그대로 침묵하지 말기, 누가 무슨 목적으로 어떤 맥락에서 상투어를 자주 사용하는지를 스스로 묻고 답을 구하기, 교회 상투어의 관행을 거부하는 한 방식으로 대안적 언어를 생각하고 의도적으로 사용하기 등 다양한 변혁의 실천을 촉구한다.

또한 "선포의 해석학"은 설교자가 교회 상투어를 사용할 때 설교자를 포함한 신앙공동체의 문화종교적 맥락을 이해하고 자신의 성서 해석이 청중에게 미치는 영향을 고려했는지를 성찰하게 만든다. 교회 성 담론의 생산자도 교회 상투어에 담긴 이해관계를 스스로 인식함으로써 새로운 담론을 형성하는 데 참여할 책임이 있다.

넷째, 한국교회의 성 담론이 강박의 메카니즘에 공동체적으로 대처할 수 있고, 해방의 경험들을 함께 나눌 수 있도록 인식론적 틀을 변화시키고 교회에서 이루어지는 종교적 사회화 과정을 제도적으로 개혁할 필요가 있다. 권위를 요구하는 개인이나 집단이 자기만 옳다는 확신으로 자기와 다른 사람들을 변화시키고자 하는 강박에서 놓여나려면 자기와 다른 생각을 지닌 사람을 인정하고 소통하는 과정이 필요하다. 전통적으로 성서 해석은 학자나 설교자의 전문적 영역으로 인식되어 왔다. 일반적으로 비전문가인 교인들은 해석 작업에서 배제되고 성서 메시지를 수동적으로 수용하는 위치로 고정화되었다. 하지만 과학 기술과 대중 매체의 발달로 형성된 교인들의 사회적 네트워크는 전문가의 성서 해석에 직접, 간접으로 영향을 끼치는 배경으로 등장하였다. 오늘날 교인들은 대면이나 사이버 공간으로 성서 해석에 대한 질문, 의견의 나눔, 토론 등을 전개하면서 해석에 참여한다. 이들은 교회 담론의 생산자와 소비자 사이의 경계를 넘어서 자신들의 생각과 느낌을 표현하고 전문 해석자들에게 자극과 성찰의 계기를 제공함으로써 성서 해석의 공동 참여자가 될 수 있을 것이다. 이런 소통의 방식은 한국교회의 종교 사회화에 큰 영향을 주는 설교에도 적용할 수 있다. 한국의 작은 교회들은 설교 중 혹은 후에 설교 대화를 나누거나 소그룹별로 설교에 대한 질문이나 생각을 교환하기도 하는데 이는 담론 소비자들, 특히 공공 발언을 억제받거나 무시당하는 약자, 소수자, 여성들에게 담론에 참여하는 기회를 부여할 수 있다. 담론의 금기와 잘못된 관행을 넘어서 개방적이고 참여적인 대화가 이루어질 때 담론 참여자들은 복음의 해방적 잠재력을 받아들이고 인지적-신학적 차원, 생활 세계적 차원, 교회적 차원의 변혁을 위해 일하게 된다. 이것은 교회 성 담론이 교회 내부뿐 아니라 교회 외부에도 영향을 끼침으로써 공공성과 사회적 책임을 다하는 것과 연결되는 길이기도 하다.

6. 소결

이 책의 제4부에서는 제2부와 제3부에서 한국교회의 종교적 사회화를 통해 생산되고 소비되는 성 담론을 분석해서 얻은 결과를 현대적 성 담론 이론에 기반을 두고 성찰하였다. 특히 미셸 푸코의 담론 분석, 주디스 버틀러의 성 정체성의 해체와 전복, 자크 라캉의 성차 이론, 현대 사회에서 성과 사랑에 관한 울리히 벡/엘리자베트 벡-게른스하임과 앤소니 기든스의 사회학적 이론, 폴 리꾀르와 엘리자베스 피오렌자의 비판적 해석학은 한국교회의 성 담론의 여러 가지 문제들을 규명하고 여성해방과 인간해방에 기여하도록 교회의 성 담론을 비판적으로 재구성하는 데 도움을 제공하였다.

1) 미셸 푸코의 담론이론에 비추어볼 때, 교회 담론은 지식과 권력이 서로 매개해서 진리 효과를 일으키는 전형적인 본보기들 가운데 하나로 간주될 만하다. 교회에서 생산되는 담론은 우리 사회의

헤게모니 투쟁의 장에서 경쟁하는 여러 담론들 가운데 하나로 여겨지며, 교회 안에서 구원의 수단인 하나님의 말씀을 선포하고 성례를 집행하는 목회자들이 생산하는 담론은 교인들에게 진리효과를 불러일으킨다. 교회의 성 담론은 교회 안팎에서 남성 헤게모니 아래서 이성애주의를 가장 강력하게 옹호하는 정치적 효과를 발생시키고 있다.

2) 젠더 정체성의 해체와 전복을 시도하는 주디스 버틀러의 관점에서 볼 때, 교회가 세상과 인간의 창조에 관한 담론을 통해서 하나님이 성별의 이원론적 질서를 설립하였다고 강조하고 성별 이원론을 신학적 상수로 만드는 것은 문제적이다. 동성애와 퀴어 정체성에 관한 버틀러의 견해는 교회의 성 담론에서 불온한 것으로 여겨지겠지만, 교회는 예수 그리스도 안에서 나타나는 은혜의 현실에서 출발함으로써 배제와 차별과 억압의 효과를 자아내는 이성애주의적 젠더 정체성 담론을 해체하고 이를 근본적으로 새롭게 구성하자는 버틀러의 제안을 받아들일 수 있지 않을까를 놓고서 심각하게 고민할 필요가 있다.

3) 자크 라캉은 섹슈얼리티에 대한 본질주의적 관점이나 구성주의적 관점을 동시에 넘어서는 성차 이론을 제시함으로써 성차가 문명을 구성하는 원리와 관련되어 있을 뿐만 아니라 문명 그 자체에 균열을 내어 문명 너머로 나아가게 하는 격자의 구실을 한다는 것을 명확하게 밝혔다. 그는 남성 헤게모니 아래 있는 문화(상징계)의 문제를 인식하고 그 문제를 해결하기 위해 여성적인 것의 원리를 출발

점으로 삼아야 한다는 것을 설득력 있게 제안했다. 여성적인 것은 상징적 질서에 의해 개념화되지 않고 그냥 거기에 남아 있는 것을 가리킨다. 바로 그렇기 때문에 여성적인 것은 상징적 질서가 설정하는 한계를 넘어서 있는 존재를 가리키고, 상징적 질서에 균열을 내고, 그 질서 바깥으로 쫓겨난 것을 포착하고자 하는 존재의 이름이다. 라캉은 남성적인 것과 여성적인 것의 차이를 문명 형성과 재구성의 원리적 차이로 제시하였고, 여성적인 것의 원리를 따를 때 비로소 상징적 질서 바깥으로 구축된 트라우마의 실재를 인식하고 그 트라우마를 불러일으킨 문제들의 중핵을 근본적으로 처리하고자 하는 용기를 가질 수 있다는 것을 보여준다.

4) 울리히 벡과 엘리자베트 벡-게른샤임이 분석하고 있는 "순수한 관계"와 앤소니 기든스가 초점을 맞추고 있는 "합류적 사랑"은 서구 사회뿐만 아니라 한국 사회의 일각에서도 자리를 잡아가고 있는 현상이다. 이러한 상황에서 벡 부부가 우정을 모델로 한 새로운 남녀 관계와 가족공동체의 건강한 유지를 제안하는 것이나 기든스가 "합류적 사랑"을 새로운 성과 사랑의 모델로 제시한 것은 유념할 만하다. 이러한 제안들은 가족 내 성 역할과 여성의 순종을 기반으로 한 가부장제 질서를 고수하는 한국교회의 성 담론에 타격을 가하고 있고, 여성의 순결에 가치를 부여하고 보수적인 성 인식이 지배적인 한국교회에는 낯설다. 그러나 그들의 제안은 현대 사회에서 교회의 성 담론을 근본적으로 새롭게 구상하도록 도전하고 있다는 것을 유념할 필요가 있다.

　5) 폴 리꾀르와 엘리자베스 피오렌자의 "의심의 해석학"에서 출발하는 페미니스트 신학의 관점에서 볼 때, 한국교회의 성 담론은 성서 해석과 자기 성찰의 상호관계를 배제하거나 망각하고 있다는 점에서 비판받아야 한다는 점을 무엇보다도 먼저 지적할 필요가 있다. 그 다음, 한국교회의 성 담론이 인간의 다양한 경험들, 곧 의심, 불안, 절망, 희망, 강박, 억압 등을 성서 해석에 접목하여 이를 표현할 수 있는 기회를 제한하고 있다는 점도 유념하여야 할 것이다. 더 나아가, 한국교회의 성 담론이 상투적인 어법을 반복해서 활용함으로써 담론 소비자들의 의식을 고착시키고 비판과 성찰 능력을 제약하는 효과를 불러일으키고 있다는 점도 눈여겨보아야 한다. 바로 그렇기 때문에 앞으로 한국교회에서는 강박의 메카니즘에 공동체적으로 대처할 수 있고, 해방의 경험들을 함께 나눌 수 있도록 성 담론이 형성되어야 할 것이며, 이를 위해서는 성 담론의 인식론적 틀을 획기적으로 변화시키고, 교회에서 이루어지는 종교적 사회화 과정을 제도적으로 갱신하여야 할 것이다.

한국 개신교회에서 성 담론 형성에 대한 제안

종교가 성에 대한 금기와 재가 등을 통해 섹슈얼리티 형성에 결정적인 영향을 끼친다는 점을 논거로 삼아 나는 한국교회의 종교적 사회화를 통해 생산되고 소비되는 성 담론을 분석하고 그 결과를 현대적 성 담론 이론에 기반하여 성찰하였다. 이 과정은 한국교회의 성 담론의 여러 가지 문제들을 규명하고 여성해방과 인간해방에 기여하도록 교회의 성 담론을 비판적으로 재구성하는 데 도움을 얻으려는 것이었다.

제5부에서는 이제까지의 연구 결과를 단계별로 정리하고 앞에서 성찰한 내용을 중심으로 한국 개신교회에서 성 담론을 형성하는 데 고려되어야 할 점들을 제안하고자 한다.

1. 이 책의 제1부에서는 섹슈얼리티에 대한 기존의 이론을 비판적으로 검토하면서 기독교의 섹슈얼리티 이해를 분석하는 새로운 방법을 모색하였다. 섹슈얼리티에 대한 기존의 연구는 크게 보아 본질론과 구성론으로 대별되는데, 나는 본질론의 한계를 지적하고, 구성론을 비판적으로 수용하면서 기독교가 섹슈얼리티를 구성하는 데

어떤 역할을 하는가를 살필 수 있는 방법을 제시하였다. 그것은 성 인지적 담론분석과 종교사회학적 분석을 결합하는 종합적 분석 방법이다.

1) 섹슈얼리티 개념은 역사적 상황에서 제기된 성 인지적 필요에 대응하면서 만들어진 산물이다. 생물학적 성 개념에서 본질적으로 규정된 성적 욕망과 성 규범도 사회문화적 관점에서 변화 가능한 개념으로 분류되었고, 섹스와 젠더의 이원화 구조에 개입하는 권력, 욕망, 성애의 복합적 문제는 섹슈얼리티 개념의 구성을 요구하였다. 시대 변화와 맥락적 의미에 주목하는 섹슈얼리티 개념의 재구성은 여전히 진행중이다.

2) 서구 기독교 전통이 형성해 온 성 담론은 성경의 내용과 해석을 기반으로 신앙 공동체의 성 윤리와 특정 교리를 형성하였다. 금욕주의적 성 담론은 남성중심적 신학과 성직 제도를 통해 공고화되고 성이 죄의 속성을 지닌 세속적 주제라는 이유로 교회에서 공론화되는 것은 오랫동안 금기시되었다. 그런 점에서 섹슈얼리티는 종교적 보수성이 가장 오래 유지되는 영역이고 종교적 전통에 도전하는 가장 급진적인 주제다.

3) 기독교 페미니스트 성 담론은 20세기 중반 서구에서 일어난 '성 혁명'으로 촉발된 섹슈얼리티 연구의 영향으로 시작되었다. 그 결과, 여성의 성적 자기결정권과 이성애주의 비판, 성적 쾌락의 주제가 1990년대 전후 전통적 신학을 재구성하는 페미니스트 성 담론에 반

영되었고, 레즈비언 페미니스트 신학도 형성하였다. 섹슈얼리티에 작용하는 가부장제 권력을 비판하고 성 정의를 실현하는 여성 연대의 정치적 차원을 강조한 기독교 페미니스트 성 담론은 하나님의 에로스적 측면을 재해석하고 기독교 전통의 '성의 정치학'을 분석하여 신학화한 점이 새로운 공헌으로 평가된다. 또한 '섹슈얼 신학'은 기독교 섹슈얼리티 개념의 변화를 시도하고 몸 신학은 인간, 자연, 피조물의 유기체적 생명망을 강조했다. 세계교회협의회(World Council of Churches)도 1990년대 초부터 여성에 대한 폭력을 공론화하여 기독교 페미니스트 성 담론의 형성에 기여하였다.

4) 한국 여성신학은 해외 여성신학과 세계교회의 성 담론의 영향과 국제적 교류를 통해 2000년대 초반부터 몸과 성에 대한 여성신학적 담론을 시작하였다. 한국 여성신학자들의 성 담론은 전통적인 본질론을 비판하고 성 담론의 역사적 맥락과 사회문화적 맥락을 비판적으로 고찰하는 구성론적 경향을 보이고 있다.

5) 한국 개신교의 성 담론을 제대로 이해하기 위해서는 그 배경을 이루는 한국의 종교문화와 성 문화에서 섹슈얼리티가 어떻게 이해되고 인지되고 있는가를 살펴 볼 필요가 있다.

먼저, 다종교 사회인 한국에서 성 담론은 여러 종교들이 알게 모르게 서로 영향을 주고받으며 형성되는 것으로 여겨진다. 각각의 종교는 섹슈얼리티에 대한 규범과 계율을 정하고 그것에 따르는 신앙 정진과 수행을 강조하기 마련이다. 한국 사회에 뿌리를 내리고 있는 종교들은 성 담론에서 공통점과 차이점을 보이지만, 종교들 사이에서 성 담론이 교류되면서 혼합의 양상을 보인다.

그 다음, 오늘 한국의 성문화에서 크게 문제가 되고 있는 것은 성 상품화, 가족 내 성 문제, 성폭력의 증가 등이다. 한국의 성문화에서 나타나는 성 상품화, 가족문제, 성폭력 등과 같이 심각한 문제들을 극복하기 위해서는 성과 몸을 존중하고 여성과 남성을 성과 몸의 주체로서 서로 인정하는 성문화를 형성하는 것이 중요한데, 개신교의 성 담론은 이러한 새로운 성문화를 형성하는 데 이바지하여야 할 것이다.

2. 이 책의 제2부에서는 종교적 사회화 과정을 종교사회학적 관점에서 설명하고, 종교적 재화의 생산 과정에 초점을 맞추어 교회에서 성 담론이 어떻게 생산되는가를 분석하였다. 종교 지도자들이 교회에서 생산하는 성 담론을 분석한 결과, 그 담론들의 특징은 금욕주의 유형, 실용주의 유형, 도덕주의 유형으로 분류된다.

1) 금욕주의 유형의 성 담론은 몸과 성을 터부시하면서 섹슈얼리티에 대한 수치심, 불안, 죄의식을 불러일으키는 특성이 있다. 육체와 성을 부정적으로 보는 관점은 기독교의 영육이원론 사상에서 비롯되었고 성차별적 위계 관념으로 확장되었다. 성서의 문자적 기록은 여성의 죄성과 비도덕성을 입증하는 증거로 활용되었고, 성서는 이원론적인 위계 관념을 정당화하는 도구로 사용되었다.

그 결과, 여성은 자신의 몸과 성에 대한 수치심을 갖게 되고, 순결을 잃으면 죄책감에 시달리고, 자신의 몸과 성으로 남성을 유혹하는 죄인이라는 의식을 내면화해 왔다. 반면에 남성은 정신적 존재로 이상화되고 도덕성과 인격을 갖춘 존재로 여겨져 왔지만, 몸과 성의 욕망에 시달리고 그 욕망의 비정상적인 충족에서 비롯되는 수치심, 불안, 죄의식 등에서 벗어나기 어렵다. 이렇게 여성과 남성은 지배와 종속의 분리된 존재로서 저마다 소외를 경험하고 하나가 되지 못하는 불안을 잠재적으로 지니고 있다. 육체를 폄하하는 성차별적 금욕주의 전통에서 남성의 욕망과 권력은 여성에게 정절, 아들의 출산, 성적 매력을 강제하고 심지어 강간을 통해서라도 상대방을 통제한다.

2) 실용주의 유형의 성 담론은 성속의 갈등 속에서 성적 관행을 현실주의적으로 용인하고 성서와 종교 규범의 의미를 변용함으로써 교회가 오늘의 성문화에 적응하도록 하는 특성을 보인다.

이혼이라는 세속적 결정을 구원이라는 종교적 의미와 결합하는 담론은 실용주의적 유형의 전형적인 사례인데, 성과 속을 분리하여 신앙생활과 일상생활을 별개로 여기고 현실적 쾌락과 향유를 신앙적 명분으로 정당화한다. 이러한 실용주의는 전통적 성 역할을 부부 중심의 성 역할로 바꾸고 이를 종교 규범으로 강화하는 것에서도 잘 드러난다. 음행의 죄가 끼치는 폐해를 강조하고 경고하는 데 반해 목회자의 성적 탈선에는 용서의 신학을 내세우며 애매한 입장을 취하는 것도 실용주의 유형에 속한다.

3) 도덕주의 유형의 성 담론은 전통적인 성 도덕에 종교적 권위를 부여함으로써 성의 정치학을 강화하는 특성이 있다. 이 유형의 대표적인 성 담론은 가족관계의 도덕성을 강조하는 것이다. 시부모를 공

경하고 아들을 출산하는 여성의 역할을 하나님을 감동시키는 사랑의 행위라고 미화하고, 전통적인 성 역할이 시대를 초월하여 모든 여성들에게 부여되어야 할 보편적인 규범인 것처럼 주장한다. 또한 아버지가 부재한 가정의 문제를 부각시켜 가정 내 아버지의 중요성을 강조하고, 부부간의 사랑도 고정된 성 역할에 바탕을 두고 있다. 그래서 전통적인 성 역할의 역전으로 가정파탄을 불러온 여권 신장은 도덕적으로 비난받아야 한다. 도덕주의 유형의 성 담론은 가정해체가 증가하는 시기에 아내가 맡은 책임은 신자에게 위임된 하나님의 일임을 부각시킨다. 남편의 향락과 외도, 가정폭력의 상황에도 아내는 가정을 지켜야한다는 도덕주의적 요구를 강제한다. 이는 여성을 사악한 유혹자, 죄와 죽음의 근원으로 여기고 여성의 도덕능력에 대한 의심과 경계를 강조했던 기독교 전통을 연상시킨다.

이와 같은 도덕주의적 성 담론은 도덕성의 부재가 염려되는 사회에서 상당한 설득력을 갖고 신자들의 죄책감을 자극하거나 율법적 신앙을 강화하는 효과가 있다. 하지만 어떤 사안을 놓고서 도덕적 측면만 강조하고 정죄하게 되면, 도덕성이 실현되는 삶의 자리를 탈역사화하고 탈맥락화하는 어리석음을 범할 수 있다.

3. 이 책의 제3부에서는 한국교회에서 목회자들이 생산하는 성 담론이 교인들에 의해 소비되면서 나타나는 다양한 효과들을 분석했다. 이를 위해 나는 2005년 한신대학교 학술원 신학연구소에서 실시한 "한국의 가족문화 변화에 관한 실태조사" 결과를 참고하였고, 서울 소재의 교회에 출석하는 개신교인 56명을 선정하여 2013년 7월부터 12월까지 교회 성 담론에 대한 개별면담을 실시하였다. 심층면담

의 참여자들은 성별, 연령별, 신앙별 기준에 따라 남자 19명, 여자 37명, 20-30대 14명, 40-50대 17명, 60대 이상 25명, 근본주의 성향의 교인 19명, 에큐메니칼 성향의 교인 24명, 여성주의 성향의 교인 13명으로 구성되었다.

심층면담의 결과, 나는 교인들의 성 담론 소비 유형을 수용형, 절충형, 저항형으로 분류하고 각 유형별 소비 효과의 특성을 다음과 같이 분석하였다.

1) 수용형의 성 담론 소비 방식은 교인들이 교회의 지배적인 성 가치관과 성 윤리를 내면화하고 맹종하는 것을 의미한다. 금욕주의적 신앙관을 지닌 교인들은 성적 타락에 관심이 많고 성에 대한 수치심, 불안, 죄의식에 집착하는 경향이 있다. 현대의 타락한 성 문화를 말세의 징표로 받아들이고 성적 유혹과 쾌락을 죄악시하면서 이에 대한 심판을 확신한다. 이와 같은 부정적인 성 인식은 종교적 규범을 비판이나 의심 없이 수용한 결과인데 특히 여성의 몸과 성을 혐오하고 비하하는 성향이 강하게 나타난다. 교인들이 자주 사용하는 교회 안의 상투어는 교인들에게 기억조차 필요 없는 자동적인 반응을 유도하고 내면화된 성 담론을 유지하게 만든다. 성적 타락과 관련된 두려움과 불안, 죄의식은 성적 타락의 모습을 보이는 특정인을 향한 분노로 전환되는 데 동성애 문제가 이에 해당된다.

교인들은 전통적인 성 역할의 필요성을 현대 가족의 해체와 불화에서 실감하고 그 정당성을 하나님이 정하신 질서와 섭리라는 신앙적 규범에서 찾는다. 아내의 순종 의무와 책임을 하나님의 섭리로 수용하면서 여성의 도덕적 우월감과 종교적 벌에 대한 두려움을 갖는다. 성폭력에 대한 언급을 금기로 여기고 교회 내 성폭력을 '은혜롭게' 처리하는 방식을 선호한다.

교회 성 담론을 성찰이나 비판 없이 수용하고 맹종하는 특성은 성서 문자주의와 권위주의가 강력하게 작용하는 배경과 관련이 있다. 그 결과, 교인들은 한편으로는 자신에게 내면화된 성 가치관과 태도를 확신하게 되고, 다른 한편으로는 성에 대한 내적 강박으로 인해 자신의 자율성과 책임감을 상실하고 무기력한 상태를 경험하게 될 것이다.

2) 절충형의 성 담론 소비 방식은 교회의 엄격한 요구를 의식하면서도 성적 관행을 현실주의적으로 용인하는 것을 의미한다. 이것은 성속의 갈등 속에서 성서와 종교 규범의 의미를 변용함으로써 교회가 오늘의 성문화에 적응하도록 하는 실용주의 유형과 유사한 특성을 보인다.

교인들은 혼전순결이 시대착오적 주제로 인식되는 현실을 인정하면서도 성적 방종의 세태를 우려하고 혼전순결에 대한 보수적인 담론을 지지한다. 종교적으로는 낙태를 하나님이 허락하신 생명을 죽이는 행위로 인식하면서 현실적으로는 낙태를 허용하고 있다. 불신자와의 결혼과 이혼에 대한 결정은 교리적인 기준보다 현실적인 판단에 따르는 경우가 많다. 일부 교인들은 이런 상황에서 교회가 불신자와의 결혼과 이혼을 암묵적으로 용인하기보다 이와 관련된 담론을 전개하고 그에 맞는 종교 의례를 준비하는 것을 제안한다.

이상에서 살펴본 대로 교회 성 담론을 절충식으로 소비하는 유형은 성과 속을 분리하여 종교적으로는 교회의 성 담론에 동조하고 현실적으로는 교회의 성 담론과 어긋나는 결정을 하는 양면성을 갖는다. 또한 성에 대한 자신의 결정이 현실적으로 합당하다고 생각하면서도 종교적 교리를 따르지 않았다는 부담감과 죄책감을 갖고 이를 해결하기 위한 종교적 명분을 모색한다.

3) 저항형의 성 담론 소비 방식은 교회의 성 담론에 반발하고 심지어 교회를 이탈하기도 하는 것을 의미한다. 교인들은 금욕주의적 관점에서 성적 타락을 정죄하는 교회 성 담론이 영육이원론적이고 성차별적이라고 비판한다. 성과 관련해서 그 사회문화적 맥락을 도외시하고 개인의 죄에 집착하는 것도 문제로 지적한다. 교회 성 담론에서 말세의 징표와 죄로 인한 징벌의 상투어와 여성의 몸과 성을 비하하거나 부정하는 선정적 언어가 빈번히 사용되는 것에 반발한다. 그리고 교회가 타락을 정죄하는 것보다 성적 타락으로 비인간화되어가는 현실에 관심을 갖고 그 안에서 고통받는 사람들을 위해 일하는 것을 제안한다.

교인들은 전통적 성 역할의 변화와 가족의 성차별적 위계질서를 넘어선 평등한 상호관계를 추구한다. 부부 사이의 정의롭지 않은 사랑이 하나님의 섭리인지에 의문을 갖는다. 이에 덧붙여 가정폭력의 피해자가 여성이라는 통념을 벗어나 가족 모두가 폭력 피해자라는 새로운 관점을 제안한다. 성폭력 피해자의 고통이 가중되는 현실에서 피해자와 연대하는 정치적 힘의 필요성을 주장한다.

교회 성 담론에 반발하고 저항하는 교인들은 자신의 삶의 경험을 중시하면서 교회 성 담론에 대한 자신의 생각을 공론화하려는 특징을 보인다. 그들은 자신들의 공론화 요구를 채워주지 않고 이의 제기를 묵인하는 교회에 불만을 갖고 있지만 새로운 교회 성 담론을 형성하는 데 기꺼이 참여하려는 의지도 갖고 있다.

4. 이 책의 제4부에서는 제2부와 제3부에서 한국교회의 종교적 사회화를 통해 생산되고 소비되는 성 담론을 분석하여 얻은 결과를 현대적 성 담론 이론에 기반을 두고 성찰하였다. 특히 미셸 푸코의 담론 분석, 주디스 버틀러의 성 정체성의 해체와 전복, 자크 라캉의 성차 이론, 현대 사회에서 성과 사랑에 관한 울리히 벡/엘리자베트 벡-게른스하임과 앤소니 기든스의 사회학적 이론, 폴 리꾀르와 엘리자베스 피오렌자의 비판적 해석학은 한국교회의 성 담론의 여러 가지 문제들을 규명하고 여성해방과 인간해방에 기여하도록 교회의 성 담론을 비판적으로 재구성하는 데 도움을 제공하였다.

1) 미셸 푸코의 담론이론에 비추어볼 때, 교회 담론은 지식과 권력이 서로 매개해서 진리 효과를 일으키는 전형적인 본보기들 가운데 하나로 간주될 만하다. 교회에서 생산되는 담론은 우리 사회의 헤게모니 투쟁의 장에서 경쟁하는 여러 담론들 가운데 하나로 여겨지며, 교회 안에서 구원의 수단인 하나님의 말씀을 선포하고 성례를 집행하는 목회자들이 생산하는 담론은 교인들에게 진리효과를 불러일으킨다. 교회의 성 담론은 교회 안팎에서 남성 헤게모니 아래서 이성애주의를 가장 강력하게 옹호하는 정치적 효과를 발생시키고 있다.

2) 젠더 정체성의 해체와 전복을 시도하는 주디스 버틀러의 관점

에서 볼 때, 교회가 세상과 인간의 창조에 관한 담론을 통해서 하나님이 성별의 이원론적 질서를 설립하였다고 강조하고 성별 이원론을 신학적 상수로 만드는 것은 문제적이다. 동성애와 퀴어 정체성에 관한 버틀러의 견해는 교회의 성 담론에서 불온한 것으로 여겨지겠지만, 교회는 예수 그리스도 안에서 나타나는 은혜의 현실에서 출발함으로써 배제와 차별과 억압의 효과를 자아내는 이성애주의적 젠더 정체성 담론을 해체하고 이를 근본적으로 새롭게 구성하자는 버틀러의 제안을 받아들일 수 있지 않을까를 놓고서 심각하게 고민할 필요가 있다.

3) 자크 라캉은 섹슈얼리티에 대한 본질주의적 관점이나 구성주의적 관점을 동시에 넘어서는 성차 이론을 제시함으로써 성차가 문명을 구성하는 원리와 관련되어 있을 뿐만 아니라 문명 그 자체에 균열을 내어 문명 너머로 나아가게 하는 격자의 구실을 한다는 것을 명확하게 밝혔다. 그는 남성 헤게모니 아래 있는 문화(상징계)의 문제를 인식하고 그 문제를 해결하기 위해 여성적인 것의 원리를 출발점으로 삼아야 한다는 것을 설득력 있게 제안했다. 여성적인 것은 상징적 질서에 의해 개념화되지 않고 그냥 거기에 남아 있는 것을 가리킨다. 바로 그렇기 때문에 여성적인 것은 상징적 질서가 설정하는 한계를 넘어서 있는 존재를 가리키고, 상징적 질서에 균열을 내고, 그 질서 바깥으로 쫓겨난 것을 포착하고자 하는 존재의 이름이다. 라캉은 남성적인 것과 여성적인 것의 차이를 문명 형성과 재구성의 원리적 차이로 제시하였고, 여성적인 것의 원리를 따를 때 비로소 상징적 질서 바깥으로 구축된 트라우마의 실재를 인식하고 그

트라우마를 불러일으킨 문제들의 중핵을 근본적으로 처리하고자 하는 용기를 가질 수 있다는 것을 보여준다.

4) 울리히 벡과 엘리자베트 벡-게른샤임이 분석하고 있는 "순수한 관계"와 앤소니 기든스가 초점을 맞추고 있는 "합류적 사랑"은 서구 사회뿐만 아니라 한국 사회의 일각에서도 자리를 잡아가고 있는 현상이다. 이러한 상황에서 벡 부부가 우정을 모델로 한 새로운 남녀 관계와 가족공동체의 건강한 유지를 제안하는 것이나 기든스가 "합류적 사랑"을 새로운 성과 사랑의 모델로 제시한 것은 유념할 만하다. 이러한 제안들은 가족 내 성 역할과 여성의 순종을 기반으로 한 가부장제 질서를 고수하는 한국교회의 성 담론에 타격을 가하고 있고, 여성의 순결에 가치를 부여하고 보수적인 성 인식이 지배적인 한국교회에는 낯설다. 그러나 그들의 제안은 현대 사회에서 교회의 성 담론을 근본적으로 새롭게 구상하도록 도전하고 있다는 것을 유념할 필요가 있다.

5) 폴 리꾀르와 엘리자베스 피오렌자의 "의심의 해석학"에서 출발하는 페미니스트 신학의 관점에서 볼 때, 한국교회의 성 담론은 성서 해석과 자기 성찰의 상호관계를 배제하거나 망각하고 있다는 점에서 비판받아야 한다는 점을 무엇보다도 먼저 지적할 필요가 있다. 그 다음, 한국교회의 성 담론이 인간의 다양한 경험들, 곧 의심, 불안, 절망, 희망, 강박, 억압 등을 성서 해석에 접목하여 이를 표현할 수 있는 기회를 제한하고 있다는 점도 유념하여야 할 것이다. 더 나아가, 한국교회의 성 담론이 상투적인 어법을 반복해서 활용함으로

써 담론 소비자들의 의식을 고착시키고 비판과 성찰 능력을 제약하는 효과를 불러일으키고 있다는 점도 눈여겨보아야 한다. 바로 그렇기 때문에 앞으로 한국교회에서는 강박의 메카니즘에 공동체적으로 대처할 수 있고, 해방의 경험들을 함께 나눌 수 있도록 성 담론이 형성되어야 할 것이며, 이를 위해서는 성 담론의 인식론적 틀을 획기적으로 변화시키고, 교회에서 이루어지는 종교적 사회화 과정을 제도적으로 갱신하여야 할 것이다.

5. 앞에서 성찰한 내용을 염두에 두고 나는 한국 개신교회에서 성 담론을 형성하는 데 고려되어야 할 점들을 다음과 같이 제안하고자 한다.

1) 한국교회에서 목회자는 교회의 안정과 성장을 위해 교인들의 분열을 예방하고 결속을 강화하려는 통제의 권위와 힘을 부여받는 사람들이다. 오늘날 한국 개신교회에서 목회자에게 부여된 전통적 권위는 도전을 받고 교회의 통제구조도 민주적인 방식으로 바뀌기를 요구하는 움직임이 일어나고 있다. 이런 변화의 흐름은 교회의 성 담론을 형성하는 종교사회화 과정에 영향을 끼치고 생애주기적인 학습이 진행되는 교회교육에도 변화를 초래한다. 성 담론이 체계적으로 구성된 성교육은 아직 한국교회에서 제대로 이루어지고 있지는 않지만 그 필요성은 이미 교회 안팎에서 거론되었다. 특히 아동과 청소년을 대상으로 한 성교육은 학교를 통해 정기적으로 실시되는 것에 비해 성인을 위한 성교육은 찾아보기가 어려운 실정이다. 고령화 추세에 제기되는 성 정체성의 문제와 성 경험을 둘러싼 책임

과 과제를 두고 볼 때 성인들의 성교육은 중요하다. 기독교 성인 성교육은 윤리와 도덕적 차원을 넘어서서 성과 관련된 개인과 사회의 요구와 그 사회문화적 맥락이 반영된 학습 내용을 필요로 한다.

이런 점에서 나는 앤드라고지(andragogy: 성인교육) 이론이 교회의 성 담론을 재구성하는 데 중요한 시사점을 제공한다고 본다. 평생교육의 흐름에서 부각된 앤드라고지는 성인들을 가르침을 전수받는 교육 대상일 뿐 아니라 교육자와 함께 교육의 전 과정에 참여하는 학습자로 정의한다. 또한 앤드라고지는 교육과정의 설정에서 학습자들의 필요와 요구를 우선적으로 반영하는 특성을 갖는다. 이것은 현대 교육이 교육자 중심에서 학습자 중심으로 이동하는 것을 의미하고, 이와 같은 변화는 권력관계 아래서 지식과 진리를 독점하는 행위를 약화시키고 학습 공동체가 집단지성을 형성하도록 돕는다. 그렇다면 교회 내 담론의 생산도 목회자들에게 국한되지 않고 담론의 소비자(혹은 학습자)인 교인들의 참여로 확장되는 것이 가능하지 않을까? 교인들은 날마다 다양한 대중매체와 인터넷, SNS 등을 통해 세태의 영향을 받고 교회의 성 담론과 세속사회의 성 담론의 차이를 일상적으로 경험한다. 그렇다면 자신들의 욕망과 성적 자율성을 관리하고 섹슈얼리티의 은밀성과 은폐성을 나름대로 향유하는 교인들의 경험은 교회의 성 담론을 형성하는 데 생략할 수 없는 소중한 자원으로 인정받고 활용되어야 할 것이다. 나아가 여성의 성 경험이 남성과 다르게 형성되고 성이 성차별과 권력관계를 형성하는 한 요인이 된다는 것도 함께 고려되어야 한다.

2) 젠더 정체성의 문제는 성별의 이원론적 질서를 강조하는 한국

교회가 고민하고 풀어야 할 중요한 과제이다. 한국 사회에서 동성애와 퀴어 정체성에 관한 성 담론은 제대로 전개되지 않고 성 소수자들은 배제와 차별과 억압의 일상을 경험하고 있다. 일부 한국교회들은 국회에서 입법화를 논의 중인 차별금지법의 조항에 성 정체성이 포함된 것을 반대하며 조직적인 정치적 입장을 보였다. 2016년 총선에서는 동성애 금지와 간통죄 부활을 목표로 정당 후보를 내세우기도 하였다. 이와 같은 현상은 오랫동안 금기시되어온 교회 성 담론을 사회의 정치적 의제로 삼고 정치운동으로 전개한 드문 경우이지만, 동성애를 정죄하는 일부 목회자들의 입장을 관련 교인들이 동조하고 동원되는 집단적 형태를 이루었다는 점에서 교회 안팎에서 동성애와 퀴어 정체성에 관한 성 담론이 활성화되는 것과는 거리가 있다. 성 정체성에 대한 평가와 입장이 신학적 관점과 신앙적 유형에 따라 다양하게 나타나는 한국 기독교의 현실에서 이와 관련된 담론의 형성은 보다 많은 토론과 합의의 과정을 필요로 한다. 교회는 이를 위한 신학적 연구와 선교적 활동을 전개하는 것뿐 아니라 성 소수자들에 대하여 한국 사회와 국제 사회에서 전개되는 논의와 실천에도 관심을 가져야 할 것이다. 세상과 교회 간의 지속적인 대화와 소통이 있어야 동성애와 퀴어 정체성에 관한 무지, 막연한 두려움, 증오를 넘어서서 함께 사는 길을 모색할 수 있다.

3) 앞에서 살펴 본 자크 라캉의 통찰은 교회를 향한 큰 도전이다. 그러나 하나님이 십자가에 달려 죽임을 당한 트라우마를 겪는 교회는 십자가에 달린 자의 부활이라는 상징계 너머의 현실을 경험하기에 라캉의 통찰을 수용하여 여성적인 것의 원리에 충실한 성 담론을

형성할 수 있는 능력을 갖고 있다고 본다.

역사적으로 볼 때 남성중심적인 성 담론의 생산에서 여성들의 참여는 제한을 받고 여성들의 성 이야기는 배제되거나 곡해되는 경우가 많았다. 오늘 사회에서 성 담론의 형성 과정에 여성들의 참여를 요구하는 이유이다. 하지만 여성들의 참여는 탈가부장적인 성 담론을 형성하기 위한 필요조건이지 충분조건은 아니다. 오랫동안 침묵의 문화를 강요받은 여성들의 목소리는 여전히 약할 뿐 아니라 그 목소리의 신뢰성을 보장받지 못하기 때문이다. 성폭력 피해자들의 경우가 그 대표적인 사례이다. 가부장적 폭력 문화와 권력관계는 여성들의 이야기를 남성의 기준으로 평가하고 심사하고 통제한다. 이런 상황에서 교회 성 담론이 뿌리 깊은 가부장적 유산을 극복하고 인간 해방적 대안을 모색하려면, 여성들의 존엄성을 인정하고 그들의 목소리를 경청하고 여성들이 상실한 인권을 회복하는 일이 절실하다. 이 과정에서 여성들의 '비주류' 상황과 그와 관련된 경험은 남성지배적인 성 담론을 새로운 시각으로 볼 수 있는 자원이 되고 젠더 정의에 대한 감수성을 제공할 수 있을 것이다.

4) 성 의식과 사랑의 방식, 결혼 모델이 급변하는 현대 사회에서 주목해야 하는 것은 소비자본주의의 폐해이다. 이는 성적 존재를 자기 쾌락을 위해 대상화하고 자신이나 상대방의 성을 상품화하는 사회 풍조와 사랑이나 결혼을 시장의 교환가치로 평가하는 문화에서 증가하는 추세이다. 이와 같은 세태에 대응해서 교회가 전통적 성윤리와 금욕적 신앙을 강조하는 것은 한계가 있다. 개인의 욕망과 삶의 구체적 맥락을 고려함이 없이 성과 사랑에 대한 원리적인 당위

성을 주장하는 것은 소비자본주의의 영향 아래 성, 사랑, 결혼을 통한 인간의 관계형성이 왜곡되고 파괴되는 현실을 은폐하고 그 문제의 심각성을 간과하는 결과를 초래하기 때문이다.

새로운 남녀관계와 가족공동체의 형성을 모색하는 성 담론은 무엇보다 성차별이 성 관계에 미치는 영향을 고려해야 한다. 여성의 몸과 성을 폄하하고 통제하는 방식은 상호의존과 상호만족을 추구하는 성 관계를 어렵게 하고 성적 파트너 모두를 고통 받게 한다. 이런 점에서 자신 혹은 상대방의 몸과 성에 대한 두려움과 억압과 굴욕감과 소외감을 갖게 하는 성차별은 극복되어야 한다. 마찬가지로 교회 성 담론은 육체 비하와 여성 혐오의 전통으로 여성들에게 열등감과 수치심을 갖게 하거나, 남성과 여성 사이에 소외와 단절이 생겨나지 않도록 재구성되어야 할 것이다.

5) 교회에서 담론을 형성하는 데 가장 중요한 기반이 되는 것은 성서 해석이다. 21세기 현대인들은 성서 해석의 다양성을 인정하는 시대에 살고 있지만 한국 기독교인들에게 자발적인 성서 해석은 여전히 가볍지 않은 부담이다. 특히 근본주의적 멘탈리티에 길들여진 교인들에게 성서의 문자적 권위와 성서 해석에 대한 목회자의 독점적 지위는 여전히 강력하다. 하지만 성서 문자주의로 성서와 성서를 읽는 사람의 생활세계와 분리되고 교인들이 성서 해석의 담론에서 배제되는 현실이라면 성서는 교인들의 삶에서 의미 있는 책이 되기 어렵다. 마찬가지로 교회 성 담론이 인간의 다양한 경험들과 관련해서 성서 메시지를 해석하지 못하면 성 담론의 효과는 피상적 수준에 머물고 담론을 소비하는 과정에서 생겨나는 다양한 물음이나 문제

제기조차 가능하지 않다. 이런 점에서 교회 성 담론의 재구성은 성서 본문과 삶의 자리 사이에서 해석적 소통이 가능하고 담론의 생산과 소비의 상호 영향이 이루어지는 조건이 필수적이다.

참고문헌

1-2부

강남순.『페미니스트 신학』. 서울: 한국신학연구소, 2002.

그나나다슨, 아루나/이선희 옮김.『이젠 말해야 할 비밀』. 서울: 분도출판사, 1994.

그리핀, R./강성도 역.『포스트모던 하나님 포스트모던 기독교』. 서울: 조명문화사, 1995.

그렌즈, 스탠리/남정우 옮김.『성 윤리학』. 서울: 살림, 2003.

기든스, A./황정미 외 역.『현대 사회의 성 사랑 에로티시즘: 친밀성의 구조변동』, 서울: 새물결, 1996.

김애영.『여성신학의 비판적 탐구』. 경기: 한신대학교 출판부, 2010.

김재기.『철학, 섹슈얼리티에 말을 건네다』. 서울: 향연, 2008.

김현숙.『탈인습성과 기독교교육』. 서울: 대한기독교서회, 2004.

데리다, J./김보현 옮김.『해체』. 서울: 문예출판사, 1996.

데리다, J./남수인 옮김.『글쓰기와 차이』. 서울: 동문선, 2001.

데리다, J./진태원 옮김.『법의 힘』. 서울: 문학과지성사, 2004.

데리다, J./김상록 옮김.『목소리와 현상 』. 서울: 인간사랑, 2006.

라마자노글루, C. 편/최영 옮김.『푸코와 페미니즘』. 서울: 동문선, 1998.

라트, 게르하르트 폰.『국제성서주석 1: 창세기』. 서울: 한국신학연구소, 1981.

류터, R. R./손승희 옮김.『새 여성 새 세계: 성차별주의와 인간의 해방』. 서울: 현대사상사, 1980.

마두로, 오토.『사회적 갈등과 종교 - 계급투쟁의 상황에서 종교는 누구에게 유익한가?』. 서울: 한국신학연구소, 1988.

밀레트, 케이트/정의숙 옮김.『성의 정치학』상. 서울: 현대사상사, 2004.

밀레트, 케이트/정의숙 옮김.『성의 정치학』하. 서울: 현대사상사, 2004.

버틀러, J./ 조현준 역.『젠더 트러블』. 서울: 문학동네, 2008.

벡, U.『사랑은 지독한 그러나 너무나 정상적인 혼란』, 서울: 새물결, 2002.

비에리, 페터/ 문항심 옮김.『삶의 격 : 존엄성을 지키며 살아가는 방법』. 서울: 은행나무, 2014.

손승희.『여성신학의 이해』. 서울: 한국신학연구소, 1989.

쉴링, 크리스/임인숙 옮김.『몸의 사회학』. 서울: 나남출판, 1999.

슈벨, M./ 서민원 역.『욕망에 대하여』. 서울: 동문선, 2001.

스피박, G./태혜숙 옮김.『포스트식민 이성비판』. 서울: 갈무리, 2005.

스피박, G./태혜숙 옮김.『다른 세상에서』. 서울: 여이연, 2008.

스피박, G./태혜숙 옮김.『교육기계 안의 바깥에서: 초국가적 문화연구와 탈식민 교
        육』. 서울: 갈무리 2006.

시먼스, D./김성한 역.『섹슈얼리티의 진화 』. 서울: 한길사, 2007.

심성보.『전환시대의 교육사상』. 서울: 학지사, 1995.

아시아 여성신학 자료센타 엮음.『하나님의 형상대로』. 서울: 대한기독교서회, 1995.

왕대일 엮음.『구약성서와 성』. 서울: 감신대 성서학연구소, 2000.

이경숙.『구약성서개론: 여성이 읽는 성서』, 서울: 대한기독교서회, 2005.

이성은. "한국 기혼 남녀의 섹슈얼리티와 친밀성의 개념화".『가족과 문화』18/2
        (2006), 1-36.

이영자.『소비자본주의 사회의 여성과 남성』, 서울: 나남출판, 2000.

이원규.『종교사회학의 이해』. 서울: 나남출판, 2006.

임인숙. "한국사회의 몸 프로젝트: 미용성형 산업의 팽창을 중심으로."『한국사회학』
        36/3 (2002), 183-204.

임인숙.『현대 사회와 섹슈얼리티』, 서울: 고려대학교 출판부, 2009.

임희숙.『기독교 근본주의와 교육』, 서울: 동연, 2010.

윅스, J./서동진, 채규형 공역.『섹슈얼리티: 성의 정치』. 서울: 현실문화연구, 1994.

핍스, 윌리암 E./신은희 역.『예수의 섹슈얼리티』. 서울: 이룸, 2006.

장미경.『페미니즘의 이론과 정치』. 서울: 문화과학사, 1999.

정정숙. "성교육에 대한 기독교적 조명."『신학지남』vol. 185, 1979.

조은/조주현/김은실,『성해방과 성정치』. 서울: 서울대학교 출판부, 2002.

최영실.『성서와 여성』. 서울: 민들레책방. 2004.

트리블, 필리스/유연희 역.『하나님과 성의 수사학』. 서울: 태초, 1996.

포스너, R./이민아; 이은지 공역.『섹슈얼리티의 역사와 이론』. 서울: 말글빛냄,
        2007.

포츠, M./최윤재 역.『아담과 이브 그후: 진화로 본 휴먼 섹슈얼리티』. 서울: 들녘,
        2004.

포터, R. 엮음/이현정; 우종민 공역.『섹슈얼리티와 과학의 대화』. 서울: 한울, 2001.

푸코, M./ 황정미 역.『섹슈얼리티의 정치와 페미니즘 』. 서울: 새물결, 1995.

푸코, M./이규현 옮김.『성의 역사 1. 앎의 의지』. 서울: 나남, 2004.

피오렌자, E. S./김애영 옮김.『크리스찬 기원의 여성 신학적 재건』. 서울: 태초,
        1993.

한국가족학연구회 편.『가족학연구의 이론적 접근』. 서울: 교문사 1994.

한국기독교학회 편.『여성신학과 한국교회』. 서울: 한국신학연구소, 1997.

한국여성신학회 편.『교회와 여성신학』. 서울: 대한기독교서회, 1997.

한국여성신학회 편.『性와 여성신학』. 서울: 대한기독교서회, 2001.

한국성폭력상담소 기획/변혜정 엮음.『섹슈얼리티 강의, 두 번째: 쾌락, 폭력, 재현의 정치학』. 서울: 동녘, 2006.

함인희. "한국부부의 성관계: 규범적 인식과 실제 행위의 괴리."『한국사회학회 기획 심포지움 논문집』(2004), 93-116.

헤르트너, 아힘/홀거 에쉬만/손성현 옮김.『다시 설교를 디자인하라!좋은 설교를 위한 실제적 안내』. 서울: kmc, 2014.

화이어스톤, 슐라미스/김예숙 옮김.『성의 변증법』. 서울: 풀빛, 1983.

흄, M./심정순. 염경숙 역.『페미니즘 이론사전』. 서울: 삼진각, 1995.

히데아키, T./이은미, 이주희, 김필식 역.『GENDE SEXUALITY』. 서울: 한국문화사, 2006.

Adorno, Th. *Studien zum autoritaeren Charakter*. Frankfurt am Main: Suhrkamp, 1973.

Bamforth, Nicholas. *Patriarchal religion, sexuality, and gender: a critique of new natural law*. Cambridge: New York: Cambridge University Press, 2008.

Beck-Gernsheim, Elisabeth. *Was kommt nach der Familie? Einblick in neue Lebensformen*. Muenchen: Beck, 1998.

Berger, Peter L. *Zur Dialektik von Religion und Gesellschaft: Elemente einer soziologischen Theorie*. Frankfurt a.M.: S. Fischer, 1973.

Berger, Peter L. *Der Zwang zur Häresie: Religion in der pluralistischen Gesellschaft*. Frankfurt am Main: S. Fischer, 1980.

Berger, Peter L. *Sehnsucht nach Sinn: Glauben in einer Zeit der Leichtgläubigkeit*. Frankfurt/Main [u.a.]: Campus-Verl., 1994.

Berger, Peter L./T. Luckmann. *Die gesellschaftliche Konstruktion der Wirklichkeit: Eine Theorie der Wissenssoziologie*. Frankfurt am Main: Suhrkamp, 1980.

Bettenhausen, Elizabeth. "Re-Imaging: A New Stage in US Feminist Theology." *Women's Vision: Theological Reflection*, Celebration, Action. ed. by Ofelia Ortega. Geneva: WCC Publication, 1995.

Brock, Rita Nakasima. *Journeys by Heart: A Christology of Erotic Power*. New York: Crossroad, 1988.

Chopp, Rebecca S. *Saving Work: Feminist Practices of Theological Education.*

Kentucky: Westminster John Knox Press, 1995.

Chopp, Rebecca S. and Sheila G. Davaney. eds. *Horizons in Feminist Theology: Identity, Tradition, and Norms.* Minneapolis: Fortress Press, 1997.

Cobb, John B. Jr. & David Ray Griffin. *Process Theology.* Westminster Press, 1976.

Coll, Regina A. *Christianity and Feminism in Conversation.* Connecticut: Twenty-Third Publications, 1998.

Conn, Joan Wolsky. ed. *Women's Spirituality: Resources for Christian Development.* New York: Paulist Press, 1986.

Corsini, Raymond J. *The Dictionary of Psychology.* New York: Brunner/Routledge, 2002.

Daly, Lois K. ed. *Feminist Theological Ethics: A Reader.* Kentucky: Westminster John Knox Press, 1994.

Daly, Mary. *Gyn/Ecology: The Metaethics of Radical Feminism.* Boston: Beacon Press, 1978.

Fiorenza, Elisabeth S. *In Memory of Her: A Feminist Theological Reconstruction of Christian Origins.* New York: Crossroad, 1983.

Fiorenza, E. S., *Zu ihrem Gedaechtnis. Eine feministisch-theologische Rekonstruktion der christlichen Urspruenge. aus dem amerikanischen Englisch uebersetzt von Christiane Schaumberger,* Muenchen: Kaiser, 1993.

Gnanadason, Aruna. *NO LONGER A SECRET: The church and violence against women.* WCC Publications, WCC 1993.

Heyward, Carter. *Our Passion for Justice: Images of Power, Sexuality, and Liberation.* N.Y.: Pilgrim Press, 1992.

Hooks, Bell. *Feminist theory: from margin to center.* Cambridge, MA: South End Press, c2000.

Hunt, Felicity. *Gender and policy In English education: schooling for girls, 1902-1944.* New York: Harvester Wheatsheaf, 1991.

Isasi-Diaz, Ada Mrias and Yolanda Tarango. ed. *Prophetic Voice in the Church: Toward a Hispanic Women's Liberation theology.* San Francisco: Harper & Row, 1988.

Jaeger, Siegfried. *Kritische Diskursanalyse: Eine Einfuehrung.* Muenster: UNRAST-Verlag, 2009.

Jagger, Alison M. and Iris M. Young. ed. *A Companion to Feminist Philosophy.* Oxford: Blackwell Publishers, 1998.

Kanter, Rosabeth Moss. *Commitment and community; communes and utopias in sociological perspective*. Cambridge, Mass., Harvard University Press, 1972.

Kaufmann, Franz-Xavier. "Zur Bestimmung und Messung von Kirchlichkeit in der Bundesrepublik Deutschlands." *Joachim Mattes, Kirche und Gesellschaft: Einfuehrung in die Religionssoziologie*, II. Reinbek bei Hamburg: Rowohlt Verlag, 1969.

Keller, Catherine. *From a Broken Web: Separation, Sexism, and Self*. Boston: Beacon Press, 1986.

La Cugna, Catherine. ed. *Freeing Theology: The Essentials of Theology in Feminist Perspective*. New York: Harper Collins Publishers, 1993.

Miller, John P. *The Holistic Curriculum*. Toronto: OISE Press, 1996.

Hasenhuettel, G., Charima. *Ordnungsprinzip der Kirche*. Freiburg/Basel/Wien: Herder, 1969.

Heyward, Carter. *Touching our strength: the erotic as power and the love of God*. San Francisco: Harper & Row, c1989.

Lorenzer, A. *Sprachzerstoerung und Rekonstruktion: Vorarbeiten zu einer Metatheorie der Psychoanalyse*. Frankfurt am Main: Suhrkamp, 1976.

Maddock, J. "Wealthy family sexuality: Positive principles for education and clinicians." *Family Relations* 38(1989).

McFague, Sallie. *The body of God: an ecological theology*. Minneapolis: Fortress Press, 1993.

Mollenkott, Virginia R. *Sensuous spirituality: out from fundamentalism*. New York: Crossroad, 1992.

Nelson, James B. *Body theology*. Louisville, Ky.: Westminster/John Knox, 1992.

Noller, A. *Feministische Hermeneutik: Wege einer neuen Schriftauslegung*. Neukirchen-Vluyn: Neukirchner, 1995.

Parker, Ian. "Die diskursanalytische Methode." Flick, Uwe; von Kardorff, Ernst; Steinke, Ines (eds.), *Qualitative Forschung*. Reinbek bei Hamburg: Rowohlt Taschenbuch Verlag, 2000.

Parker, Rebecca. *Christianity, Partriarchy and Abuse: A Feminist Critique*. New York: Pilgrim Press, 1989.

Parsons, Talcott. "Introduction to Max Weber." *The Sociology of Religion*. Boston: Beacon Press, 1963.

Pfuertner, S. H. *Fundamentalismus: Die Flucht ins Radikale*. Freiburg, 1991.

Plaskow, Judith and Carol P. Christ. ed. *Weaving the Vision: New Patterns in Feminist*

Spirituality. New York: Harper Collins Publisher, 1989.

Rogers, Eugene. ed. *Theology and sexuality: classic and contemporary readings*. Mass.: Blackwell Publishers, 2002.

Rohr, E. *Die Zerstoerung kultureller Symbolgefuege: Ueber den Einfluss protestantisch-fundamentalistischer Sekten in Lateinamerika und die Zukunft des indianischen Lebensentwurfes*. Muenchen: Eberhard, 1993.

Ruether, Rosemary. *Gaia and God: An Ecofeminist Theology of Earth Healing*. San Francisco: Harper Collins Publishers, 1992.

Schaeffer, Thomas; Voelter, Bettina, "Subjekt-Positionen: Michel Faucault und die Biographieforschung." Voelter, Bettina u.a.(eds.). *Biographieforschung im Diskurs*. Wiesbaden: Verlag fuer Sozialwissenschaften, 2005.

Siejk, Cate. "Awakening the Erotic in Religious Education." *Religious Education* 96/4 (Fall, 2001).

Weber, Max. *The Sociology of Religion*. tr. by E. Fischoff. Boston: Beacon Press, 1963.

Weeks, Jeffrey. *The languages of sexuality*. Milton Park, Abingdon, Oxon ; New York: Routledge, 2011.

3, 4부

강남순.『페미니스트 신학』. 서울: 한국신학연구소, 2002.

Gordon, C./홍성민 옮김.『권력과 지식: 미셸 푸코와의 대담』. 서울: 나남, 1991.

권순정. "라캉의 환상적 주체와 팔루스."「철학논총」75(2014), 27-51.

그리핀, R./강성도 역.『포스트모던 하나님 포스트모던 기독교』. 서울: 조명문화사, 1995.

기든스, A./배은경·황정미 역.『현대 사회의 성·사랑·에로티시즘』, 서울: 새물결, 1996.

기든스, A./ 권기돈 역.『현대성과 자아정체성』, 서울: 새물결, 1997.

기든스, A./황정미 외 역.『현대 사회의 성 사랑 에로티시즘: 친밀성의 구조변동』, 서울: 새물결, 2003.

김애영.『여성신학의 비판적 탐구』. 오산: 한신대학교 출판부, 2010.

김재기.『철학, 섹슈얼리티에 말을 건네다』. 서울: 향연, 2008.

김현숙.『탈인습성과 기독교교육』. 서울: 대한기독교서회, 2004.

데리다, J./김보현 옮김.『해체』. 서울: 문예출판사, 1996.

데리다, J./남수인 옮김.『글쓰기와 차이』. 서울: 동문선, 2001.

데리다, J./진태원 옮김.『법의 힘』. 서울: 문학과지성사, 2004.

데리다, J./김상록 옮김.『목소리와 현상 』. 서울: 인간사랑, 2006.

라마자노글루, C. 편/최영 옮김.『푸코와 페미니즘』. 서울: 동문선, 1998.

라캉, J./자크-알랭 밀레 편/맹정현·이수련 옮김.『정신분석의 네 가지 근본 개념』. 서울: 새물결, 2008.

라캉, J./권택영 엮음. "남근의 의미작용."『자크 라캉 욕망이론』. 제2판 제4쇄. 서울: 문예출판사, 2012.

라캉, J./권택영 엮음. "신, 그리고 그 여성의 '희열'."『자크 라캉 욕망이론』. 제2판 제4쇄. 서울: 문예출판사, 2012.

문장수. "쟈크 라캉의 주체 개념."「철학논총」56(2009), 393-415.

버틀러, J./ 조현준 역.『젠더 트러블』. 서울: 문학동네, 2008.

벡, 울리히/엘리자베트 벡-게른샤임/강수영 외 옮김.『사랑은 지독한, 그러나 너무나 정상적인 혼란: 사랑, 결혼, 가족, 아이들의 새로운 미래를 향한 근원적 성찰』. 서울: 새물결, 1999.

소쉬르, F. de/최승언 옮김.『일반언어학 강의』. 서울: 민음사, 2006.

스피박, G./태혜숙 옮김.『포스트식민 이성비판』. 서울: 갈무리, 2005.

스피박, G./태혜숙 옮김.『다른 세상에서』. 서울: 여이연, 2008.

스피박, G./태혜숙 옮김.『교육기계 안의 바깥에서: 초국가적 문화연구와 탈식민 교육』. 서울: 갈무리 2006.

슈벨, M./서민원 역.『욕망에 대하여』. 서울: 동문선, 2001

손승희.『여성신학의 이해』. 서울: 한국신학연구소, 1989.

시먼스, D./김성한 역.『섹슈얼리티의 진화 』. 서울: 한길사, 2007.

심성보.『전환시대의 교육사상』. 서울: 학지사, 1995.

아시아 여성신학 자료센타 엮음.『하나님의 형상대로』. 서울: 대한기독교서회, 1995.

이경숙.『구약성서개론: 여성이 읽는 성서』. 서울: 대한기독교서회, 2005.

이기형. "담론분석과 담론의 정치학: 푸코의 작업과 비판적 담론분석을 중심으로."『언론과 사회』14/3(2006.8), 106-145.

이명호. "여자는 무엇을 원하는가?: 라캉 정신분석학이 여성의 몸에 대해 말해주는 것들."『라깡과 현대정신분석』4/1(2002.12), 155-180.

이명호. "젠더 트러블과 성차의 윤리."『안과밖』21(2006.10), 90-119.

이성은. "한국 기혼 남녀의 섹슈얼리티와 친밀성의 개념화."『가족과 문화』18/2(2006), 1-36.

임인숙. "한국사회의 몸 프로젝트: 미용성형 산업의 팽창을 중심으로."『한국사회학』36/3 (2002), 183-204.

임인숙.『현대 사회와 섹슈얼리티』. 서울: 고려대학교 출판부, 2009.

임희숙.『기독교 근본주의와 교육』. 서울: 동연, 2010.

윅스, J./서동진, 채규형 공역.『섹슈얼리티: 성의 정치』. 서울: 현실문화연구, 1994.

장미경.『페미니즘의 이론과 정치』. 서울: 문화과학사, 1999.

정정숙. "성교육에 대한 기독교적 조명."『신학지남』185(1979).

제닝스, T.H./박성훈 옮김.『예수가 사랑한 남자: 신약성서의 동성애 이야기』, 서울: 동연, 2011.

조승미/박혜훈/최혜영/임희숙/박미현/차옥숭/ 조은수/이숙진/강혜경/ 우혜란.『한국 여성 종교인의 현실과 젠더 문제』. 서울: 동연, 2014.

조은/조주현/김은실.『성해방과 성정치』. 서울: 서울대학교 출판부, 2002.

쬘레, 도로테/ 박재순 역.『사랑과 노동』. 서울: 한국신학연구소, 1991.

지젝, 슬라보예. "성적 차이의 실재."『성관계는 없다』. 슬라보예 지젝 외. 서울: 도서출판 b, 2005.

최영실.『성서와 여성』. 서울: 민들레책방. 2004.

콥젝, 조운. "성과 이성의 안락사."『성관계는 없다』. 슬라보예 지젝 외. 서울: 도서출판 b, 2005.

포스너, R./이민아, 이은지 공역.『섹슈얼리티의 역사와 이론』. 서울: 말글빛냄, 2007.

포츠, M./최윤재 역.『아담과 이브 그후: 진화로 본 휴먼 섹슈얼리티』. 서울: 들녘, 2004.

포터, R. 엮음/이현정, 우종민 공역.『섹슈얼리티와 과학의 대화』. 서울: 한울, 2001.

푸코, M./오생근 옮김.『감시와 처벌: 감옥의 역사』(1975). 서울: 나남, 2011.

푸코, M./이정우 해설 · 옮김.『담론의 질서』. 서울: 중원문화, 1993.

푸코, M./이규현 옮김.『말과 사물』. 서울: 민음사, 2012.

푸코, M./이규현 옮김.『성의 역사 1. 앎의 의지』. 서울: 나남, 2004.

푸코, M./황정미 역.『섹슈얼리티의 정치와 페미니즘 』. 서울: 새물결, 1995.

프로이트, 지그문트/ 이상률 옮김.『집단심리학과 자아분석』, 서울: 지도리출판사, 2013.

피오렌자, 엘리자베스/정애성 옮김, "패러다임 전환하기: 성서학의 에토스,"『시대와 민중신학』6(2000.8), 174-215.

핍스, 윌리암 E./신은희 역.『예수의 섹슈얼리티』. 서울: 이룸, 2006.

한국기독교장로회 양성평등위원회,『한국기독교장로회 양성평등 실태조사 보고서』, 서울: 한국기독교장로회, 2010.

한국기독교학회 편.『여성신학과 한국교회』. 서울: 한국신학연구소, 1997.

한국여성신학회 편.『교회와 여성신학』. 서울: 대한기독교서회, 1997.

한국여성신학회 편.『性와 여성신학』. 서울: 대한기독교서회, 2001.

한국성폭력상담소 기획/변혜정 엮음.『섹슈얼리티 강의, 두 번째: 쾌락, 폭력, 재현의 정치학』. 서울: 동녘, 2006.

한춘기, "성경과 낙태,"『신학지남』61(1994년 봄호), 224.

함인희. "한국부부의 성관계: 규범적 인식과 실제 행위의 괴리".『한국사회학회 기획 심포지움 논문집』(2004), 93-116.

헤르트너, 아힘/홀거 에쉬만, 손성현 역.『다시 설교를 디자인하라』, 서울: 도서출판 KMC, 2014.

헬미니악, D./김강일 옮김.『성서가 말하는 동성애: 신이 허락하고 인간이 금지한 사랑』, 서울: 해울, 2003.

흄, M./심정순. 염경숙 역.『페미니즘 이론사전』. 서울: 삼진각, 1995.

히데아키, T./이은미, 이주희, 김필식 역.『GENDE SEXUALITY』. 서울: 한국문화사, 2006.

Adorno, Th. *Studien zum autoritaeren Charakter*. Frankfurt am Main: Suhrkamp, 1973.

Bamforth, Nicholas. *Patriarchal religion, sexuality, and gender: a critique of new natural law*. Cambridge ; New York: Cambridge University Press, 2008.

Beck-Gernsheim, *Elisabeth. Was kommt nach der Familie? Einblick in neue Lebensformen*. Muenchen: Beck, 1998.

Brock, Rita Nakasima. *Journeys by Heart: A Christology of Erotic Power*. New York: Crossroad, 1988

Butler, Judith. *Gender Trouble and the Subversion of Identity*. New York: Routledge, 1990.

Butler, J. "Contingent Foundation: Feminism and the Question of 'Postmodernism.'" S. Benhabib/J. Butler/D. Cornell/N. Fraser, *Feminist Contentions*. New York: Routledge, 1995.

Butler, J. "For A Careful Reading." S. Benhabib/J. Butler/D. Cornell/N. Fraser, *Feminist Contentions*. New York: Routledge, 1995.

Chopp, Rebecca S. *Saving Work: Feminist Practices of Theological Education*. Kentucky: Westminster John Knox Press, 1995

Chopp, Rebecca S. and Sheila G. Davaney. eds. *Horizons in Feminist Theology: Identity, Tradition, and Norms*. Minneapolis: Fortress Press, 1997.

Cobb, John B. Jr. & David Ray Griffin. *Process Theology*. Westminster Press, 1976.

Coll, Regina A. *Christianity and Feminism in Conversation*. Connecticut: Twenty-Third Publications, 1998.

Conn, Joan Wolsky. ed. *Women's Spirituality: Resources for Christian Development*. New York: Paulist Press, 1986.

Corsini, Raymond J. *The Dictionary of Psychology*. New York: Brunner/Routledge, 2002.

Daly, Lois K. ed. *Feminist Theological Ethics: A Reader*. Kentucky: Westminster John Knox Press, 1994.

Daly, Mary. *Gyn/Ecology: The Metaethics of Radical Feminism*. Boston: Beacon Press, 1978.

Fiorenza, Elisabeth S. *In Memory of Her: A Feminist Theological Reconstruction of Christian Origins*. New York: Crossroad, 1983.

Fiorenza, E. S. *Zu ihrem Gedaechtnis. Eine feministisch-theologische Rekonstruktion der christlichen Urspruenge, aus dem amerikanischen Englisch uebersetzt von Christiane Schaumberger*. Muenchen: Kaiser, 1993.

Fiorenza, E. S. *Rhetoric and Ethic: The Politics of Biblical Studies*. Minneapolis: Augsburg Fortress Press, 1999.

Freud, S. "Mourning and Melancolia." *The Standard Edition of Complete Psychological Works of Sigmund Freud XIV*. ed. and tr. by James Stratchey. London: Hogarth, 1975.

Freud, S. "Ego and the Id." *The Standard Edition of Complete Psychological Works of Sigmund Freud XIV*. ed. and tr. by James Stratchey. London: Hogarth, 1975.

Heyward, Carter. *Our Passion for Justice: Images of Power, Sexuality, and Liberation*. N.Y.: Pilgrim Press, 1992.

Irigaray, L. *This Sex Which Is Not One*, tr. by Catherine Porter. Ithaca: Cornell University Press, 1985.

Isasi-Diaz, Ada Mrias and Yolanda Tarango. ed. *Prophetic Voice in the Church: Toward a Hispanic Women's Liberation theology*. San Francisco: Harper & Row, 1988.

Jaeger, Siegfried. *Kritische Diskursanalyse: Eine Einfuehrung*. Muenster: UNRAST-Verlag, 2009.

Jagger, Alison M. and Iris M. Young. ed. *A Companion to Feminist Philosophy*. Oxford: Blackwell Publishers, 1998.

Keller, Catherine. *From a Broken Web: Separation, Sexism, and Self*. Boston: Beacon

Press, 1986.

La Cugna, Catherine. ed. *Freeing Theology: The Essentials of Theology in Feminist Perspective*. New York: HarperCollins Publishers, 1993.

Miller, John P. *The Holistic Curriculum*. Toronto: OISE Press, 1996.

Hasenhuettel, G., Charima. *Ordnungsprinzip der Kirche*. Freiburg/Basel/ Wien: Herder, 1969.

Lorenzer, A. *Sprachzerstoerung und Rekonstruktion: Vorarbeiten zu einer Metatheorie der Psychoanalyse*. Frankfurt am Main: Suhrkamp, 1976.

Noller, A. *Feministische Hermeneutik: Wege einer neuen Schriftauslegung*. Neukirchen-Vluyn: Neukirchner, 1995.

Parker, Ian. "Die diskursanalytische Methode." Flick, Uwe; von Kardorff, Ernst; Steinke, Ines (eds.), *Qualitative Forschung*. Reinbek bei Hamburg: Rowohlt Taschenbuch Verlag, 2000.

Plaskow, Judith and Carol P. Christ. ed. *Weaving the Vision: New Patterns in Feminist Spirituality*. New York: Harper Collins Publisher, 1989.

Pfuertner, Stephan H. *Fundamentalismus: Die Flucht ins Radikale*. Freiburg: Herder, 1991.

Prammer, F. *Die philosophische Hermeneutik Paul Ricoeurs in ihrer Bedeutung fuer eine theologische Sprachtheorie*. Insbruck/Wien, 1988.

Ricoeur, P. *Hermeneutik und Psychoanalyse: Der Konflikt der Interpretationen II*. Muenchen, 1974.

Rogers, Eugene. ed. *Theology and sexuality: classic and contemporary readings*. Mass.: Blackwell Publishers, 2002.

Rohr, E. *Die Zerstoerung kultureller Symbolgefuege: Ueber den Einfluss protestantisch-fundamentalistischer Sekten in Lateinamerika und die Zukunft des indianischen Lebensentwurfes*. Muenchen: Eberhard, 1993.

Ruether, Rosemary. *Gaia and God: An Ecofeminist Theology of Earth Healing*. San Francisco: Harper Collins Publishers, 1992.

Schaeffer, Thomas/Voelter, Bettina, "Subjekt-Positionen: Michel Faucault und die Biographieforschung." Voelter, Bettina u.a.(eds.). *Biographieforschung im Diskurs*. Wiesbaden: Verlag fuer Sozialwissenschaften, 2005.

Siejk, Cate "Awakening the Erotic in Religious Education." *Religious Education* 96/4 (Fall, 2001).

Weeks, Jeffrey. *The languages of sexuality*. Milton Park, Abingdon, Oxon ; New York: Routledge, 2011.

(ㄱ)

가부장제 11, 22, 23, 35, 39, 43, 69, 73,
　77, 109, 123, 125, 137, 163, 170, 199,
　202, 206, 229, 240, 243, 249, 261, 266,
　275

가정폭력 41, 104, 106, 111, 145, 146,
　169, 170, 180, 269, 272

가족문화 8, 128, 177, 269

가해자 41, 89, 108, 147, 148, 170, 172,
　173, 175, 176

갈등 16, 80, 110, 132, 148, 179, 182, 268,
　271

강박 49, 256, 262, 275

강제 126, 203, 240

개신교 37, 38, 44, 56, 117, 119, 155, 156,
　269

개인화 50, 125, 231, 232

결혼 31, 70, 72, 73, 85, 97, 102, 129,
　130, 132, 155, 162, 198, 232, 234, 279,
　289

경계 200, 202, 209, 210, 221

경험 62, 116, 136, 142, 215, 248, 250

계급 22

계보학 185, 186, 188, 191, 194, 203

계시 24, 64, 247, 248

공동체 24, 57, 60, 62, 87, 254

공론화 43, 176, 180, 265, 272

관계 26, 30, 32, 64, 130, 151, 171, 192,
　198, 235-238, 240-245, 261, 275, 277

교리 23, 29, 43, 53-55, 146, 155, 157,
　166, 179, 251, 252, 265, 271, 272

구성론 7, 15, 20, 29, 42, 44, 264, 266

구원 30, 52, 137

권력 22, 42, 79, 104, 148, 151, 187, 190,
　194, 236, 245, 265, 277, 279

권력관계 148, 151, 190, 245, 277, 279

권위 56, 57, 60, 250, 257

근대 11, 187, 191-193, 252

근본주의 5, 55, 56, 115, 116, 177, 251,
　252, 270

금기 28, 29, 62, 122, 173, 206, 220

금욕주의 8, 16, 33, 37, 65, 73, 110, 177,
　267, 270

기의 216, 219

기표 216-222, 224, 226, 229

(ㄴ)

낙태 21, 149, 152-154, 291

남성 중심 23, 43, 117, 249, 257, 265, 279

내면화 11, 16, 39, 46, 48, 65, 108, 110,
　114-116, 124, 126, 133, 137, 142, 148,
　166, 170, 177, 178, 183, 195, 216, 242,
　267, 270, 271

(ㄷ)

대안 57, 125, 173, 234, 243

도덕주의 8, 16, 65, 90, 108, 110, 111,
　182, 267-269

동성애 66, 68, 86, 130, 135-138, 161,
　162, 178, 198, 206-208, 252, 270, 278,
　290, 291

동일시 200, 206, 207, 210, 214, 236, 245

(ㅁ)

매매춘 26

맥락 8, 17, 230, 241